LES LÉGENDES

DE

LA JEUNESSE

*Paris. — Imprimerie Bonaventure et Ducessois,
quai des Augustins, 55.*

LES LÉGENDES

DE

LA JEUNESSE

PAR

ARSÈNE HOUSSAYE

PARIS
ANCIENNE LIBRAIRIE MORIZOT
F. DE P. MELLADO ET Cⁱᵉ, SUCCESSEURS
A. LAPLACE, DIRECTEUR-GÉRANT
3, rue Séguier, 3
—
1866

LES
LÉGENDES DE LA JEUNESSE

I

SOUVENEZ-VOUS DE MOI

I

Un bouquet de myosotis tomba à mes pieds.

Le myosotis, c'est le premier mot, c'est le dernier mot de l'amour.

C'est l'espérance, c'est le souvenir.

Je levai la tête.

Une jeune fille regardait son bouquet, toute surprise encore qu'il fût tombé de ses mains—dans les miennes.

II

Je vis passer un mot sur ses lèvres. Je baisai le bouquet tout en la regardant.

Elle rougit et disparut.

Je continuai mon chemin, mais je retournai la tête. Elle

était revenue s'appuyer toute souriante et toute rêveuse sur la balustrade.

Je baisai une seconde fois le bouquet, et je voulus revenir vers la fenêtre.

III

Elle était belle de toutes les beautés, belle de ses vingt ans, belle de sa grâce indécise, belle des pressentiments de l'amour.

Vision du monde où l'on a vécu avant de vivre sur la terre, vision du monde où l'on entre par la porte d'or des songes !

IV

Et mon âme disait à mon cœur :

« C'est là que ton bonheur est enfermé ! »

Mais le sourire de cette belle fille était si virginal, que mon cœur dit à mon âme :

« Pourquoi jeter des pommes dans ce paradis ? »

V

Mes pieds ne touchèrent même pas le seuil de cette maison qui souriait par la fenêtre. Poétique fenêtre ! charmant cadre à ce portrait du bonheur espéré, du bonheur perdu !

Rêve commencé sur la terre pour être continué au ciel.

II

LE VOILE SACRÉ

Près de Padoue, au sein de ce riche pays
Où le pampre s'étend sur le blé de maïs,
— Que n'ai-je vos pinceaux, Titien ou Véronèse,
Pour ce divin tableau digne de la Genèse! —
Une femme était là, caressant de la main
Un bambino couché sur l'herbe du chemin :
Plus souples et plus longs que les rameaux du saule,
Ses cheveux abondants tombaient sur son épaule;
Elle était presque nue, à peine un peu de lin
Lui glissait au genou; plus d'un regard malin
Courait, comme le feu, de sa jambe hardie
A sa gorge orgueilleuse en plein marbre arrondie.

Elle se laissait voir, naïve en sa beauté,
Sans songer à voiler sa chaste nudité;
Dieu l'avait faite ainsi, comme il avait fait Ève,
Un matin qu'il voulait réaliser un rêve :

Pourquoi cacher au jour ce chef-d'œuvre charmant,
Créé pour être vu par le peintre ou l'amant?
A la fin, devinant qu'on la trouvait trop belle,
Elle voulut voiler cette gorge rebelle;
Elle étendit la main, mais le voile flottait.
Son front avait rougi; de femme qu'elle était
Elle redevint mère : — avec un doux sourire,
Un sourire plus doux que je ne saurais dire,
A son petit enfant elle donna son sein.
O sublime action! Les anges par essaim,
Chantant Dieu, sont venus pour voiler de leurs ailes
La fière volupté de ces saintes mamelles.

III

LE SCEPTRE DU MONDE

Qui donc sous le soleil a le sceptre du monde?

—C'est moi qui suis le roi par la grâce de Dieu.
—Mais vienne un mauvais vent, tu n'as ni feu ni lieu :
On t'exile, ton sceptre est un bâton. Adieu!

Qui donc sous le soleil a le sceptre du monde?

—Croyez-m'en, la charrue est le sceptre sacré;
Le laboureur est roi, le blé pousse à son gré...
—Que peut contre un orage ou ton champ ou ton pré ?

Qui donc sous le soleil a le sceptre du monde?

Les guirlandes d'amour se fanent dans la main,
L'orgueil baisse le front au terme du chemin,
Les roses de Tibur n'ont pas de lendemain.

Ta bêche, ô fossoyeur! est le sceptre du monde.

IV

LA CHANSON DU VITRIER

Oh ! vitrier !

Je descendais la rue du Bac; j'écoutai, — moi seul au milieu de tous ces passants qui à pied ou en carrosse allaient au but, — à l'or, à l'amour, à la vanité, — j'écoutai cette chanson pleine de larmes.

Oh ! vitrier !

C'était un homme de trente-cinq ans, grand, pâle, maigre, longs cheveux, barbe rousse : — Jésus-Christ et Paganini. — Il allait d'une porte à une autre, levant ses yeux abattus vers les fenêtres.

Oh ! vitrier!

Il était quatre heures. Le soleil couchant seul se montrait aux fenêtres. Pas une voix d'en haut ne descendait comme la manne sur celui qui était en bas. « Il faudra donc mourir de faim! » murmura-t-il entre ses dents.

Oh! vitrier!

« Quatre heures, poursuivit-il, et je n'ai pas encore déjeuné! Quatre heures! et pas un carreau de six sous depuis ce matin! » En disant ces mots, il chancelait sur ses pauvres jambes de roseau. Son âme n'habitait plus qu'un spectre, qui, comme un dernier soupir, cria encore d'une voix éteinte :

Oh! vitrier!

J'allai à lui. « Mon brave homme, il ne faut pas mourir de faim. » Il s'était appuyé sur le mur comme un homme ivre. « Allons! allons! » continuai-je en lui prenant le bras. Et je l'entraînai au cabaret, comme si j'en savais le chemin. Un petit enfant était au comptoir, qui cria de sa voix fraîche et gaie :

Oh! vitrier!

Je trinquai avec lui. Mais ses dents claquèrent sur le verre, et il s'évanouit, — oui, madame, il s'évanouit! — Ce qui lui causa un dégât de trois francs dix sous, la moitié de son capital! car je ne pus empêcher ses carreaux de casser. Le pauvre homme revint à lui en disant encore :

Oh! vitrier!

Il nous raconta comment il était parti le matin de la rue des Anglais, — une rue où ils sont quatre cents pauvres diables et où il n'y a pas quatre feux en hiver, — comment il avait laissé là-bas une femme et sept enfants qui avaient déjà donné une année de misère à la République, sans compter toutes celles données à la royauté. Depuis le matin, il avait crié plus de mille fois :

Oh ! vitrier !

Quoi ! pas un enfant tapageur n'avait brisé une vitre de trente-cinq sous ! pas un amoureux, en s'envolant la nuit par les toits, n'avait cassé un carreau ! Pas une servante, pas une bourgeoise, pas une fillette, n'avaient répondu, comme un écho plaintif :

Oh ! vitrier !

Je lui rendis son verre. « Ce n'est pas cela, dit-il, je ne meurs pas de faim à moi tout seul : je meurs de faim, parce que la femme et toute la nichée sont sans pain, — des pauvres galopins qui ne m'en veulent pas, parce qu'ils savent bien que je ferais le tour du monde pour un carreau de trois francs. »

Oh ! vitrier !

« Et la femme ! poursuivit-il en vidant son verre, un marmot sur les genoux et une marmaille au sein ! Pauvre chère gamelle où tout le régiment a passé ! Et, avec cela, coudre des jaquettes aux uns, laver le nez aux autres ; heureusement que la cuisine ne lui prend pas de temps. »

Oh ! vitrier !

J'étais silencieux devant cette suprême misère : je n'osais plus rien offrir à ce pauvre homme, quand le cabaretier lui dit : « Pourquoi donc ne vous recommandez-vous pas à quelque bureau de charité ? — Allons donc ! s'écria brusquement le vitrier, est-ce que je suis plus pauvre que les autres? Toute la vermine de la place Maubert est logée à la même enseigne. Si nous voulions vivre à pleine gueule, comme on dit, nous mangerions le reste de Paris en quatre repas. »

Oh! vitrier!

Il retourna à sa femme et à ses enfants, un peu moins triste que le matin, — non point parce qu'il avait rencontré la charité, mais parce que la fraternité avait trinqué avec lui. Et moi, je m'en revins avec cette musique douloureuse qui me déchire le cœur :

Oh! vitrier!.

24 février 1849.

V

LE DOMINO ROSE ET LE DOMINO NOIR

I

Tous les ans, la mort traverse, invisible, les joies du carnaval. On ne s'imagine pas le nombre de belles filles voilées ou radieuses qui se jettent éperdues dans les bras de l'amour et qui se réveillent effarées dans les bras de la mort.

L'an passé, mon ami Rodolphe avait une maîtresse au carnaval; en aura-t-il une cette année? J'en doute, car voici ce qui lui est arrivé.

On était à l'avant-dernier bal de l'Opéra. Jeanne Aubry, — vous l'avez connue, anonyme ou pseudonyme, — elle était dans son lit, condamnée à y mourir bientôt. Elle avait tant valsé depuis un mois à travers tous les tourbillons des bals masqués ou non masqués! elle avait tant soupé depuis un mois, elle qui ne déjeunait guère depuis si longtemps! elle avait tant aimé depuis un mois, elle qui avait laissé si peu de place à son cœur dans son corset! Cette belle Jeanne Aubry, si brune avec ses yeux bleus, qui semblait une des têtes voluptueuses et ineffables détachées de la galerie de Prudhon, comme on allait l'oublier vite !

Elle en était donc au dernier chapitre de son roman.

—Ma chère Jeanne, lui dit Rodolphe, tu n'iras pas ce soir au bal de l'Opéra, mais je n'irai pas non plus.

Et, jusqu'à minuit, il était resté au chevet du lit de Jeanne, lui parlant du soleil et des joies du printemps.

—Au mois d'avril, ma chère Jeanne, je te louerai une chaumière à Auteuil ou un âne à Montmorency.

Et Jeanne s'était endormie, tout en poursuivant ces rêves bucoliques.

Et, quand elle fut profondément endormie, Rodolphe dit à la femme de chambre qu'il sortait pour acheter des cigares, mais qu'il reviendrait presque aussitôt.

Quand Jeanne se réveilla, il était deux heures.

—Rodolphe ! dit-elle.

Et elle regarda dans la chambre avec inquiétude.

—C'est cela, dit-elle, il est allé au bal de l'Opéra; je l'ai vu dans mon sommeil qui passait tout joyeux à travers les dominos, comme s'il voyageait dans un pays conquis.

Et elle ordonna à la femme de chambre de lui passer sa robe.

—Mais, madame...

—Ne répliquez point, je veux être habillée à l'instant.

Elle retrouva toutes ses forces, comme par magie. Si on parlait d'aller au bal à une amoureuse qui va mourir, elle ne mourrait pas.

Jeanne mit un domino, se blottit dans un coupé, et arriva, vaille que vaille, au foyer de l'Opéra.

Elle alla droit à Rodolphe.

—Est-ce que Jeanne est déjà morte? lui dit-elle d'une voix railleuse.

—Est-ce que tu veux recueillir sa succession ? dit Rodolphe

en saisissant le domino avec une familiarité un peu galante.

—Trêve de galanterie, dit Jeanne avec fureur, je ne suis pas la première venue.

—Non, tu n'es pas la première venue, mais tu es la dernière venue; c'est pourquoi je te trouve charmante.

—Ah! si mon masque était levé, tu ne dirais plus cela.

—Eh bien, voyons.

Jeanne laissa tomber son masque; elle était si pâle, que Rodolphe crut voir la mort elle-même.

—Jeanne, ma chère Jeanne! dit Rodolphe.

Et il la pressa sur son cœur, car elle n'eut point la force de se défendre.

—Je ne veux pas mourir ici, murmura-t-elle, portez-moi dans un fiacre, et revenez ici chercher des aventures.

Rodolphe prit Jeanne dans ses bras et l'emporta avec une douleur sauvage. Il la conduisit chez elle, c'est-à-dire chez lui. Elle était toute glacée en arrivant.

—Va, dit-elle à Rodolphe, je regrette bien d'être revenue, je sens que je ne me réchaufferai pas; j'aurais bien mieux fait de faire un tour de valse avec toi et de mourir sur le champ de bataille. Ah! mon cher Rodolphe, ne me laisse pas mourir ainsi.

On fit un grand feu.

—C'est étonnant, dit-elle, j'ai les pieds dans les charbons, et il me semble que déjà je marche dans le froid de la tombe.

Rodolphe courut lui-même chercher un médecin. Quand ils revinrent tous deux, l'amant et le médecin, il n'y avait plus ni maîtresse ni malade.

La femme de chambre venait de transporter sur le lit une pauvre fille morte.

Jeanne était encore dans son domino noir, profane linceul de cette vie et de cette mort profanes.

II

Rodolphe eut un vif chagrin; il suivit seul, tout seul, le cercueil de Jeanne au cimetière. Il se promit d'y remarquer la place et d'y revenir souvent. Il croyait son cœur pour longtemps tout plein de larmes.

Huit jours se passèrent, pendant lesquels il ne sortit qu'une fois pour retourner au cimetière. Il passait ses journées au coin du feu, où il croyait sentir encore le parfum des cheveux de Jeanne, où il croyait voir encore cette vision qui s'était effacée sous ses mains et sous ses lèvres comme un pastel aux baisers du soleil. Ses amis, qui avaient sonné à sa porte, n'avaient pas été reçus. On l'avait vainement attendu à trois ou quatre fêtes nocturnes où sa place était marquée entre les plus joyeuses.

Le huitième jour, cependant, je parvins à arriver jusqu'à lui. Il me conta avec une douleur expressive ce premier battement de son cœur.

—Où vas-tu? me dit-il après un moment de silence.

—Je vais me coucher, après avoir traversé le bal de l'Opéra. Viens-y donc.

—Avec la figure que j'ai là!

—Eh! mon Dieu! c'est la figure de tous ceux qui sont au bal de l'Opéra; on y va chercher sa jeunesse, et on ne l'y trouve plus. Viens donc!

—Oui, dit tout à coup Rodolphe en s'animant, car, si je m'obstine à rester ici, je sens que j'y mourrai.

Il était d'une singulière pâleur quand il monta l'escalier de l'Opéra. Je crus qu'il allait s'évanouir quand il entra dans le foyer.

—Je regrette bien, me dit-il, d'être venu ici; toute cette gaieté galante et bachique me déchire le cœur

A cet instant, un domino rose glissa sa main au bras de Rodolphe.

—Voilà, dit-il, le plus beau des Rodolphes.

Le pauvre garçon le repoussa avec violence.

—Eh bien, dit en riant le domino rose, est-ce que César ne veut pas aujourd'hui passer le Rubicon?

—Laissez à César ce qui est à César, et donnez à d'autres ce qui est à tout le monde.

—C'est bien, dis-je, mon ami est sauvé; voilà l'esprit qui prend le dessus, tout à l'heure il est capable de danser.

En effet, le domino rose riposta vertement; Rodolphe, voyant sa vanité en jeu, devint éblouissant : il mit son cœur de côté et oublia Jeanne. O fragilité des sentiments humains! on les boit dans un verre de Bohême qui casse au premier choc!

Peut-être sans savoir où il allait, Rodolphe se laissa conduire par le domino rose jusqu'au milieu des danses échevelées. La curiosité l'avait mordu au cœur. Quelle est donc cette femme qui a de si beaux yeux, de si belles dents, un si joli pied et une si somptueuse chevelure? On jouait alors la mazurka la plus entraînante qui ait jamais retenti sous ces voûtes sacrées du temple profane. Le domino rose avait tout doucement mis ses mains autour de son cou : c'en était fait! il partit, tout enivré par la musique et par les vagues désirs.

Il avait fait déjà trois ou quatre tours avec une ardeur inouïe, lorsqu'une cohue se jeta à sa traverse comme une vague qui fait rebrousser le navire; le choc fut si violent, que le domino rose fut emporté à vingt pas de lui.

Mais ce fut à peine s'il s'en aperçut, car, au même instant, un domino noir se jeta dans ses bras et continua avec lui la mazurka.

Je l'avais perdu de vue; ce fut alors que je le retrouvai. J'avoue que je fus quelque peu surpris de voir Rodolphe dans cet oubli de lui-même, dans cet entrain pittoresque. Il y allait en tout abandon; sa figure était redevenue joyeuse, le dernier souvenir de Jeanne s'était envolé de son front.

Cependant il me sembla peu à peu qu'il était entraîné par une puissance surhumaine; ce fut au point que j'eus le vertige en le suivant des yeux.

—C'est cela, me dis-je, il violente sa douleur, il dompte les souvenirs du passé; il s'est jeté dans le tourbillon, comme d'autres dans l'abîme.

Tout d'un coup il s'arrêta devant moi; je n'avais perdu des yeux ni lui ni sa danseuse; aussi fus-je bien étonné de le voir tout seul. Il était pâle comme la mort; il essaya de me parler, il était muet. Il me prit la main d'une main glacée et m'entraîna sans savoir où il allait.

—Il y a de quoi devenir fou! me dit-il.

—Je comprends, tu cherches ta danseuse, elle s'est évanouie comme une vision.

Rodolphe regardait autour de lui avec effroi. Nous montions l'escalier.

—Non, dit-il, retournons par là.

Nous rentrâmes dans le parterre.

—Voilà ce qui s'est passé, me dit-il d'une voix haletante. Je dansais une mazurka avec ce domino provocant que tu as vu tout à l'heure. Je ne savais pas bien ce que je faisais. Tout à coup il me semble que le domino rose se change en domino noir. En effet, je me réveille pour ainsi dire en m'apercevant que j'ai changé de danseuse, ou que ma danseuse s'est métamorphosée. « Voilà, me dit-elle, une musique qui ferait danser les morts. » Ce mot me frappa au cœur, parce qu'il me parla de Jeanne. « Est-ce que je te connais? dis-je au domino noir. — Si tu me connais! me dit-il en s'appuyant sur mon cœur; regarde mon cou. » Je regardai et je vis un petit signe de beauté que j'avais mille fois baisé sur le cou de Jeanne. « Tu ne t'attendais pas à me retrouver ici cette nuit? Regarde cette petite médaille de la sainte Vierge qui veille toujours sur mon cœur. » Je regardais : « C'est un rêve horrible ! m'écriai-je tout éperdu. » Je voulus m'arrêter, mais le domino m'entraîna malgré moi avec une force inconnue : j'étais dans un cercle fatal. « Jeanne ! Jeanne ! est-ce bien toi ? parle-moi ! — Je n'ai pas le temps, me répondit-elle en m'entraînant toujours. Tu te rappelles la ballade allemande, *Les morts vont vite.* Nous allions comme les morts. J'étais dans l'épouvante, j'y suis encore. Et pourtant c'était bien Jeanne, ma chère Jeanne, qui s'appuyait sur mon cœur, comme aux meilleurs jours. Tiens, ne me quitte pas, car j'ai peur de devenir fou. »

Le domino rose vint à nous.

—Eh bien, mon cher danseur, vous avez planté là le domino rose pour un domino noir : qu'est-ce que vous en avez donc fait ?

—Ce que j'en ai fait ! s'écria Rodolphe tout égaré. Est-ce que vous l'avez vu, madame ?

—*Madame !* Voilà qui est tragique. Oui, j'ai vu un domino noir qui m'a jetée hors de vos bras, *monsieur*, et qui vous a enlevé à quatre chevaux. Je me suis imaginée qu'on vous conduisait au sabbat. Où êtes-vous allé ?

Rodolphe m'entraîna sans répondre.

Je l'ai revu le lendemain : il était maître de sa raison, mais il demeurait convaincu qu'il avait dansé la mazurka avec Jeanne huit jours après la mort de Jeanne.

VI

JÉSUS MENDIANT

FRESQUE BYZANTINE.

Jésus s'habille en pauvre et demande l'aumône
 Au seuil d'un riche au cœur d'acier :

« Beau seigneur, qui vivez comme un roi sur son trone,
 « Donnez-moi quelque pain grossier.

« — Avec votre besace, allez dans mon étable ;
 « La paresse ici n'entre pas.

« — Donnez-moi seulement les miettes de la table,
 « Pendant que vos chiens sont là-bas.

« — Mes chiens ! ne sais-tu point qu'ils m'apportent des lièvres,
 « Des bécasses et des lapins ?

« Toi, tu n'apportes rien, pas même les genièvres
 « Qui font chauffer mon four à pains. »

JÉSUS MENDIANT

Et Jésus s'en allait, quand il vit une femme
    Qui venait d'une ruche à miel.

Elle avait la beauté, car on voyait son âme
    Dans ses yeux bleus couleur du ciel.

« Mon pauvre homme, venez sous mes noires solives,
    « Par la porte où siffle le geai ;

« Je n'ai rien que du miel, des raisins, des olives ;
    « Mais je donne tout ce que j'ai. »

Jésus suivit la femme et répandit sur elle
    L'auréole de sa splendeur ;

Rayon de Paradis et de vie immortelle !
    Et cette femme avec candeur :

« Mon pauvre homme, dit-elle, est-ce déjà la lune
    « Qui répand sur moi sa clarté ?

« — O femme ! entre vos sœurs, en connaissez-vous une
    « Qui se nomme la CHARITÉ ? »

Elle s'agenouilla pour baiser les sandales
    Du Dieu qui se transfigurait ;

Mais Jésus, la voyant s'abîmer sur les dalles,
    Lui montra le ciel qui s'ouvrait.

« — Mon Dieu ! je monte au ciel sans traverser la tombe,
    « Et j'ai la clef du Paradis.

« — Et là-bas ton voisin avec tout son or tombe
 « Dans l'enfer où sont les maudits.

« Mais, quand il aura soif, je prendrai le ciboire
 « Où mon amour est jaillissant ;

« Je mourrai sur la croix pour lui donner à boire
 « Jusqu'à mes larmes et mon sang ! »

VII

LE ROYAUME DES ROSES

CONTE PHILOSOPHIQUE

> Idéal! idéal
> Goethe.

I

GÉOGRAPHIE DU ROYAUME.

Dans la géographie des Chinois, ce royaume sans pareil est situé dans le groupe des Hyades. C'est un pays à jamais couvert, sur les montagnes et dans les vallons, d'une immense variété de roses de toutes les formes, de toutes les couleurs et de tous les parfums.

Ne vous imaginez pas que ce merveilleux royaume ressemble à un de nos monotones jardins, où tous les rosiers, quels qu'ils soient, sont de la même taille et du même aspect.

Bien loin de là, dans le royaume des Roses, il y a des rosiers qui sont grands et vieux comme les chênes des forêts vierges; vingt d'entre vous, — mes beaux enfants bouclés, aux bras nus, — pourraient à peine, en se tenant la main, embrasser leurs troncs couverts d'une mousse soyeuse tout étoilée de petites roses blanches larges à peine comme la corolle du *vergiss-mein-nicht*.

Tous les rosiers du royaume ne ressemblent pas à des chênes. Il en est qui ont la forme des hêtres : le vent qui passe dans leurs branches chante des airs sylvestres, échos des flûtes antiques. Il en est qui s'élèvent dans les nues comme les peupliers d'Italie. Il en est qui se mirent dans les eaux, comme les saules pleureurs; d'autres qui grimpent comme les liserons sur les rochers moussus aux portes des grottes parfumées et qui enlacent amoureusement les colonnes sculptées des palais.

Que vous dirai-je ? il y a des forêts de roses, des bosquets de roses, des prairies de roses.

Sur les collines, quand le pampre fleurit, il se couvre de roses, ce qui n'empêche pas d'y cueillir quatre fois par an les raisins les plus exquis. On voudrait passer sa vie à égrener ces grappes vermeilles et dorées qui se nourrissent des rayons du plus beau soleil des mondes.

J'oubliais de vous dire que le royaume des Roses était habité. Quel était le roi bienheureux ?... Il n'y avait point de roi, ce qui n'est pas toujours un mal. Quel était le peuple ?... Il n'y avait point de peuple, et j'en suis bien aise : — que fussent devenues les roses, avec des gens qui font des fabriques de noir animal, qui tracent des chemins de fer et qui plantent des pommes de terre — pour les Spartiates futurs.

II

LA FÉE ARC-EN-CIEL.

Ce merveilleux pays était habité par une femme, une seule; mais elle était si belle, que Phidias et Raphaël eussent laissé tomber devant elle le ciseau et la palette.

Homère lui-même, qui savait sculpter et peindre avec la plume d'or des Grecs, se fût contenté de l'admirer en silence.

La fée Arc-en-Ciel — je vous dirai tout à l'heure pourquoi on la nommait ainsi — avait sur ses joues l'éclat si tendre et si délicat des roses du Bengale; ses lèvres s'étaient teintes du vermillon le plus vif de la plus éclatante de ses roses; son cou, flexible comme le roseau, avait la blancheur mate et transparente de ses roses-camellias. Vous ai-je parlé de ses roses noires plus brillantes que le jais ou que l'aile du corbeau? La fée Arc-en-Ciel avait une chevelure noire comme ses roses noires. Quand elle se promenait dans la vallée, tous les oiseaux de son royaume venaient voltiger au-dessus d'elle pour admirer cette chevelure qui tombait jusqu'à ses pieds, toute parsemée de roses mignonnes dont la rosée scintillait au soleil comme les plus rares diamants.

Elle se nommait Arc-en-Ciel, parce qu'à sa naissance — un peu avant le déluge, — un orage ayant éclaté dans le royaume des Roses, un arc-en-ciel avait couvert son berceau; les vives couleurs du prisme l'avaient séduite à tel point, qu'elle était parvenue à les saisir — et à s'en faire une ceinture, — ceinture toujours fraîche et toujours éclatante, dont toutes les reines du monde eussent été jalouses.

Or, quelle était la mère de la fée Arc-en-Ciel? On n'en a jamais rien su; on dit pourtant qu'un matin, Dieu se penchant sur la terre, eut pour nous, en souvenir d'Ève, notre grand'-mère, un sourire et une larme, — et que de ce sourire et de cette larme il naquit une femme : — la fée Arc-en-Ciel.

Elle fut abandonnée dès sa naissance dans le royaume des Roses. Les abeilles de la vallée la prirent sous leur protection; elles allèrent recueillir pour elle, dans les prairies et dans les parterres, le plus doux miel qui fut jamais.

La fée Arc-en-Ciel était d'une nature si délicate et si exquise, qu'il ne lui fallait pour vivre que le parfum des roses. C'était pour elle une gourmandise de déjeuner avec le miel de deux abeilles, et de dîner avec un grain de raisin.

Cependant au milieu de cet eldorado, de cette oasis digne d'une sultane, de ce paradis terrestre comme en peignait Breughel de Velours, de ce royaume des Roses où le soleil était si joyeux, un temps vint où la fée Arc-en-Ciel se surprit rêveuse et mélancolique.

Et tous les petits oiseaux se demandaient entre eux dans leurs chansons : « Qu'a-t-elle donc, la fée Arc-en-Ciel ? »

En effet, pourquoi ces rêves inquiets et cette profonde mélancolie ?

N'a-t-elle pas comme toujours ses palais de marbre couverts de dentelles de porphyre; ses grottes embaumées par les tapis de roses, où elle va dormir à midi quand le soleil est trop ardent; ses fontaines de cristal, où elle rafraîchit ses lèvres; ses étangs bordés d'églantiers où elle se promène sur l'aile d'un cygne et où elle se mire bien mieux que dans les plus belles glaces de Venise ?

N'a-t-elle pas toute la musique des mondes connus et inconnus qui passe dans ses forêts ?

N'a-t-elle pas l'éternelle jeunesse et l'éternelle beauté ?

Depuis qu'elle est dans le royaume des Roses, des milliers de poëtes n'ont-ils pas élevé jusqu'à elle, pour la distraire, leurs inspirations les plus sacrées, tout ce qui vibre dans le cœur humain, tout ce qui est joie de la terre et souvenir du ciel ?

N'avez-vous pas deviné qu'elle s'ennuie parce qu'elle est seule ?

La fée Arc-en-Ciel est une femme; on dit que toutes les femmes sont curieuses comme les étoiles; je n'en crois rien. Ce n'est pas seulement au travers d'un prisme que la fée Arc-en-Ciel entrevoit les mystères et les folies des mondes épars autour d'elle. Un jour les hirondelles, qui sont voyageuses — et qui sont menteuses, — se racontèrent devant elle, en rasant les eaux transparentes du lac, mille histoires invraisemblables du monde où nous vivons.

La fée Arc-en-Ciel n'y put tenir plus longtemps. Elle appela tous les oiseaux du royaume. Quand elle en vit un assez grand nombre sautillant sur ses genoux, ou voltigeant sur ses épaules, elle leur dit :

—Je veux voyager à mon tour, construisez-moi un char au plus vite.

III

LE CARROSSE DE LA FÉE ARC-EN-CIEL.

Le bruit se répandit aussitôt dans le royaume que la fée allait voyager; tous les oiseaux, même les oiseaux de paradis, se mirent à l'œuvre. Vous savez avec quel art ils bâtissent leur nid; vous devinez avec quelle grâce ils construisirent la plus légère berline de voyage qui ait parcouru le monde civilisé.

C'était plutôt un char qu'une berline.

Jamais on n'avait enlacé plus de roses; les merles avaient arraché le lierre et la mousse des chênes séculaires; les chardonnerets avaient attaché aux roues, avec leurs compères les pinsons, des cercles de roses plus durables que des cercles de fer; les bouvreuils et les fauvettes avaient composé les coussins du char avec les feuilles de roses les plus veloutées.

Mais les hirondelles s'étaient montrées les plus industrieuses ouvrières en bâtissant la charpente indestructible de ce féerique équipage avec des rameaux d'églantier.

Le départ fut fixé au premier jour de la saison des roses bleues, — à peu près vers la mi-juillet. — Ce jour-là, tous les oiseaux du royaume éveillèrent leur reine par des chants joyeux.

La fée Arc-en-Ciel se leva, noua son écharpe, salua ses courtisans ailés, et s'élança dans son char, plus légère qu'un parfum.

Le char était attelé par des fils de la Vierge imperceptibles à plus de cent mille oiseaux qui l'emportèrent en chantant.

La fée Arc-en-Ciel, bien qu'elle ne fût pas prévoyante, avait pourtant pensé à emporter trois ou quatre belles grappes du raisin le plus doré.

Aussi, comme ses abeilles l'escortaient, le roitelet, qui est né malin, disait dans un cercle de courtisans voyageurs que les abeilles ne voyageaient que pour le raisin.

IV

VOYAGE EN CHINE. COMMENT LA FÉE ARC-EN-CIEL DANSA A L'OPÉRA.

Après un voyage de cinquante-sept minutes trente-trois secondes, — car les historiens l'ont écrit quelque part, — sur les flots ou sur les nuages, — la fée Arc-en-Ciel arriva un matin sur le boulevard des Kapucines, à Pékin.

Il est sous-entendu que la fée Arc-en-Ciel avait la vertu d'être invisible à sa volonté.

Pour une fée curieuse, il faut avouer qu'elle tombait à merveille. Pékin, n'est-ce pas le monde des mondes? le livre des livres? l'humanité tout entière respire là.

Pour voir la comédie humaine, c'est là qu'il faut venir; à toute heure du jour et de la nuit il s'en joue un acte. Mais passons; la fée Arc-en-Ciel fut séduite, effrayée, éblouie, de tout ce luxe, de tout ce bruit, de tout cet éclat.

—Hélas! dit-elle, pourquoi suis-je condamnée à une solitude si obstinée? Ces gens-là ont si bien l'air de s'amuser ensemble!

La fée Arc-en-Ciel voyait toujours à travers son prisme. Elle alla à l'Opéra. A la vue de toutes ces merveilles de papier peint, elle commença à sourire dédaigneusement. Quand elle vit apparaître mademoiselle Ta-gli-o-ni, surnommée la fille de l'air pour sa légèreté, elle ne put s'empêcher de hausser les épaules de pitié. Elle s'élança sur la scène et se mit à danser comme on n'avait jamais dansé jusque-là.

Comme elle s'était rendue visible par un mouvement de coquetterie, il y eut une espèce de révolution parmi les spectateurs, qui se demandaient : « Quelle est donc cette belle débutante, avec cette robe couleur d'arc-en-ciel, avec cette admirable chevelure parsemée de roses inconnues?

Tout le monde s'était levé avec respect. — D'où vient-elle? — Comment ne l'a-t-on pas affichée? — C'est une surprise. — C'est une révolution.

Car en Chine, à l'Opéra comme ailleurs, tout finit par des révolutions.

Il est impossible de donner une idée de la grâce et de la légèreté de la fée Arc-en-Ciel en ses danses fantastiques.

Déjà les plus curieux s'étaient élancés dans les coulisses pour cueillir une rose dans ses cheveux et pour apprendre son nom, quand elle disparut tout à coup, sans même saluer le public qui l'applaudissait à outrance.

Il y eut un tumulte affreux dans la salle ; on demandait à grands cris la débutante, on menaçait de mettre le feu aux quatre coins du théâtre, quand le directeur, tout ébahi, conjura mademoiselle Ta-gli-o-ni d'apaiser l'orage par sa présence.

Mademoiselle Ta-gli-o-ni s'avança sur la scène et déclara, non sans rougir un peu, que l'adorable fée vêtue d'un arc-en-ciel, qui venait de s'envoler comme un sylphe, c'était elle-même, mademoiselle Ta-gli-o-ni.

Dès ce jour-là, sa réputation fut faite. Mais les connaisseurs affirment que jamais, depuis ce beau soir, la reine des danseuses chinoises ne s'est élevée d'un pied si léger. Toujours est-il que, sans la fée Arc-en-Ciel, elle n'eût point gagné depuis 100,000 écus par an à montrer ses ronds de jambe sur tous les coins du globe.

Notre belle voyageuse, en quittant l'Opéra, alla s'abattre,

tout en pirouettant encore, tant elle avait pris l'habitude de danser en Chine, dans un petit parc du faubourg Saint-Honoré.

Elle s'y promena au clair de la lune durant quelques minutes, tout en le comparant au Royaume des Roses : il faut bien dire que la comparaison n'était pas à l'avantage des jardiniers chinois et du soleil de Pékin.

V

COMMENT LA FÉE ARC-EN-CIEL ENLEVA LE PETIT ARNOLD.

Une lumière ayant frappé sa vue, elle s'élança, en effleurant les brins d'herbe avec la légèreté d'une demoiselle des prés, vers la fenêtre d'un petit hôtel bâti sous l'empereur de la Chine Lo-ys le XVe, surnommé le roi Bien-Aimé.

Elle pénétra dans une chambre, je ne sais comment, soit par la porte, soit par la fenêtre. Du premier coup d'œil, elle vit un enfant, un adorable petit garçon qui dormait dans une barcelonnette dorée. La fée Arc-en-Ciel, vous savez, avait le goût assez difficile. Cependant, elle admira avec beaucoup de bonne foi la guipure de neige qui couvrait le berceau.

—Heureux enfant! heureuse mère! murmura-t-elle en sentant son cœur battre.

Mais dans une chambre à côté un prêtre veillait en priant au pied d'un cercueil.

C'était le cercueil de la mère.

—Cher enfant! je serai ta mère, murmura la fée.

Elle tressaillit, souleva la guipure, et baisa l'enfant sur ses jolies lèvres roses.

—Ah! dit-elle en soupirant, si j'avais dans mon royaume un enfant à bercer!

A peine eut-elle fait ce vœu, qu'elle se trouva dans son char avec l'enfant endormi sur son sein. Elle voulut crier à ses cent mille oiseaux de suspendre leur vol ; mais les coursiers ailés, qui déjà s'ennuyaient ici-bas, firent semblant de ne pas entendre : ils arrivèrent en moins de cinquante minutes dans le royaume des Roses, où les biches pleuraient la fuite de la fée Arc-en-Ciel.

On était aux premiers sourires de l'aube. La fée Arc-en-Ciel descendit de son char en caressant l'enfant qui venait de s'éveiller et qui appelait sa mère.

Il se jeta tout en pleurant sur le sein de la fée Arc-en-Ciel ; elle crut un instant qu'elle était mère. Une joie divine et humaine saisit son âme. Elle sentit des larmes mouiller ses beaux yeux.

Les abeilles vinrent en foule pour nourrir l'enfant du miel cueilli sur les roses ; mais l'enfant se mit à crier, car il n'était pas accoutumé à ce régime-là.

VI

LA BELLE ÉCOLE.

La fée Arc-en-Ciel, au désespoir, porta Arnold vers les grottes les plus éloignées, où s'ébattaient gaiement les biches les plus folles qui aient bondi sur la terre.

A peine eut-elle fait un signe, qu'une petite biche brune aux pieds blancs vint présenter son flanc à la bouche de l'enfant. Il fit d'abord quelque façon ; mais, après avoir joué un instant avec le gentil animal, il se mit à boire avec beaucoup de bonne volonté.

La fée Arc-en-Ciel ramena au palais la biche aux pieds blancs. Arnold, déjà consolé, voulut à toute force aller à califourchon sur la biche. Au bout d'une heure, c'étaient les meilleurs amis du monde, l'un portant l'autre.

Il fallait les voir s'ébattre dans la prairie des Roses. Arnold marchait à peine en chancelant ; mais la biche y mettait beaucoup de bonne volonté.

Il oublia tout d'un coup sa mère, sa petite sœur, sa grand'tante, tous ceux qui lui donnaient des croquignoles. Que voulez-vous ? il y avait là-bas un si beau soleil et de si belles roses, de si gais oiseaux et de si joyeux concerts! la fée Arc-en-Ciel l'aimait tant, et la biche aux pieds blancs était si jolie!

N'oublions pas que les oiseaux du royaume des Roses lui avaient bâti un berceau mille fois plus charmant que celui du faubourg Saint-Honoré, à Pékin.

Quelques années se passèrent en folâtreries; la fée ne s'ennuyait plus; Arnold était le plus gâté et le plus heureux des enfants. La fée Arc-en-Ciel, qui pouvait tout, lui octroya le don des sciences; mais elle s'y prit si bien dans ses leçons, qu'il ne songea presque jamais à faire l'école buissonnière: à peine mérita-t-il quelques pensums pour avoir trop lutiné la biche, effarouché les abeilles et jeté des pierres, je veux dire des roses, aux oiseaux.

Une bibliothèque universelle, renfermant les œuvres de plus de mille nations, était venue par enchantement répandre ses lumières dans les grandes salles du palais.

Grâce au pouvoir de la fée, Arnold n'avait qu'à ouvrir les livres pour les comprendre. Heureux enfant! j'en connais plus d'un qui se donne bien de la peine et qui ne comprend pas si vite.

Quand il eut quinze ans, quand son cœur commença à battre, quand ses yeux bleus s'animèrent, quand son imagination dévora l'espace, il chanta des hymnes au soleil, aux étoiles, à la lune, à toutes les divinités visibles et invisibles; il n'eut garde d'oublier la fée Arc-en-Ciel ni les roses de son royaume. Que de stances, que de sonnets, que de rondeaux!

Il avait eu le bon esprit de ne pas rimer de tragédies en cinq actes, ni de poëmes épiques en vingt-quatre chants, se disant qu'après Homère et Corneille la plume d'or était brisée.

Cependant, au milieu des joies de son royaume, ou plutôt de son exil, ses promenades avec la fée Arc-en-Ciel, ses chasses dans la forêt, ses vendanges sur la colline, ses bains dans les étangs bordés d'églantiers, ses rêveries dans les grottes profondes, il lui venait çà et là un souvenir de la terre, un écho de la grande ville où il était né.

D'ailleurs, il avait beaucoup lu, et que de livres lui avaient parlé de Pékin !

Un jour, le voyant triste et pensif, la fée Arc-en-Ciel l'aborda au détour d'une allée.

—Arnold, ouvrez-moi votre cœur. Qui donc vous préoccupe ainsi ?

—Je ne sais pas, dit-il en lui pressant la main ; je vous aime comme ma mère et comme ma sœur ; je trouve ici toutes les joies de l'esprit et des yeux ; mais, vous le dirai-je, je m'ennuie ; je m'ennuie de ne rencontrer que des roses sous mes pieds. Ce ciel est trop pur, ces collines sont trop vertes, ces palais sont trop riches. Vous-même, vous êtes d'une perfection idéale qui m'embarrasse souvent. Le croiriez-vous, chère Arc-en-Ciel ? il est des jours où je voudrais vous voir des sabots aux pieds.

—Eh bien ! dit la fée en cachant ses larmes, vous allez partir. Adieu ! dans un an et un jour, vous viendrez me dire si c'est ici ou dans un autre monde que vous voulez vivre, dans le ciel ou sur la terre.

VII

ARNOLD DESCEND DU CIEL.

Il partit, ou plutôt, par le pouvoir de la fée, il débarqua une heure après à Pékin, barrière de Fontainebleau. Non-seulement il se trouvait habillé à la dernière mode, par la sollicitude de la fée, mais encore il avait dans sa poche une bourse inépuisable.

Les premiers hommes qui frappèrent sa vue, ce furent des chiffonniers, qui buvaient du vin bleu, armés de leur crochet et de leur lanterne.

—Grand peuple, s'écria-t-il, je te salue, car les livres m'ont appris tes hauts faits.

Il avança dans la grande ville.

—C'est étonnant, dit-il après avoir contemplé l'architecture des maisons de la rue Mouffetard, la renommée m'avait apporté sur ses ailes de flammes le nom de quelques grands architectes et de quelques grands sculpteurs, témoin Jean Goujon, Perrault, Mansard, Germain Pilon, Pierre Puget, Coysevox.

Le pauvre Arnold se bouchait le nez et les oreilles, pour ne pas respirer les odeurs des égouts et pour ne pas entendre les cris de la canaille, lui qui était habitué aux parfums les plus exquis et aux harmonies les plus suaves.

Quoiqu'il fût chaussé comme un fumeur du boulevard des Kapucines, il avait déjà mal aux pieds, sur ces pavés aigus, familier aux Auvergnats, sans compter qu'il ne pouvait marcher tout à son aise, coudoyé qu'il était par les charbonniers et les porteurs d'eau.

Un omnibus passa, Arnold se hasarda à y monter à la suite d'une jeune femme qui marchait à côté de lui.

—Que m'importe? se dit Arnold; ce grand carrosse me conduira sans doute quelque part.

Il avait raison, les omnibus vous conduisent toujours quelque part, — là où on ne veut pas aller. — Dans l'omnibus, comme il vit que tout le monde payait, il laissa tomber un louis dans la main tendue du conducteur. Quel ne fut pas son désappointement quand il lui fallut à toute force recevoir quatre-vingt-quinze pièces d'argent et quatre sous couverts de vert-de-gris. Il voulut laisser toute la somme au conducteur, mais le conducteur lui répondit avec fierté qu'il n'était pas un mendiant.

Il descendit d'omnibus sur le boulevard des Italiens, après avoir traversé les rues les plus sombres, les plus bruyantes et les plus boueuses de la grande ville. Sur le boulevard, il commença à respirer. Il marcha lentement jusqu'en face d'un limonadier chinois fort célèbre, et dont le nom était Tor-to-ni. Voyant de l'autre côté une foule très-animée, il voulut traverser le boulevard ; mais, les voitures de toute forme défilant sans cesse, il demeura plus d'un quart d'heure planté sur l'asphalte, comme un rosier du royaume d'Arc-en-Ciel, ou plutôt comme ce paysan de la fable qui attendait, pour passer la rivière, que l'eau eût fini de couler.

Enfin Arnold traversa le boulevard ; comme il se trouva alors au milieu d'un groupe de fumeurs d'opium très-élégants, il écouta avec beaucoup d'attention, s'imaginant qu'il allait entendre parler des arts et des lettres, de la science et de la philosophie, des vertus publiques et privées; mais tous ces intrépides fumeurs n'avaient qu'un mot à la bouche.

—Vous allez à la Bourse?
—Vous revenez de la Bourse?
— Que dit-on à la Bourse?

Arnold passa dans un autre groupe; c'était mot à mot la même conversation.

—Qu'est-ce donc que la Bourse? demanda-t-il à un gros monsieur qui vivait sur le trois et sur le cinq.

—J'y vais, répondit le loup-cervier; venez avec moi.

Arnold ne fit point de difficulté. Quand il arriva devant la Bourse, il s'écria avec enthousiasme :

—O Parthénon moderne! je te salue. — C'est un temple? dit-il à son cicerone.

—Oui, monsieur, le temple de la Fortune, pour vous parler dans votre langage symbolique.

Je ne dirai pas la déception d'Arnold à la vue de tous ces hommes plus ou moins frappés de vertige, qui se démenaient et criaient dans la Bourse comme un peuple en révolution,—après la révolution, quand vient la curée.

Arnold alla de désenchantement en désillusion. Il se crut dans un pays de fous. Par exemple, il ne comprenait rien à ce peuple qui passe pour le plus spirituel du monde et qui tous les matins se nourrit de sottises débitées par les papiers publics. Il ne pouvait s'empêcher de rire à gorge déployée à la vue de ces bons Chinois de la rue Saint-Denis ou de la rue de la Paix, qui, en s'éveillant, se jettent sur leur journal pour y trouver des accès de fureur contre leurs semblables, car il paraît qu'en Chine on n'est pas — comme en France — du même avis sur les affaires de l'État. On a épuisé toute la gamme des couleurs pour représenter les nuances d'opinions politiques. Il y a des journaux pour toutes les couleurs, et il arrive toujours que dans une maison où il vient quatre journaux, il y a quatre ennemis à jamais irréconciliables, parce que leur journal a sa manière de penser sur les pantoufles de l'empereur ou sur l'avenir des magots du Céleste-Empire.

N'oublions pas que le premier jour de son arrivée il fut attiré, malgré lui, à la porte d'un immense jardin consacré à la mort. C'était un cimetière parqueté d'épitaphes; prouvant que, même pour les morts, on peut s'écrier comme l'Ecclésiaste : *Vanité des vanités!* Cependant Arnold s'arrêta, saisi d'une pieuse émotion, sur une pierre tumulaire où était gravé un simple nom.

Arnold tomba agenouillé en s'écriant :

—Ma mère !

Il pleura sa mère de toutes les larmes de son cœur.

Dès son arrivée à Pékin, il fut recherché dans le beau monde, — surtout par les mères qui avaient des filles à marier; car il passait pour un prince oriental plus riche que M. de Rothschild. En effet, quoique les coffres de M. de Rothschild soient grands, ils peuvent être vidés, tandis que la poche d'Arnold, toute petite qu'elle fût, devait contenir perpétuellement une poignée de pièces d'or. Aussi le bruit se répandit-il, sourdement il est vrai, qu'Arnold était venu fort à propos au secours de plusieurs États qui étaient sur le point de faire faillite.

Arnold fut donc recherché des gens de qualité et de quantité, non parce qu'il était beau, savant, astiste, poëte, mais parce qu'on lui supposait beaucoup d'argent. Le monde est ainsi fait; cet exemple ne doit empêcher personne d'avoir de l'esprit et du talent, — ni même d'avoir de l'argent.

VIII

DE MADEMOISELLE MARGUERITE, QUI AIMAIT LA VALSE, LE JAMBON ET LE VIN DE CHAMPAGNE.

Or, à un grand bal qui fut donné par l'empereur de la Chine, Arnold devint éperdument épris d'une jeune fille fraîche, svelte et délicate, qui lui rappela la fée Arc-en-Ciel. Elle souriait avec tant de douceur, elle regardait avec tant de charme, qu'Arnold ne voulut danser et valser qu'avec elle.

—Ah! se disait-il tout bas, sans oser lui parler, si elle est aussi bonne et spirituelle qu'elle est jolie, je vais tout à l'heure la demander en mariage à sa mère.

Il continua à danser et à valser avec elle sans lui dire un mot; seulement il était heureux comme au royaume des Roses en ses meilleurs jours. L'éclat des lumières, la musique de Ka-ra-fa, la gaieté qui rayonnait sur toutes les figures, l'éblouissaient au point qu'il commençait à croire au bonheur sur la terre.

Après le bal on soupa; il se trouva placé derrière la jeune fille, tout prêt à la servir au moindre signal. Hélas! cette jeune fille était une véritable Chinoise, qui ne se nourrissait ni de rêveries, ni de parfums de roses. Ce qu'elle mangea de jambon de Mayence, de pâté de foie d'oie, de nids d'hirondelle, de perdreaux truffés, de salade de homards, est vraiment incroyable, sans compter les compotes de pêches et les pyramides d'ananas. Elle ne refusa pas non plus le vin de Bordeaux, le vin de Champagne, le vin de Chypre, le vin de Constance, que sais-je?

Nous autres qui sommes gourmands, nous lui pardonnons

sans peine ; mais Arnold, qui avait le privilége inappréciable de vivre de l'air du temps, fut épouvanté de cet appétit glouton. Il s'éloigna avec dégoût, résolu de ne pas aller plus loin dans ses projets de mariage.

Cependant elle était si jolie, elle avait de si jolis pieds, elle valsait avec une désinvolture si chaste et si gracieuse ! elle répandait tant de séduction idéale dans son sourire et dans son regard ! Le pauvre Arnold en était fou, lui, le poëte des régions éthérées. Il eut beau faire, il revint sans cesse auprès d'elle. Ayant entendu prononcer son nom, Li-Do-Chab-Abba, c'est-à-dire, en français, Marguerite La Tour, il espéra encore qu'il y avait en elle quelque chose de la marguerite, cette fleur aux aigrettes rosées que la nuit emperle de ses gouttes les plus pures.

Après tout, cette pauvre Li-Do-Chab-Abba s'était donné tant de mouvement, qu'il lui était bien permis de se reposer en attaquant les jambons, les pâtés, les vins et les confitures avec autant de plaisir qu'elle en avait montré tout à l'heure en attaquant une polka et une valse à deux ou trois temps.

Il se fit présenter le lendemain chez M. Chab-Abba, un des plus riches banquiers du grand empire. Il était venu s'installer à Pékin parce qu'il lui manquait deux cent millions pour se retirer honorablement des affaires : il comptait trouver cette somme en spéculant sur les chemins de fer. Marguerite n'était si blanche et si fraîche que parce qu'elle avait vécu longtemps dans les brouillards des îles japonaises.

Quoique Arnold ne fût pas banquier; quoiqu'il s'occupât beaucoup de beaux-arts et de belles-lettres; quoiqu'on l'accusât dans le monde de faire les statues que signait Kle-sin-ger et les vers que signait Hu-go, M. Chab-Abba ne l'accueillit pas trop mal, grâce à sa femme qui était romanesque et qui ne regardait pas à deux cents millions de plus ou de moins pour faire bonne figure dans le monde.

Il fut donc permis à Arnold de venir à l'hôtel du banquier tout à son aise visiter la mère et aimer la fille. Mais, hélas ! c'est en vain qu'il regardait Marguerite ; c'est en vain qu'il la parait de toutes les couleurs de sa poésie, c'était toujours Marguerite, une jeune fille très-prosaïque, ne rêvant qu'aux pirouettes du bal, ne savourant que le fumet du rosbif. Elle était ainsi faite. Que voulez-vous ? j'en connais plus d'une qui lui ressemble de point en point.

Quand Arnold causait avec elle, il s'apercevait bien vite qu'elle n'était pas très-familière avec les délicatesses du langage ; elle lui parlait tout simplement de tout ce qui frappait sa vue, mais jamais de ce qui frappait son âme. Quel contraste à la fée Arc-en-Ciel, qui l'initiait avec tant d'art à ses radieuses rêveries.

Cependant bien des jours s'étaient déjà passés depuis qu'Arnold avait quitté le royaume des Roses. Il avait eu le temps de devenir célèbre à Pékin ; non-seulement il était recherché dans tous les cercles, dans tous les salons, chez l'empereur comme chez les comédiennes en renom, mais encore toutes les académies savantes et non savantes (il y en a beaucoup dans les deux genres) le sollicitaient à endosser l'habit à palmes vertes et à s'asseoir dans le fauteuil des immortels. Tous ces hommes n'avaient pas de prise sur une âme fière et haute comme la sienne. Sans Marguerite, il se fût profondément ennuyé à Pékin au bout de huit jours, comme le premier provincial venu ; mais il se résignait dans l'idée d'un prochain mariage qui sans doute lui révélerait des joies inconnues.

Déjà il avait songé à la corbeille, quand un matin, comme il pensait à la fée Arc-en-Ciel, il se souvint tout à coup avec terreur qu'il n'avait plus une heure à perdre pour retourner à temps dans le royaume des Roses.

Dirai-je qu'il eut d'abord la mauvaise pensée de ne pas se mettre en route et d'oublier cette fée adorable qui l'attendait avec tant de plaisir et de douleur ?

—Ah! s'écria-t-il avec indignation, c'est là une cruauté indigne de moi.

Il courut chez M. Chab-Abba, se jeta aux genoux de Marguerite, baisa ses mains blanches, et disparut tout à coup comme une ombre qui s'évanouit, à la grande surprise de madame et de mademoiselle Chab-Abba, qui, dès le jour même, selon la coutume chinoise, firent annoncer dans les journaux que le prince Arnold (à Pékin, tout nouveau venu qui a de l'argent dans sa bourse est prince ou marquis, à son choix) avait disparu de son domicile, hôtel de Londres. Récompense honnête à celui qui le ramènerait.

IX

IDÉAL! IDÉAL!

A peine Arnold eut-il mis pied à terre dans le royaume des Roses, qu'il vit accourir au-devant de lui, à travers les bosquets et les prairies, la fée Arc-en-Ciel, la biche aux pieds blancs, les abeilles, les oiseaux, tous ses amis.

La fée se jeta dans ses bras avec un cri de joie.

—Comme vous êtes pâle! dit Arnold en l'embrassant.

—Voyez, répondit-elle en indiquant la montagne et la vallée.

—Quel aspect désolé! s'écria Arnold; toutes les roses sont flétries.

—Vous ne comprenez pas! dit tristement Arc-en-Ciel.

—Non, répondit Arnold avec étonnement. Expliquez-moi cette métamorphose.

—Vous allez commencer par me raconter votre voyage pendant que nous retournerons au palais.

Arnold, qui aimait à parler comme tous ceux qui sont jeunes, ne se fit pas prier. Il ne connaissait pas ces belles paroles de Pythagore : « Taisez-vons, ou dites quelque chose qui vaille mieux que le silence. » Comme ils avaient un langage, lui et la fée, qui leur permettait de tout dire en peu de mots, il ne lui fallut pas plus de cinq minutes pour raconter ce qui lui avait paru le plus curieux dans son voyage.

Quand il eut fini :

— Ce n'est pas tout, dit Arc-en-Ciel; car il ne lui avait pas parlé de Marguerite.

— Je vous jure...

Arc-en-Ciel interrompit Arnold.

— Arnold, point de blasphèmes. Enfant, vous ignorez donc que j'ai tout vu ! Je vous ai suivi pas à pas; j'ai entendu mot à mot tout ce que vous avez dit à Marguerite.

Deux larmes tombèrent des yeux de la fée. Arnold ne savait que répondre; il était rouge comme une rose coquelicot.

— Maintenant, poursuivit-elle, vous comprenez pourquoi je suis si pâle et pourquoi toutes mes roses sont fanées.

— Elles refleuriront, dit Arnold avec une effusion de tendresse; car j'oublierai Marguerite pour ne vivre désormais qu'avec vous.

A peine eut-il parlé ainsi qu'une brise fraîche et aromatique se répandit sur tout le royaume. Les arbres relevèrent leurs branches, les plantes redressèrent leur tige, les oiseaux reprirent leurs chansons interrompues; un souffle de vie avait touché depuis le chêne altier de la forêt jusqu'aux brins de mousse perdus dans les roches de la grotte.

Une heure après, Arnold croyait n'avoir jamais quitté le oyaume des Roses, tant il avait déjà repris ses habitudes poétiques, tant il se sentait loin du monde où nous vivons dans la réalité la plus terrestre. Il retrouva ses chères promenades dans les solitudes embaumées, sa bibliothèque infinie, ses forêts musicales, sa galerie de chefs-d'œuvre où revivait l'âme de tous les grands maîtres.

C'était la saison des vendanges. Quel tableau charmant que

de voir la fée Arc-en-Ciel égrener, en se jouant, des grappes vermeilles sur les lèvres de son écolier !

Vous devinez tout le plaisir d'Arnold à fouler encore des tapis de roses, lui qui avait trouvé si durs les pavés de Pékin.

Mais, hélas ! c'était un homme et non point un sylphe ; il était né pour le bruit, pour le mouvement, pour l'agitation, pour le combat, et non pour le bonheur. La fée Arc-en-Ciel lui avait appris comment on devient poëte et non comment on devient homme. Au bout de quelques jours, il ne se trouva pas mieux dans le royaume des Roses qu'il ne s'était trouvé dans l'empire chinois.

Son âme avait toujours des aspirations vers la fée, mais son cœur battait pour Marguerite. Il avait dit : « Je veux l'oublier ; » mais il était obligé de se redire cela à chaque heure du jour et de la nuit.

X

ARNOLD QUITTE POUR TOUJOURS LA FÉE ARC-EN-CIEL.

Un jour, qu'il était dans le palais, rêvant à Marguerite, Arc-en-Ciel vint à lui et le conduisit à une des fenêtres.

—Voyez-vous ? lui dit-elle d'un ton triste qui lui alla jusqu'au cœur.

Il regarda d'un air distrait.

—Je suis bien coupable, dit-il en pleurant ; voilà encore toutes vos roses qui se fanent.

—C'est fini, dit Arc-en-Ciel en l'embrassant pour la dernière fois ; vous allez partir et ne me reverrez plus. Vous avez des pieds et non des ailes. Vous avez passé l'âge où l'on peut vivre sans se mêler aux luttes du monde ; la vie est un champ clos où l'on combat sans trêve. Partez, adieu ! N'écoutez pas les battements de mon cœur.

Arc-en-Ciel retint ses larmes.

—Pauvre enfant! dit-elle en le suivant des yeux, il ne sait pas que je suis sa jeunesse.

Arnold se retrouva au même instant à la barrière de Fontainebleau, comme à son premier voyage à Pékin. Il n'avait pas eu le temps de jeter un dernier regard sur ce royaume enchanteur d'où il aurait fallu que Marguerite descendît.

Il prit un fiacre et se fit conduire, non sans quelque tristesse, à l'hôtel des Princes. Là il ordonna d'atteler ses chevaux indous à son coupé.

Il se présenta bientôt chez M. Chab-Abba, qui venait de gagner dix millions dans le chemin de fer de Pékin à Nankin, et qui — en conséquence — accueillit le voyageur avec toute sorte d'affabilité.

—Vous arrivez à propos, mon cher prince, ou plutôt vous arrivez trop tard, j'en ai bien peur...

Il le conduisit au salon. Madame et mademoiselle Chab-Abba se présentèrent surprises et curieuses. Arnold se précipita aux pieds de Marguerite.

—Vous arrivez trop tard, lui dit-elle en rougissant; je vous ai attendu, mais je ne pouvais pas vous attendre pendant un siècle.

—Pendant un siècle! s'écria Arnold tout atterré; mais il n'y a pas six mois que je suis parti.

—Que voulez-vous? dit madame Chab-Abba, ma fille est sur le point d'être majeure, vous auriez dû comprendre qu'une jeune personne bien née est toujours mariée avant vingt et un ans.

Arnold ne pouvait revenir de la légèreté du cœur de sa fiancée. Il regardait d'un air sérieux la mère et la fille.

—C'est un jeu, dit-il tout à coup.

—Remarquez, prince, que c'est vous qui vous êtes joué de votre serment; ma fille épouse dans trois semaines son cusin

Tsi-Tsou, qui vient de partir pour Canton tout exprès pour cela.

—Après tout, dit M. Chab-Abba, si vos papiers sont en ordre, si votre fortune est bien nette, nous pourrons arranger l'affaire.

—Ah! je respire! dit Arnold qui ne prenait pas au sérieux, du reste, tout ce qu'avait de prosaïque le langage du banquier.

Arnold voulut se jeter au cou de sa fiancée.

—Un instant, dit M. Chab-Abba, j'aime les chiffres. Combien d'argent comptant, mon cher prince?

—Tout ce qu'il vous plaira, dit Arnold en embrassant Marguerite.

M. Chab-Abba aimait mieux une addition.

—Enfin?

—Cent millions, si vous voulez; je porte avec moi les mines du Pérou et les richesses de Golconde.

La Californie n'était pas encore découverte.

Le pauvre Arnold remarqua avec bien du chagrin que la figure de Marguerite s'épanouissait joyeusement quand il eut parlé de sa fortune. Jamais elle ne lui avait paru si souriante et si jolie.

—Quel bonheur! dit-elle en sautillant, quels beaux cachemires, quelles rivières de diamants, quels chevaux fringants! avec cette fortune, nous serons plus heureux que des rois.

En Chine, comme il n'y a pas de rois, on dit heureux comme un roi.

—Hélas! dit Arnold en soupirant, les rois ne sont pas heureux, excepté dans les contes de fées; ce ne sont pas les millions qui font le bonheur. Oh! Marguerite, la femme la plus heureuse est celle qui a le plus de petits enfants.

—Allons, allons, dit M. Chab-Abba en se moquant d'Arnold, vous êtes un rêveur, mais cela se passera. Venez avec moi à la Bourse, je vous donnerai une leçon qui vous sera profitable.

—A la Bourse, jamais! dit Arnold.

Marguerite s'approcha de lui, le regarda tendrement et lui

dit avec la voix la plus douce (il croyait qu'elle allait lui parler des joies de son cœur) :

—Prince, pourquoi n'iriez-vous pas un peu à la Bourse?

—Marguerite, est-ce bien vous qui me parlez ainsi?

La jeune fille devint rouge comme une rose-cerise.

—Que voulez-vous, prince! je suis si contente que je ne sais plus ce que je dis.

Au bout de quinze jours, Arnold épousa Marguerite à l'église de la Madeleine. Le mariage eut lieu avec une pompe inconnue jusque-là dans l'empire de la Chine.

Arnold, en souvenir du royaume des Roses et comme pour implorer les bénédictions de la fée Arc-en-Ciel, avait dépeuplé tous les jardins à dix lieues à la ronde; aussi toute l'église, depuis le portail jusqu'à l'autel, était jonchée de lis et de roses.

Mademoiselle Chab-Abba avait une robe de dentelle qui eût désespéré la reine d'Angleterre; aussi, elle était toute rayonnante d'orgueil. Arnold s'imaginait que c'était la joie de l'épouser qui brillait sur sa fraîche figure. Le matin, il l'avait suppliée de prendre de sa main une couronne de roses blanches que lui-même avait cueillies dans le parc du banquier.

—Des roses blanches! s'était écriée Marguerite. Heureusement que je pense à tout; mon bijoutier va m'apporter une couronne de roses, mais des roses de diamant!

Le déjeuner eut lieu au sortir de la messe, dans le parc de l'hôtel de M. Chab-Abba; on avait dressé une tente chinoise par excellence, où les peintres les plus fameux s'étaient surpassés dans la représentation de tous les symboles du mariage.

Je n'essayerai pas de vous détailler toutes les fabuleuses friandises de ce déjeuner; j'aurais voulu y rester deux jours, car j'étais de la noce; mais vous savez qu'aujourd'hui la mode veut que le bonheur se cache, ce qui est une mode conséquente. Arnold et Marguerite partirent donc avant la fin du déjeuner pour leur château en porcelaine, car Arnold avait acheté, huit jours auparavant, un château de style ro-ko-ko, un vrai paradis terrestre avec des étangs, des prairies et des bois.

Ils arrivèrent à ce paradis terrestre dans l'équipage d'un prince et d'une princesse d'autrefois; aussi tous les paysans se mirent-ils sur leur porte avec admiration pour les voir passer.

XI

LA LUNE DE MIEL.

Arnold espérait bien qu'il allait retrouver avec Marguerite certaines heures enchantées du royaume des Roses; mais Marguerite n'aimait pas la solitude et la rêverie comme la fée Arc-en-Ciel. Au bout de quelques jours, elle dit à Arnold :

—Quand retournerons-nous à Pékin ?

—Oh! Marguerite! vous vous ennuyez donc déjà avec moi?

Marguerite aimait Arnold, mais elle aimait aussi le bal, le bruit, les fêtes, l'agitation.

Arnold fut bientôt face à face avec la réalité la plus prosaïque. Vous peindrai-je tous les ennuis de sa lune de miel et tous ses ennuis après la lune de miel?

Il se prit bientôt à regretter les horizons bleuâtres, les lointains vaporeux, les palais de marbre, le ciel toujours bleu, les forêts embaumées du royaume des Roses.

Adorable fée Arc-en-Ciel, il ne se passait plus d'heures qu'il n'évoquât son souvenir! Elle vivait pour lui et pour ses roses, pour ses oiseaux et pour ses abeilles, tandis que sa femme! elle vit pour le monde et pour la vanité; au lieu de cueillir des roses, elle compte ses écus. C'est une femme charmante d'ailleurs, mais ce n'est qu'une femme.

En vain Arnold tenta de s'abuser; il voulut s'éblouir dans l'amour; mais sa femme n'avait d'amour que pour les joies de la fortune. Et puis il avait trop bien l'art de voir le monde tel qu'il est pour pouvoir s'aveugler à loisir.

—Au moins, dit-il un jour, la poésie me reste.

C'était sa dernière illusion. Il se mit à chanter les yeux de sa femme, les cheveux de sa femme, les grâces de sa femme.

—Ces vers sont fort beaux, lui disait-elle, vendez-les.

—Les vendre! s'écria Arnold atterré.

—Mon ami, vous êtes fou, dit Marguerite; Lamartine et Hugo n'en font pas d'autres. C'est bien la peine de parfiler des mots, si cela ne rapporte rien.

—Mais vous ne comprenez donc pas que ce sont là les plus chers secrets de mon cœur?

—Comme il vous plaira, mais je n'aime les vers que quand ils sont imprimés.

Arnold fut blessé au cœur; il jeta ses manuscrits au feu. Marguerite s'élança à la cheminée, saisit les feuillets déjà en flammes, et les envoya à un libraire. Heureusement, celui-ci refusa de les publier.

Dès ce jour, Arnold fut perdu; il pâlit et s'étiola, il manqua d'air et d'espace. Il avait plus que jamais des aspirations vers la fée Arc-en-Ciel, mais vainement voulait-il retourner à elle : elle ne l'entendait plus.

Sans doute elle a trouvé un autre écolier qui l'aimera et qui l'oubliera pour aller se briser à son tour aux réalités de la vie.

Pauvre fée Arc-en-Ciel! Pauvre poésie!

XII

L'APPARITION.

Arnold tomba malade, mortellement atteint. Il rendit grâces à Dieu, car la vie avait perdu pour lui tout son enchantement.

A son lit de mort, une femme dans tout l'éclat de la beauté et de la fraîcheur des roses lui apparut. Le moribond ouvrit les yeux, poussa un cri de joie et tendit les bras avec amour.

—Chère fée Arc-en-Ciel! vous voilà : Dieu soit loué! je vais mourir heureux.

—Je ne suis pas la fée Arc-en-Ciel, mon cher Arnold, je suis la Fée du prisme, je suis l'Idéal. Quand on est jeune, on vient à moi; on me fuit bientôt pour les joies du monde, entrevues à travers mon écharpe, mais on me regrette, car, lorsqu'on s'est nourri du miel de mes abeilles et du parfum de mes roses, comment vivre ici-bas? Adieu; d'autres m'attendent qui, comme toi, chercheront le ciel sur la terre et la terre dans le ciel.

Arnold voulut parler, mais la Fée était déjà partie.

XIII

LE DERNIER ADIEU.

Au même instant une autre femme apparut, toute pâle et toute souriante. Elle avait à la main deux voiles, un voile blanc et un voile noir. Elle embrassa tendrement Arnold.

—Qui êtes-vous? demanda-t-il avec un peu d'effroi, car il avait senti des lèvres glacées.

—Je suis ta mère; je viens d'en haut, d'où Dieu m'envoie. Dans une heure, nos âmes seront réunies. Dans une heure, tu sauras que mon esprit ne t'a jamais quitté. Une mère est toujours là, visible ou invisible, pour recueillir les larmes de son enfant. Adieu : dans une heure! Tu me vois pâle parce que tu souffres, et souriante parce que le temps approche où nous ne nous séparerons plus.

La vision s'évanouit.

—Dans une heure! s'écria Arnold.

Il se leva pour courir dans la chambre de sa femme, voulant

au moins lui dire adieu; car il l'avait aimée. Il la trouva assise devant la fenêtre, lisant et essuyant des larmes. Il s'arrêta sur le seuil de la porte.

—Que lit-elle donc qui la fasse pleurer ainsi? Peut-être, je n'ose l'espérer, elle lit des vers où je chante notre amour.

Arnold s'avança en silence, il se pencha au-dessus de sa femme, et reconnut qu'elle lisait un bon et valable testament, que le matin même il avait écrit en sa faveur.

Il tomba bruyamment sur le seuil de la porte; ce dernier coup de la réalité l'avait foudroyé.

Ainsi mourut Arnold; sa femme le pleura légalement pendant onze mois; elle se remaria avec un banquier qui alluma ses cigares avec les vers amoureux du poëte.

Le jour où mourut Arnold, la fée Arc-en-Ciel effeuilla toutes les roses de son royaume et se couvrit le front d'une couronne de cyprès.

MORALITÉ CHINOISE

SENTENCES DU CÉLESTE EMPIRE

Tout en regardant le ciel, souvenez-vous que vos pieds touchent la terre, car vous êtes né pour vivre sur la terre avec la lumière du ciel.

Avant d'aimer l'autre monde, aimez le monde où est votre mère et où seront vos enfants.

Si vous avez saisi la jeunesse dans une étreinte rapide; si vous avez suivi dans l'infini l'oiseau bleu couleur du temps; si vous avez mis le pied dans le paradis de l'Idéal; si vous avez aimé la fée Arc-en-Ciel;

Aimez aussi la Vérité qui sort du puits toute ruisselante.

VIII

VISIONS DANS LA FORÊT

J'étais dans la forêt, rêvant au pied d'un frêne :
Une femme passa, fière comme une reine.
« Qui donc es-tu, lui dis-je en lui prenant la main,
« Toi que j'ai vue hier, que je verrai demain,
« Tantôt sous les cyprès et tantôt sous les roses,
« Tantôt triste ou joyeuse en tes métamorphoses? »

D'une voix fraîche et claire elle me répondit :
« Je suis un ange errant qu'on aime et qu'on maudit
« Depuis des jours sans fin que je parcours la terre,
« Pour moi-même je suis un étrange mystère ;
« Mais tu verras bientôt passer dans la forêt
« Trois femmes qui toujours ont porté mon secret. »
Elle dit, et s'enfuit, plus vive et plus légère
Que la biche aux doux yeux qui court dans la fougère.

Je rêvais ; cependant sur le même chemin
Une femme apparut ; la neige et le carmin

Se disputaient l'éclat de sa jeune figure.
« Salut, toi qui souris, sois-moi d'un bon augure !
« Femme, dis-moi ton nom.—Mon nom est dans ton cœur.»
Elle dit, et s'enfuit avec un air moqueur.

Une autre la suivit, pâle et contemplative.
« Et toi, qui donc es-tu? » Comme la sensitive
Qui craint d'être touchée, elle prit en passant
Un timide détour sous l'arbre jaunissant.
Mais je la poursuivis. « Qui donc es-tu, de grâce?
« Femme, dis-moi ton nom, ou je suivrai ta trace.
« — Abeille du Très-Haut, je vais cherchant mon miel
« Dans la mystique fleur que Dieu cultive au ciel. »

Une autre femme encor passa sous le vieux arbre.
En la voyant venir, je me sentis de marbre;
Un hibou la suivait, un sinistre corbeau
Annonçait son passage; une odeur de tombeau
S'exhalait de ses pas. « Ton nom?—Je suis ta mère;
« Suis-moi, ferme ta bouche à toute source amère,
« L'abîme où je descends n'est pas une prison;
« C'est le sombre chemin d'un plus grand horizon. »

Riantes visions et visions austères,
Qu'avais-je vu passer? La VIE et ses mystères;
L'AMOUR, qui nous promène en ses mille Alhambras;
La FOI, qui vers le ciel lève en priant ses bras;
La MORT, qui nous guérit de la douleur de vivre
Et de l'éternité nous vient ouvrir le livre.

L'AMOUREUSE QUI SE NOURRIT DE ROSES.

IX

L'AMOUREUSE QUI SE NOURRIT DE ROSES

1

A Venise, dans un vieux palais visité par les flots bleus de l'Adriatique, j'ai vu un tableau représentant une jeune fille devant une table chargée de roses. Jamais plus idéale volupté ne m'était apparue dans ce pays du Giorgione et du Tasse.

C'est le portrait de Giacinta, peint par son amant Schiavoni.

Muse voyageuse, qui vas recueillant par le monde les larmes de la vie privée, raconte, sans prendre ta lyre, l'histoire du dernier souper de Giacinta.

II

Voici l'histoire de Schiavoni et de Giacinta, un pauvre peintre et une belle fille.

Il commença par être peintre d'enseignes. Né à Sebenico,

en Dalmatie, il était venu de bonne heure à Venise, où nul peintre alors célèbre ne daigna lui servir de maître.

Cependant Titien le rencontra un jour qu'il allait, ses tableaux à la main, les offrir à un marchand. Le grand peintre fut surpris de la touche originale de Schiavoni. — Qui donc t'a enseigné ces tons transparents et ces belles attitudes? — Je ne sais pas. — Pourquoi cette pâleur? — J'ai faim.

III

Titien prit la main de Schiavoni et l'emmena à la bibliothèque de Saint-Marc : — Voilà de quoi gagner ton pain.

Schiavoni peignit trois ronds près du campanile, trois chefs-d'œuvre de sentiment.

Mais, quand ce fut fini, il retomba en pleine misère; car il n'avait travaillé que pour payer ses dettes et passer gaiement le carnaval. Il ne rencontra plus Titien et n'osa pas aller à lui.

Il se consolait dans l'amour d'une belle fille qu'il avait vue un soir pleurant sur le Rialto. — Pourquoi pleurez-vous? — Mon père est embarqué et ma mère est morte. — Venez avec moi, car moi aussi je pleure, et comme vous je suis seul.

Elle le suivit. Elle lui donna sa beauté, il lui donna son cœur. Mais Dieu sans doute ne bénit pas ces fiançailles.

IV

Pourtant ils espérèrent. Lui, le grand peintre, il avait fait de son art un métier; il peignait des enseignes ou des copies. Elle, la belle fille, elle l'aimait jusqu'à en mourir. Ils habitaient une petite maison non loin des palais Barbarigo et Foscari. La nuit, ils entendaient chanter les joies de la vie ; ils ne pouvaient s'endormir, parce qu'ils avaient faim.

Giacinta n'avait pas faim pour elle, mais pour ses enfants. Tous les ans, elle avait un enfant de plus, — et huit années déjà s'étaient écoulées depuis la rencontre sur le Rialto. — La Providence a de cruelles ironies.

V

Les Pères de Sainte-Croix vinrent un jour commander une Visitation à Schiavoni : il se mit au travail, croyant que les mauvais jours allaient finir pour sa chère Giacinta. Le tableau achevé, ce fut une fête dans l'église. Venise tout entière vint apporter des fleurs devant la madone.

Le peintre demeura en l'église jusqu'à la nuit. Quand tous les fidèles se furent retirés, il s'approcha des Pères de Sainte-Croix et leur demanda un peu d'argent. — Nous n'en avons pas ; emportez des fleurs, comme un tribut à votre génie.

VI

Schiavoni saisit avec désespoir deux bouquets de roses et s'enfuit comme un fou.

Giacinta était à sa rencontre avec ses huit petits enfants sur le seuil de la porte. — Des bouquets de roses ! dit-elle avec son divin sourire. — Oui, voilà quelle est la monnaie des Pères de Sainte-Croix ! dit Schiavoni en jetant avec fureur les roses aux pieds de sa maîtresse.

VII

Elle pâlit et ramassa les roses. — Je vais servir le souper, dit-elle; amuse un peu ces pauvres petits.

Schiavoni appela les enfants dans son atelier. Pauvre nichée affamée qui criait misère par tous ses becs roses! Quand il reparut, la table était mise; tous les enfants prirent leur place accoutumée.

Dès que Schiavoni se fut assis, Giacinta lui servit sur deux plats d'étain les bouquets de roses effeuillés.

Ce fut le dernier souper de Giacinta.

X

L'ARBRE DE LA SCIENCE *

AVEC APPROBATION ET PRIVILÉGE DU ROI.

Ce roman est dédié au paradis de mes yeux, à l'enfer de mon âme,
A la belle ***, l'arbre de science;
A son cœur le livre de la science;
A sa bouche le fruit de la science :
Arbre fertile entre les plus fertiles,
Livre défendu,
Fruit amer.

I

DE LA COUR A LA BASTILLE.

Sous la régence, le marquis de Sombrevanes avait été à la cour et à la Bastille, deux prisons qui se touchent de près. A la cour, il avait soupiré pour madame la marquise de Parabère; il avait osé lui écrire sa façon de penser sur ses charmes; à quoi M. le

---

* Il y a quelques années, ce conte a paru, je ne sais pourquoi, sous le nom de M. de Voltaire. Ce qu'il y a de certain, c'est que je l'ai écrit il y a cent ans, quand j'étais l'ami de M. de Voltaire, et que je l'ai trouvé, après ma mort, dans les papiers de ma succession.

duc d'Orléans avait répondu par une lettre de cachet. A la Bastille, le marquis de Sombrevanes devint philosophe. Que pouvait-il faire de pis? Il se mit à étudier les sages de la Grèce. De sage en sage, de système en système, de château de cartes en château de cartes, il traversa tous les âges en ramassant un chaos d'idées d'où il ne put faire jaillir la lumière.

A force d'étudier, il arriva bientôt à douter de son âme et de Dieu, de la vie et de la mort, de la terre et du ciel; il douta même de l'enfer, ce qui est bien plus grave.

Tout en revenant sur le passé, il se demanda pourquoi il avait eu le malheur de devenir philosophe. Il se souvint qu'un jour, au Palais-Royal, il s'était laissé prendre aux regards incendiaires de madame de Parabère; il avait voulu mordre à belles dents à cette pomme amère; mais monseigneur le régent de la dame et du royaume l'ayant surpris la bouche ouverte l'avait envoyé se mordre les lèvres à la Bastille.

II

LE VIOLON.

J'ai rencontré à la Bastille le marquis de Sombrevanes. Quoique marquis, il était devenu raisonnable en quelques semaines de cette solitude. Je lui parlais philosophie, il me jouait du violon : nous nous entendions à merveille; mais, un jour, il voulut me répondre sans violon; il me dit que ses réflexions l'avaient conduit à cette idée de Socrate : *L'âme est corporelle et éternelle.*

« Jouez du violon, lui dis-je.

—C'est indigne d'un philosophe! s'écria le marquis; Socrate ne jouait ni de la flûte ni du violon.

—Prenez garde, monsieur le marquis; vous êtes un philosophe

catholique : or les anges jouent du violon. Voyez plutôt les vieux tableaux italiens. »

Il me répondit en brisant son violon. Dès ce jour, nous ne nous entendîmes plus. J'en fus fâché, car jusque-là j'avais trouvé M. le marquis très-raisonnable.

III

L'AMOUR ET LA PHILOSOPHIE.

Le lendemain, un carrosse amena une belle dame à la Bastille; c'était la baronne de la Chesnaie, dont plus d'un amant avait eu le bonheur de faire le malheur. Elle ne venait pas pour moi, mais pour M. le marquis.

« Que fait-il? demanda-t-elle au gouverneur.

—M. le marquis pense. »

Elle ouvrit elle-même la porte du prisonnier.

« Ah! c'est vous, Zulmé.

—Je viens d'apprendre une jolie nouvelle! Cet imbécile de gouverneur m'a dit que vous pensiez. Les gens de qualité savent tout sans y penser; il en est de l'esprit comme des titres, on en hérite. Eh bien! vous avez oublié de m'embrasser. »

Le marquis de Sombrevanes baisa la main de la baronne d'une bouche glacée.

« Voilà tout! Ce n'était pas la peine, en vérité, de me lever à onze heures. Qu'allez-vous faire de votre liberté, pauvre oiseau sans ailes?

—Ma liberté! vous avez ma liberté?

—Oui, en vérité, le régent est plus aimable que vous, car il me l'a rendue avec mille et mille galanteries.

—Allez, madame, allez vous faire régenter*; car, pour moi,

---

* Verbe actif sous la régence du duc d'Orléans.

je n'aurai pas d'autre maîtresse que la philosophie. Si vous avez ma liberté, veuillez me la donner pour que j'aille étudier la sagesse humaine dans le château de Sombrevanes.

—Voilà votre liberté, dit la baronne en montrant un papier à demi caché par les roses de son corsage. Est-ce que vous prendrez les pincettes comme le roi Louis XIII, monsieur le philosophe? »

Et madame la baronne, voyant que M. le marquis ne se hâtait pas de prendre sa grâce autrement, devint rouge de colère, saisit le bouquet et le papier, les jeta aux pieds de feu son amant et lui dit avec un magnifique sourire de moquerie : « Adieu, monsieur le philosophe! »

Quand le marquis fut sur la route de son château, il ne put s'empêcher de penser à son violon et à sa maîtresse. « Pauvre violon! comme il chantait bien pour la baronne! Pauvre baronne! comme elle écoutait bien mon violon! »

Le marquis allait se remémorer tous les charmes incandescents de la baronne, mais il en était à peine à l'A B C de ce livre indéchiffrable que la voix de la philosophie lui cria : « *Pécheur, rentre en toi-même!* »

« Cependant, dit M. le marquis, j'aurais dû prendre le bouquet et la lettre de grâce. »

IV

LA BIBLIOTHÈQUE.

On touchait à l'automne; la pluie et le vent de bise étaient souvent les hôtes du château de Sombrevanes, digne retraite d'un philosophe, bâtie au bord d'un bois vieux comme le monde. M. le marquis habita la bibliothèque; il feuilleta tous les livres en se promettant de brûler ceux qui ne renfermeraient pas une parcelle de sagesse. Il brûla, il brûla, il brûla encore, il brûla toujours, à ce point qu'un jour, ne voyant plus un seul bon livre, il poussa la colère jusqu'à vouloir brûler les rayons de la bibliothèque.

« La science n'est pas dans les livres, dit-il en prenant son chapeau; ou plutôt il n'y a qu'un livre, c'est la nature; celui-là seul ne se trompe pas; je vais étudier la nature. Les bibliothèques ne sont que les mauvais lieux de l'esprit humain.

V

LA NATURE.

Comme on était en plein hiver, la nature ne lui dit rien du tout. Il se morfondit sur la montagne et dans la vallée, dans le bocage et sur la prairie. Il résolut d'attendre le printemps. Il retourna à ses livres; il écouta encore une fois avec patience les téméraires disputeurs qui ont fait si lourdement le roman de l'âme quand ils voulaient en faire l'histoire.

Vint le printemps. La violette embauma la montagne, la marguerite émailla la prairie, le rossignol gazouilla dans le bocage, la bruyère fleurit dans la vallée. Il assista scène par scène à tout ce beau spectacle de la création; il vit l'arbre secouer sa perruque blanche, la bergère Aminthe faire écho au berger Daphnis. Il ne comprit rien à tout cela; pour y comprendre quelque chose, il lui manquait la baronne et son violon.

Vint l'été. L'or des moissons tomba sous la faux ardente; le travail, roi de la terre, se couronna d'épis et de roses. M. le marquis vit tomber la javelle, la moissonneuse sur la javelle, la nuit sur la moissonneuse, sans rien comprendre à cet enchaînement du travail et de l'amour.

Vint l'automne.

« Allons, dit M. le marquis, la nature est de l'hébreu pour

moi. J'aime encore mieux les livres écrits en français et en latin. »

Il retourna à sa bibliothèque.

VI

LA CRÉATURE.

Il eut des distractions. Un jour, sans y penser, il prit son fusil et se mit à chasser.

« Hélas ! dit-il, depuis que je chasse dans le domaine de la philosophie, que d'idées j'ai tuées sous les coups de la raison ! Mais c'est là une mauvaise chasse. »

Comme il passait devant le château de M. le comte de Hauteroche, il pensa qu'il avait un droit de revenu à débattre avec son voisin. Il le trouva dans le parc, se promenant avec sa femme et sa fille. Mademoiselle de Hauteroche était bien la plus belle, la plus blonde, la plus fraîche, la plus douce créature de la province; à la cour même elle eût éclipsé les plus belles. Tout philosophe qu'il fût, le marquis de Sombrevanes ne put s'empêcher de rêver qu'il lui serait doux de faire de la philosophie avec mademoiselle de Hauteroche. Il pensa que si une telle femme était dans son château, elle y tiendrait mieux sa place qu'une bibliothèque. Il pensa...

« Non, dit-il, au lieu de faire de la philosophie, nous ferions des philosophes. »

Il étudia mieux que jamais les atomes de Démocrite, les tourbillons de Descartes, la substance infinie de Spinosa, la substance efficace de Mallebranche, les monades de Leibnitz; enfin il interrogea tous les philosophes depuis Brama et Zoroastre jusqu'à lui-même, M. le marquis de Sombrevanes.

A force d'étudier ces demi-dieux, il s'imagina qu'il était aux Petites-Maisons, qu'il entendait parler des fous. Il comprit enfin que ce n'est pas avec les philosophes qu'il faut chercher la philosophie.

Il fit un magnifique auto-da-fé des derniers livres de sa bibliothèque.

Après quoi il songea à écrire pour former le cœur et l'esprit des autres. « Puisque je ne sais rien, disait-il, j'ai tout ce qu'il faut pour faire un bon auteur. »

Il écrivit un chapitre sur chaque sentiment humain. J'ai lu ce beau livre où il n'y avait de vraiment remarquable que deux chapitres : *La Liberté* et *l'Amitié*. Qu'avait-il trouvé à dire là-dessus? Il avait laissé des pages blanches sous les deux titres. Était-ce un oubli? Était-ce une satire?

VII

LES DEUX ESPRITS QUI GOUVERNENT LE MONDE.

Dans la salle voisine de la bibliothèque était un cabinet orné de deux tableaux italiens venus là je ne sais comment; ces deux tableaux enfumés représentaient deux saintes de l'école de Raphaël, deux belles figures qu'on eût aimées, l'une dans le ciel, l'autre sur la terre; l'une était pensive, l'autre souriante; celle-ci inquiète, celle-là naïvement insouciante.

Il avait déchiffré deux noms gravés sur les cadres : LÆTITIA et MAGDALENA.

« C'est cela, dit-il un jour, la joie idéale et l'amour profane. »

Comme M. le marquis de Sombrevanes passait souvent ses soirées dans ce cabinet, il s'était accoutumé à ces deux aimables figures; plus d'une fois son regard les avait interrogées sur la vraie science. Faut-il penser? demandait-il à la première; faut-il sourire? demandait-il à la seconde. — Faut-il regarder là-haut, au delà des nuages? faut-il s'épanouir ici-bas sous le pampre avec sa maîtresse?

VIII

LE MIRACLE.

Un soir que M. le marquis rêvait devant la flamme de l'âtre, une belle femme, revêtue d'une chevelure d'ébène et d'une écharpe couleur du ciel, vint sans façon s'asseoir à côté de lui au coin de la grande cheminée. Il se leva pour la saluer.

« Madame...

—Je suis la vierge Lætitia. »

Le marquis s'imagina qu'il avait affaire à une aventurière ; ce vêtement un peu sans-façon pour une vierge, cette voix surnaturelle, cette qualité qu'elle prenait sans périphrase pouvaient bien donner au marquis une pareille opinion.

« Vous ne me reconnaissez pas? dit-elle en lui faisant signe de s'asseoir.

—Pas du tout ; cependant... attendez... c'est bien singulier... »

Il regarda du côté des tableaux ; le premier n'avait plus que son cadre ; la figure pensive et inquiète s'en était détachée.

« Quoi! c'est vous! Par quel miracle êtes-vous descendue pour moi [*]?

—Depuis longtemps je suis touchée de vous voir si épris de la sagesse et si loin de la sagesse. J'ai daigné descendre du ciel sur un rayon de la lune pour vous ouvrir le livre de la science. Grâce à la mort, qui est le dernier mot, j'ai débrouillé les mystères qui font divaguer tous vos esprits de passage.

—Puisque vous êtes morte, j'en suis bien aise, dit M. le mar-

---

[*] Je répondrai au lecteur qui ose douter de ce miracle, que Romulus et Rémus sont nés d'un Dieu et d'une vestale, que le serpent qui perdit Eve parlait en hébreu, que la chevelure de Bérénice balaya une belle nuit le ciel, si bien que toutes les étoiles restèrent au bout du balai.

quis, vous allez me dire ce qui s'est passé à l'heure suprême.

— D'abord, sachez l'histoire de ma vie. Mon père était gentilhomme du duc de Florence ; le duc devint amoureux de moi, je m'enfuis au couvent et tout fut dit.

— Voilà pourquoi vous mourûtes vierge, c'est peut-être la faute du couvent, mais vous n'en êtes pas moins martyre, canonisée par l'Église et patronne de toutes les Lætitia du monde. Pour prix de vos hautes vertus, le ciel vous fut ouvert à deux battants au milieu des fanfares archangéliques. Et, une fois au ciel, vous avez vu la comédie que nous jouons ici-bas.

— Non-seulement la comédie, mais l'esprit de la comédie ; je me suis bien amusée en voyant que les meilleurs acteurs de la troupe ne savaient pas leurs rôles.

— Dites-moi, je vais sonner mon valet ; car le feu va s'éteindre, et, vêtue comme vous l'êtes, vous pourriez vous enrhumer.

— Ne voyez en moi qu'une âme délivrée de sa dépouille terrestre, vivant d'ambroisie et de musique dans les régions divines.

— Mais ces mains si blanches, ces épaules d'un contour si pur, cette bouche si fraîche et si jolie...

— Silence ! fermez les yeux. Si j'ai repris ma forme ancienne, c'est parce que je ne pouvais venir vous parler tout simplement avec mon âme. Vous n'entendez pas le langage du ciel, j'imagine ? »

Le marquis voulut d'abord interroger l'âme de la sainte sur le pays qu'elle habitait ; mais il pensa, avec assez de raison, qu'il avait le temps d'apprendre ce qui se passait au ciel. Il fallait bien se laisser un peu le plaisir de la surprise. Comme il devait habiter encore la terre pour un demi-siècle, il jugea à propos d'interroger la belle vierge italienne sur les choses d'ici-bas.

« Qu'est-ce qu'il y a de bon sur la terre ?

— La vue du ciel, le parfum de l'encensoir, les chants de l'Église.

— Diable ! dit le marquis, vous êtes un peu trop catholique.

Que dites-vous donc de la vue des femmes, du parfum de la rose, des chants de l'Opéra?

—Ne me parlez pas des œuvres du démon.

—Il me semble que le démon n'a point fait la rose, ni la musique de Pergolèse, ni mademoiselle Gertrude de Hauteroche. Vous avez beau dire, les femmes ont leur beau côté, de face ou de profil, ou même de trois quarts.

—La femme est le huitième péché mortel.

—Mais une femme qui parle d'amour est une divinité.

—Si les femmes vantent si bien l'amour, c'est parce qu'elles savent que, grâce à son prisme, on ne les voit pas comme elles sont. Les femmes sont des romans en trois tomes. Le premier donne de vagues espérances, le second n'est qu'un zigzag capricieux et fantasque, le dernier est arrosé de larmes de joie ou de larmes de douleur; sauter des pages dans ce roman, c'est risquer de n'y rien comprendre; ne rien passer, c'est perdre bien du temps.

—La vertu n'est-elle pas aimable pour les hommes?

—Qu'est-ce que la vertu? Le chemin du plaisir est le chemin de traverse ici-bas, le chemin de l'enfer! or, je vous le demande, connaissez-vous beaucoup de femmes qui prennent le plus long, en dehors de ces saintes filles qui s'éteignent dans la prière?

—J'ai connu jusqu'à trois femmes, sans vous compter, qui ont résisté aux œuvres du démon.

—La première a mis, sans le vouloir, sa vertu sous la sauvegarde de l'obstacle; la seconde a résisté parce que chez certaines femmes le désir de la résistance est aussi impérieux que le désir de l'amour; la troisième avait l'âme dans la tête et non dans le cœur, ou bien il lui manquait un verrou dans sa chambre à coucher.

—Mais si l'amour est la vraie cause de la chute?

—Sur trois femmes, la première se donne pour de l'amour, la seconde pour de l'or, la troisième pour rien: celle-là est la plus facile.

—Cependant l'amour, c'est une rosée du ciel qui rafraîchit notre cœur.

—C'est un regard du diable qui brûle votre âme. D'ailleurs, l'amour n'est qu'une image de la mort; l'amour vous attire, vous étreint et vous tue. Le délire de la mort vous rappellera les délices de l'amour. C'est une sombre folie dévorée d'inquiétudes. Si vous êtes franc, vous me direz que vous avez plus d'une fois, au plus beau jour de la passion, trouvé amère la bouche de votre maîtresse. Or, ici, nous ne sommes qu'au beau côté de l'amour; car ce ne sont pas toujours des cornes d'abondance qui vous pointent au front. Salomon l'a dit, la femme est le commencement de la mort. Pas une seule femme ici-bas, pas une parmi les plus aimables, qui vous verse l'amour sans vous déchirer les lèvres au bord de la coupe.

Le marquis se rappela qu'en effet ses lèvres avaient toujours saigné au bord de la coupe.

—Croyez-moi, poursuivit la sainte, tous les rôles à jouer dans vos farces grotesques sont ennuyeux ou ridicules, pauvres marionnettes soumises à mille et mille coups de vent par jour! Les rois craignant les peuples, les peuples affamés par les rois, les reines enviant la couronne de bluets des bergères quand celles-ci se couronnent d'épines. Tout le monde ici-bas trace péniblement son sillon de douleur, soit que l'orgueil, l'amour, la colère ou toute autre passion méchante vous fouette ou vous pique, pauvres chevaux sans feu ni force! Vous n'êtes tous qu'une troupe de visionnaires courant après les sirènes et les chimères, jouant avec des poupées, haïssant le soir ce que vous avez aimé le matin.

—La vie est une rude guerre ou une triste plaisanterie, murmurait M. le marquis.

—Vous n'êtes nés que pour apprendre à mourir. En effet, chaque heure qui passe sonne le glas dans votre cœur; vous arrivez à la mort après tout le cortége de vos funérailles, funérailles de l'amour et de l'amitié, funérailles de toutes les passions et de tous les rêves. Mais consolez-vous; si la vie est le commencement de la mort, la mort est le commencement de la vie, de la vie éternelle ! »

« Hélas! dit sentencieusement le marquis, si je n'étais pas si bon chrétien, je répéterais la pensée ingénieuse d'un philosophe : *Les dieux étaient ivres quand ils créèrent l'homme.* »

M. le marquis avait baissé la tête pour mieux réfléchir.

« Enfin, reprit il, qu'est-ce que Dieu? »

Comme la sainte ne répondait pas à cette grande question, il leva son regard, mais il ne la vit plus au coin du feu; il se tourna tout surpris ; la sainte était dans son cadre.

« Jusqu'à présent, dit-il avec désespoir, ce que je vois de plus certain dans la vie, c'est la mort. Notre seule action est de mourir; nous ne sommes venus au monde que pour cela. Cependant les arbres et les fleurs, qui sont aussi des créatures de Dieu, ne portent pas de cilice. Enfin, puisque la sainte le dit, il faut la croire : nous ne sommes descendus sur la terre que pour le seul plaisir de remonter au ciel. »

Il se coucha.

IX

UN AUTRE MIRACLE.

Un matin, M. le marquis détourna le rideau de son lit et ouvrit la fenêtre pour contempler le soleil levant au travers des vieux marronniers du parc. Sur le premier rayon, il entrevit un nuage singulier qui traversait l'espace et les feuilles avec la rapidité du vent. Bientôt il distingua des ailes blanches; en moins d'une seconde, il vit à sa fenêtre une figure charmante qui lui souriait.

« Que voulez-vous? demanda-t-il en homme désabusé de tout.
—Tu ne me reconnais pas? dit la jolie apparition. Je suis la

belle Magdalena qui sourit dans ton cabinet; je viens t'ouvrir le livre de la science. »

Le marquis reconnut la seconde figure de son cabinet.

« La science! je la connais, lui dit-il; c'est la mort.

—Insensé! la science, c'est la vie.

—Je n'en crois rien; j'ai vu la vie sous toutes ses faces; je l'ai étudiée dans toutes ses phases; je n'y ai pas trouvé le grand mot; la vie est un fruit vert dont mes lèvres ne veulent plus; la mort est le fruit savoureux des sages.

—Écoute la voix d'une trépassée qui sait à quoi s'en tenir sur toutes choses. J'étais jolie dans mon temps, je fus aimée et enlevée un jour de chasse : quelle belle chasse! quel beau jour! A mon premier cheveu blanc, j'ai fait pénitence; faire pénitence, c'est se souvenir, c'est espérer, c'est aimer encore.

—Expliquez-vous un peu, dit le marquis; venez-vous pour me déclarer votre amour?

—Je viens pour vous enlever.

—Avez-vous là des chevaux de poste et une échelle de corde?

—Touchez mes ailes, monsieur le marquis. »

Le marquis, ayant, par curiosité, touché du bout des doigts le bout des ailes de la belle Magdalena, se sentit soudain emporté dans l'espace, en croupe sur un rayon de soleil. C'était par la plus belle matinée du monde : le ciel était bleu, l'horizon était pur; M. le marquis de Sombrevanes respirait avec délices la fraîcheur odorante des vallées et l'air sauvage des montagnes; il écoutait avec transport une musique inconnue.

« Il me semble, disait M. le marquis, que j'entends le violon des anges et que je respire le parfum des lèvres de ma première maîtresse. C'est étonnant, poursuivit-il en saisissant la main de la belle Magdalena, j'ai sans doute changé de pays; mon cœur, qui ne battait plus, s'agite plus que jamais : le démon de l'amour tourmente mes lèvres. Si vous n'aviez pas des ailes…

—Parlons d'autre chose, dit la sainte; n'allez pas troubler une âme en repentir.

— A propos d'âme, dites-moi comment la vôtre passe son temps; je serais même assez curieux de savoir la géographie du ciel. A quel degré de longitude est bâti le paradis, s'il vous plaît?

—De quel paradis voulez-vous parler?

—Il y en a donc plus d'un?

L'esprit railleur qui osait parler par la bouche de la sainte débita gravement ces doctes sottises :

—Il y en a mille. Les âmes habitent, à leur gré, tantôt celui où l'on chante, tantôt celui où l'on rêve : l'un est bâti avec des roses, l'autre avec des lis. Noé et sa grande famille habitent un pampre jauni. Le plus doux est une tente filée par la mère du Dieu d'Israël; c'est là que se rencontrent souvent les Suzanne et les Jeanne d'Arc. Le plus aimable est bâti dans un flot des blonds cheveux de Madeleine encore tout parfumés d'amour.

—Avez-vous vu là-haut un paradis pour les pauvres d'esprit?

—Que voulez-vous que les pauvres d'esprit aillent faire au ciel? ceux-là n'ont pas une âme, mais seulement une parcelle de ce rayon divin. A leur mort, cette parcelle d'âme n'a pas la force de s'élever au delà des nuages; elle s'égare, se disperse ou se réunit à d'autres parcelles, selon la volonté de Dieu.

—Ainsi, les pauvres d'esprit n'ont pas le royaume des cieux, comme dit l'Écriture, mais bien le royaume de la terre?

—Au ciel, on ne reçoit que la bonne compagnie, c'est-à-dire les âmes qui, sur la terre, se sont le plus rapprochées de l'esprit pur, qui est leur essence ; les poëtes et les musiciens ont au ciel leurs coudées franches. Prenez garde! les philosophes n'y sont pas à leur aise; on se moque beaucoup de tous leurs systèmes. J'ai vu le Père Malebranche persiflé, tandis que le divin Virgile s'éveillait au bruit des sérénades.

—Virgile là-haut! mais qu'en disent les saints du calendrier?

—Ils font assez mauvaise figure. J'ai trop peu aimé (on ne

dit plus *vivre* là-haut, on dit *aimer*), j'ai trop peu aimé, de leur côté, pour vous en parler. Je sais par ouï-dire que saint Augustin et sainte Thérèse sont en désaccord sur la couleur de l'extase : l'un veut qu'elle soit blanche, l'autre blonde.

—Quand vous n'avez rien à faire, que vous vous amusez de la comédie que nous vous donnons, reconnaissez-vous parmi les acteurs des amis de passage ici-bas, votre frère ou votre sœur, votre amant ou votre maîtresse ?

—Nullement. Dès que nous sommes hors de ce carnaval, dès que le masque est tombé, tout nous est étranger : nous ne nous reconnaissons qu'au ciel; mais combien d'amis qui manquent à l'appel, combien de pauvres d'esprit qui n'ont pu s'élever jusqu'à nous !

—Il devrait y avoir dans le chemin du ciel quelque bonne hôtellerie pour les âmes qui passent et qui n'en peuvent plus.

—Il y a mieux qu'une hôtellerie : il y a un hospice dans les nues à l'usage des âmes malades; c'est là que font quarantaine (à peu près quarante siècles) les pécheurs qui s'élèvent sur l'aile du repentir. Cette quarantaine est une bonne pénitence, grâce aux feux de l'orage et aux flots de la tempête.

—Mais Dieu...

—Dieu est tout amour. Nous aimons en lui, mais il est invisible; il se montre à vous comme à nous, par la grandeur, la beauté et l'amour. Quand vous aimez sur la terre, c'est Dieu que vous aimez.

—L'amour est donc une sainte chose ?

—L'amour est béni de Dieu; il vient de Dieu, il retourne à Dieu; aimez les fleurs de votre parterre, les vieux arbres de votre parc, le rayon du soleil qui féconde la vallée : aimez la femme qui vous a porté dans son sein; aimez la femme qui porte votre nom dans son cœur; aimez, aimez, aimez : l'amour est toute la vie.

—De bonne foi, est-ce que Dieu s'amuse aussi du spectacle que nous lui donnons?

—Orgueilleux ! est-ce que vous vous arrêtez au spectacle des mille insectes qui aiment et qui chantent dans une touffe d'herbe? »

X

L'ARBRE DE LA SCIENCE.

A cet instant, ils descendirent dans une vallée enchantée : le paradis terrestre avec les pommes mûres.

« Suis-je dans le ciel ou sur la terre? demanda le marquis émerveillé. D'où vient que jamais je n'ai si bien vu le sourire de la nature?

—C'est que vous arrivez à la science.

—Qu'ai-je vu là-bas sous cet arbre? »

Le marquis venait d'entrevoir une femme couchée nonchalamment à l'ombre.

« Allez toujours, » répondit la belle Magdalena.

Il allait, entraîné par cette autre apparition. Il arriva devant un tapis d'herbe émaillé de toutes sortes de petites fleurs charmantes, sillonné par les flots argentés d'une fontaine rustique dont le murmure rafraîchissait le cœur. Le marquis, de plus en plus enchanté, ne perdait pas de vue la dame couchée à l'ombre, qui d'abord lui rappela la bergère Chloé dont il avait vu les jambes peintes par Coypel et gravées par le régent. Il arriva bientôt sous l'arbre. Quelle fut sa surprise de reconnaître mademoiselle Gertrude de Hauteroche endormie sur le gazon! Elle était plus jolie encore. Il tomba agenouillé devant elle pour admirer de plus près, de point en point, ce chef-d'œuvre de la création.

« Ah! dit-il avec enthousiasme, comme il serait doux de la réveiller!

— Eh bien! dit la belle Magdalena en déployant ses ailes, vous voilà sous l'Arbre de la Science.

— A merveille! dit le marquis; mais, un dernier mot avant de nous quitter : puisque notre âme est immortelle, je serais bien aise de savoir quel chemin elle doit suivre pour aller là-haut en l'un des mille paradis?

— Le chemin qu'il vous plaira, pourvu qu'il soit beau; le chemin de la charité et du travail; tous les chemins vont au ciel, qu'on parte du Pérou ou de la Chine, qu'on soit en compagnie du grand lama ou de Mahomet. »

Là-dessus, la belle Magdalena ayant repris son vol dans les nues, M. le marquis de Sombrevanes voulut mordre au fruit de l'arbre...

Mais il s'éveilla, car tout ceci n'était qu'un songe. Les saintes sont plus orthodoxes que Lætitia et Magdalena, même les saintes en peinture.

« Oui, je rêvais, dit le marquis, mais ce qui n'est pas un rêve, c'est qu'il y a ici-bas deux esprits qui gouvernent le monde : celui qui va chercher l'inconnu au delà des nuages, et celui qui sous l'Arbre de la Science réveille mademoiselle Gertrude. »

Il ordonna à un laquais de seller son cheval, et, sans perdre une minute, il alla demander la main de mademoiselle de Hauteroche.

Ce jour-là ce fut un sage.

XI

LA JEUNESSE QUI FUIT

LE POETE.

Qui es-tu? ô toi qui pleures dans mon âme! ô toi qui ne chantes plus que la chanson des mélancolies! ô toi qui ne crois plus qu'au paradis fermé! ô toi qui portes la dernière auréole des vertes années!

LA JEUNESSE.

Qui je suis, hélas! Je suis ta jeunesse. Ne me reconnais-tu donc pas aux battements de ton cœur? Je suis ta jeunesse, mais je m'envole : je te fuis et je me fuis moi-même.

LE POETE.

Oui, il était une fois un poëte qui s'appelait, comme moi, Arsène Houssaye. Sa pâle figure me sourit encore çà et là comme celle d'un ami mort : les vrais revenants sont les fantômes de la jeunesse. Le *moi* d'hier n'existe plus; c'est à peine si je saisis le *moi* d'aujourd'hui. Le *moi* qui a écrit les *Portraits du*

LA JEUNESSE QUI FUIT.

XVIIIe siècle est depuis dix ans tombé en poussière. Il a aimé des femmes à qui je n'ai jamais dit un mot; il a signé des livres que je ne lirai peut-être jamais.

LA JEUNESSE.

J'aimais ce mauvais poëte qui allait, tout enivré des joies et des tristesses de son cœur, sans savoir que c'était la poésie qui chantait en lui. Il allait, heureux de respirer sous l'aubépine amère et sous le pampre amoureux. Le beau temps! on ne sait pas où l'on va, car le sentier est si touffu! Si on ne voyait le bleu des nues au travers des branches neigeuses, on croirait marcher dans le Paradis, avec ces deux filles du ciel qui vous conduisent par la main : la Muse qui aime et la Muse qui chante.

LE POETE.

Et, après avoir pris la poésie pour son cœur, qui est le vrai livre du poëte, il s'est réfugié dans l'art comme dans un temple austère. Après avoir tendu les bras vers l'avenir, il les a ouverts sur le passé. Il a feuilleté mille fois le livre d'or des Grecs et des Italiens écrit sous Aspasie et sous Michel-Ange. Il n'a aimé ni les Romains du siècle d'Auguste ni ceux du siècle de Louis XIV. Il a le mal du pays; car son pays, c'est un autre temps. Il va, il va, cherchant son pays ou son idéal dans les fresques et les bas-reliefs de l'Antiquité et de la Renaissance.

LA JEUNESSE.

Oui, mais il a fui les buissons d'églantier qui chantent ses vingt ans.

LE POETE.

Pour ouïr le chant de la mort qui nous poursuit, de plus en plus retentissant jusqu'à la tombe. A trente ans, nous nous sommes déjà enterrés trois ou quatre fois. La mort, avec la hache du bûcheron, a coupé en pleine séve les branches vivantes où chantait la colombe d'amour. Mais le soleil se lève tous les matins, avril ramène les primevères, le cimetière s'étoile de marguerites.

LA JEUNESSE.

Quand on a vu partir pour le cimetière sa mère, sa sœur ou sa femme, on commence à aimer comme une patrie le royaume des ténèbres.

LE POETE.

Le royaume des ténèbres est le royaume de la lumière. D'ailleurs, les femmes aimées ne meurent pas pour ceux qui les aiment. Elles laissent en nous une parcelle de feu divin, un souvenir toujours vivant, je ne sais quoi de leur âme qui palpite en notre cœur. Elles sont la lumière de nos pensées, comme le soleil est la lumière de nos yeux.

LA JEUNESSE.

Quand on a vingt ans, on trouve toute une carrière de marbre pour bâtir sa maison ou son palais; mais trop tôt on s'aperçoit qu'on manque même de pierres, — et le monument est en ruine avant d'être achevé.

LE POETE.

Il n'y a que Philémon et Baucis qui aient supporté en cariatides le monument de leur amour, parce que c'était une chaumière.

LA JEUNESSE.

J'ai mes jours de défaillance. Je sens fuir le rivage des belles passions. J'ai vu les Heures effeuillant leur couronne de roses et cueillant des branches de cyprès.

LE POETE.

Qu'est-ce que prouve la vie? La mort.—Qu'est-ce que prouve la mort? La vie. — Qu'est-ce que prouvent la vie et la mort? L'amour.

LA JEUNESSE.

Vous croyez que, dans la nuit du tombeau, vous serez réveillé par l'aube matinale :

> Oui, tu me réveilleras, aurore aux doigts de roses.

LE POETE.

Dès que nous voulons regarder la mort, la vie nous éblouit. Tout en lisant l'histoire de la vie, il faut en feuilleter toujours le roman. Les deux livres s'illuminent l'un par l'autre. On finit par les confondre, par se tromper de page, par ne plus savoir où l'on en est : c'est le point suprême de la science.

LA JEUNESSE.

L'arbre de la science, c'est l'arbre de la vie.

LE POETE.

O ma jeunesse! de toutes les belles choses que Dieu ait faites, vous êtes la meilleure. Quittez ces grands airs mélancoliques, et vivons gaiement ensemble comme des amoureux de Venise. Nous n'avons plus vingt ans, mais le soleil monte encore pour nous. Craignez-vous donc, ô ma mie ! la saison des orages?

LA JEUNESSE.

Nous n'irons plus aux bois!

LE POETE.

Vous chantez la vieille chanson : *Nous n'irons plus aux bois, les lilas sont coupés!* Mais après les lilas les roses d'avril, après les roses d'avril les roses de toutes les saisons.

LA JEUNESSE.

La jeunesse n'est belle à voir qu'avec sa couronne de roses blanches.

LE POETE.

Consolez-vous, ô ma belle attristée! Je vous couronnerai de bluets, d'épis et de coquelicots; je suspendrai des cerises à vos jolies oreilles; j'ornerai votre sein d'un bouquet de fraises des bois.

LA JEUNESSE.

Avec les fruits mûrs l'âge mûr.

LE POETE.

Pour quelques-uns, oui; pour beaucoup, non. Ceux qui vivent par l'esprit et par le cœur dans le cortége des nobles passions, ceux-là ont la jeunesse après la jeunesse; ceux-là, quand ils ont cent ans, cueillent encore, comme Titien et comme Fontenelle, le regain qui résiste aux premiers givres. Homère, quand il est mort avec sa couronne de cheveux blancs, s'appuyait amoureusement sur la jeunesse.

LA JEUNESSE.

Qui vous a dit cela?

LE POETE.

Antipater le Corinthien, qui a écrit cette épitaphe : « Ci-gît Homère. — Que dis-tu? Tu ne sais pas s'il est ici ou là-bas, dans la terre ou dans la mer. — Homère est ici et là-bas, il est dans l'air qui passe. Voilà pourquoi, ô voyageur! tu respires la poésie dans l'air qui passe. Laisse-moi donc écrire : Ci-gît Homère, qui est mort en pleine jeunesse, puisqu'il est mort poëte. »

LA JEUNESSE.

Poëte, c'est-à-dire fou.

LE POETE.

Fou de la sublime folie. Ce ne sont pas des poëtes, ceux-là qui ne franchissent pas le Rubicon, car c'est de l'autre côté qu'est la poésie. Il fallait plus de génie à don Quichotte pour combattre les moulins à vent qu'à Sancho Pança pour rire de don Quichotte. N'est pas fou qui veut l'être à ce degré-là. Quiconque n'apporte pas en naissant son grain de folie est un être déshérité de Dieu : il ne sera ni poëte, ni artiste, ni conquérant, ni amoureux, — ni jeune. — Ce marchand de cochons qui passe le gué là-bas, tout en comptant sur ses doigts ce que chaque bête lui rapportera d'écus, est venu au monde avec les mains pleines de grains de sagesse. Aussi il n'a jamais eu vingt ans : il a été créé pour garder les pourceaux, — et lui-même n'est qu'un pourceau d'Épicure quand il est au cabaret et qu'il chante des sérénades à la servante de l'endroit.—Croyez-moi, jeunesse ma mie, Dieu ne vous a pas faite à l'usage de tout le monde.

LA JEUNESSE.

Dieu, qui a donné l'amour au pâtre comme au prince, a donné à tous la jeunesse dans le chaos de la vie.

LE POETE.

Non. Vous êtes la muse de la vie et vous ne vous donnez qu'à ceux qui savent monter jusqu'à vous. Il y en a qui s'imaginent vous connaître, parce qu'en allant à d'autres vous répandez le parfum de votre poésie en passant auprès d'eux, parce qu'ils ont eu quelques aspirations vers vous un jour que la musique éveillait à demi leur âme, un soir que leur maîtresse répandait une larme à travers leur éclat de rire. Mais ils n'ont pas pour cela chanté vos divines chansons dans le cortége des passions qui rient et des passions qui pleurent. Les aveugles ! ils vous dépassent sans vous voir. Ils aiment mieux toucher la main fiévreuse de la fortune, que de dénouer, sous les fraîches ramées, votre ceinture de roses. — Restez au rivage, ô ma jeunesse ! Restez en moi, avec le souvenir adoré des amours perdues. Restez en moi, — et quand la maison de mon âme tombera en ruine, — faites avec mon âme le dernier voyage dans le bleu. — J'ai dit.

XII

AUX POETES

Quand la faux va crier dans les foins et les seigles,
    Fuyez, poëtes ennuyés ;
Libres de tout souci, prenez le vol des aigles ;
    Fuyez l'autre Babel, fuyez !
Allez vous retremper dans quelque solitude,
    Au bord du bois silencieux,
Où vous retrouverez la Muse de l'Étude
    Dans le vaste miroir des cieux.

Théocrite et Virgile ont soulevé la gerbe ;
    S'ils chantaient la belle saison,
C'était cheveux au vent, les pieds cachés dans l'herbe,
    L'âme perdue à l'horizon.

La Fontaine suivait la Fable, sa compagne,
  Les pieds dans les pleurs du matin,
Dans quelque coin touffu de l'agreste Champagne,
  Par les bois où fleurit le thym.
Jean-Jacque étudiait, allant à l'aventure,
  A travers vallons et forêts;
Si toujours dans son livre on sent bien la nature,
  C'est qu'il en chercha les secrets.
Voltaire s'exilait pour vivre en solitaire;
  Chez lui le soc fut en honneur,
Et Buffon à Ferney surprit le vieux Voltaire
  Portant la faux du moissonneur.
Diderot travaillait pour la grande famille,
  A l'ombre fraîche des halliers;
Boileau, Boileau lui-même, avait une charmille,
  Des arbres et des espaliers.

Poëtes essoufflés, si vous voulez renaître,
  Si la ruche manque de miel,
Allez donc voir ailleurs que par votre fenêtre
  Ce qui se passe sous le ciel.
Que faites-vous là-bas, insensés que vous êtes ?
  Enfumés comme des Lapons,
Vous contemplez le monde en lisant les gazettes,
  Les astres en passant les ponts.
Vous cherchez, dites-vous, l'amour et la science;
  Vous ne trouvez que tourbillons.
L'amour ! le cherchez-vous dans son insouciance ?
  Courez les prés et les sillons.
La science ? pour vous la science est amère,
  C'est un fruit que Dieu nous défend;

C'est la mort, ou plutôt c'est la mauvaise mère
    Qui n'allaite pas son enfant !
Vous vendez les faveurs de la fille d'Homère,
    La blanche Muse aux tresses d'or ;
Vous avez profané cette sainte chimère,
    Qui, malgré vous, nous aime encor.
Vous vous faites marchands et vous ouvrez boutique :
    Pour vous l'art n'est plus qu'un état ;
Si Dieu vous demandait pour lui-même un cantique,
    Il faudrait qu'il vous l'achetât !
Vous voulez des palais où l'esprit s'abandonne
    A tout ce qui brille ici-bas ;
Mais le luxe du cœur, ce que le ciel vous donne,
    Aveugles, vous n'en voulez pas !
Corneille, le grand maître aux scènes immortelles,
    Aimait le toit humble et béni,
La fenêtre où l'hiver seul suspend des dentelles,
    Où le printemps apporte un nid.

L'art succombe ; l'artiste est à peine un manœuvre
    Qui sans haleine va toujours ;
La petite monnaie est l'âme de toute œuvre
    Qui se fait en ces tristes jours.
Que deviennent les fleurs de ce terroir si riche
    Qui se déroulait sous nos pas ?
Hélas ! depuis vingt ans c'est en vain qu'on défriche,
    Les épis ne mûriront pas.
Fuyez ce vain renom qui se paye à la ligne,
    Allez reposer votre esprit
Au bord de quelque bois, au pied de quelque vigne,
    Où Dieu, le grand poëte, écrit !

Créateurs effrénés, du Créateur suprême
    Que ne suivez-vous les leçons?
Ce n'est pas en un jour qu'il finit le poëme
    Des vendanges et des moissons.
Cybèle aux blonds cheveux, notre mère féconde,
    Sème ses trésors à pas lents;
Elle aime à s'appuyer, pour traverser le monde,
    Sur le cou des bœufs indolents.

XIII

LA JUIVE ERRANTE

I

C'était l'automne passé. J'habitais pour la saison un château bâti lourdement avec des prétentions gothiques sur les ruines d'une abbaye autrefois célèbre dans le Vermandois, l'*abbaye de Saint-Refuge*. Je vivais presque seul, dans l'étude et dans la paresse, amoureux des bois sombres et des chemins perdus.

Un jour, après une course un peu rude dans la montagne où j'avais évoqué les plus chers fantômes de mes vingt ans, j'attendais sous le vieux portail de l'abbaye que le soleil fût couché pour aller m'asseoir au coin du feu, quand je vis dans l'avenue un pèlerin qui s'était arrêté pour demander son chemin à une jeune vendangeuse du château. Presque aussitôt il vint vers moi tout en marmottant une oraison. Sans doute, la figure de la vendangeuse l'avait frappé, car il disait en s'interrompant : « De beaux yeux noirs comme les grains de la grappe mûre. » C'était un vieillard tout cassé, un peu louche et un peu boiteux, vêtu d'une souquenille de maître d'école, mais qu'il portait avec quelque majesté. Il était pâle comme la mort, sa figure avait du caractère, ses yeux étaient profonds et ténébreux. Il m'inspira d'abord un sentiment de répulsion, mais il me parla avec tant de douceur que je me laissai aller à un peu de sympathie. Il allait je ne sais plus en quel pèlerinage; il me suppliait de lui accorder pour une heure seulement l'hospitalité au château.

« Pour une heure! mais dans une heure il fera nuit.

—Je voyage toujours la nuit.

—Comme il vous plaira. »

Je le conduisis silencieusement devant le feu qui m'attendait. Il s'agenouilla sur la dalle de marbre et porta ses mains osseuses au-dessus des flammes.

« J'ai toujours froid, dit-il d'une voix sombre, car je suis si vieux que le feu n'a plus d'action sur moi, voyez! »

Il me tendit une main glaciale.

« Pourquoi voyagez-vous à votre âge?

—Dieu m'a dit : « Va! » Et je vais.

—Est-ce que vous avez la prétention de me faire croire que vous êtes le Juif-Errant?

—Le Juif-Errant! J'avais quelques millions de siècles quand il est né. »

J'avais allumé un cigare.

« Est-ce que vous ne fumez pas? Asseyez-vous et contez-moi vos aventures. »

Il s'étendit nonchalamment dans mon fauteuil.

« Avez-vous une bibliothèque? me demanda-t-il.

—On m'a dit qu'il y en avait une là-haut, mais je n'ai pas le temps de lire.

—Pourquoi?

—Parce que je fais moi-même des livres.

—Eh bien! dans tous les livres qui sont là-haut, dans tous

ceux que vous avez écrits, vous pouvez lire mon histoire. Comme Dieu, je suis partout. »

Vanités des vanités! Le pèlerin commençait à m'ennuyer.

« C'est, me dis-je, quelque marchand d'orviétan ou quelque débitant de chapelets. »

Je voulais m'éloigner, mais je fus retenu malgré moi. Il continua à me parler comme le sphinx antique, par symboles et par énigmes. J'avais le regard fixé sur la pendule : il m'avait annoncé une visite d'une heure; la pendule n'avançait pas. Je me résignai peu à peu ; sa science m'étonna et me séduisit.

« Si vous voulez prendre une bonne leçon de philosophie, me dit tout à coup le pèlerin, suivez-moi durant quelques jours. Vous verrez *comment va le monde.* Un bâton de cornouiller pour tout équipage, nous irons droit devant nous à la grâce de Dieu. »

Je n'étais pas fâché d'aller me coucher, je remis la partie au lendemain. Le pèlerin afficha la prétention de ne pas dormir. Il mit du bois au feu en me priant de me lever matin.

Aux premières blancheurs de l'aube, il vint frapper à ma porte. Après un déjeuner rustique, nous nous mîmes en route.

« La belle matinée! m'écriai-je; quel luxe de vie féconde!

—Vous voyez la vie, me dit le pèlerin, moi je ne vois que le néant. La nature, épouse du soleil, est toujours un avortement. Il n'y a ici-bas de vraiment durable que la mort. C'est pour elle que tout travaille. Ce monde n'a qu'un souffle.

—C'est possible, mais c'est un malade qui est bien longtemps à mourir. Ne me parlez pas de la mort, car je ne la vois nulle part. C'est l'amour qui frappe partout mes yeux.

—L'amour? c'est une arme de la mort, c'est l'incendie qui brûle, mais qui dévore. C'est l'étreinte suprême et funèbre qui vous couche dans le tombeau. »

II

Nous nous arrêtâmes à une ferme déserte bâtie au versant de la montagne. Nous fûmes accueillis par une jeune fermière brune et enjouée, traînant sur ses pas trois jolis enfants ébouriffés, qui venaient de casser au verger des rameaux de groseillier. C'était un doux spectacle pour le cœur que cette bonne mère et ces enfants barbouillés de groseilles. Les enfants, surpris et confus de nous voir, se cachèrent dans les plis de la jupe et du tablier de leur mère. Nous entrâmes dans une grande salle dallée qu'un fagot à peine allumé dans un âtre gigantesque éclairait de mille lueurs changeantes et fantasques. La solive patriarcale brunie par la fumée, les plats d'étain, les rideaux d'osier, les petits ornements rustiques de la cheminée frappaient doucement nos regards, quand je m'aperçus que le pèlerin venait de tomber dans une morne tristesse.

« Qu'avez-vous donc ? Pourquoi cet air sombre quand l'hospitalité nous sourit si bien ? Voyez donc ces joyeux enfants, comme les voilà qui s'ébattent sur la paille avec les chiens du pâtre ! Voyez donc cette jolie fermière, comme elle flatte le cou de sa vache aux flancs roux ! Un peu de patience, nous allons déjeuner comme dans la famille de Rébecca.

—Hélas ! dit le pèlerin en dérobant une larme, c'est parce que je vois ce doux tableau de la vie heureuse que j'ai envie de pleurer. Plaignez cette femme, ou plutôt plaignez ces enfants, car demain la mère sera morte.

—Morte ! m'écriai-je. Qui vous l'a dit ?

—Moi, dit le pèlerin avec l'accent de la vérité. »

Nous allâmes devant nous vers un moulin isolé. Tout en côtoyant le ruisseau qui y conduisait, je vis apparaître au-dessus des buissons d'aubépine une fraîche figure de fille de seize ans, encadrée dans un bonnet rustique du meilleur style.

« Dieu soit loué ! dis-je, la première créature que nous rencontrons dans ce lieu désert est une jolie fille.

—Tant pis ! ajouta le pèlerin d'une voix funèbre comme le glas des trépassés »

Je ne pris pas au sérieux la tristesse de mon compagnon de voyage : je m'avançai gaiement vers la jolie fille.

« Qui donc vous attarde ainsi dans les haies, ma belle meunière ? »

La jolie fille rougit et baissa la tête.

« Je comprends, repris-je en souriant, vous attendez votre amoureux ?

—Oui, dit-elle naïvement, j'attends mon amoureux qui reviendra après-demain de la guerre.

—S'il ne revient qu'après-demain, pourquoi l'attendez-vous aujourd'hui ?

—C'est parce qu'il me semble déjà le voir tout là-bas, là-bas, sur la montagne bleue. »

Nous nous éloignâmes.

« Il y a là, dis-je au pèlerin, sous ce corset de bazin, un cœur qui va vivre deux fois.

—Hélas ! murmura le pèlerin, elle a raison de venir aujourd'hui dans les haies au-devant de son amoureux, car après-demain il serait trop tard !

—Qui es-tu ? dis-je au pèlerin en le secouant avec quelque violence. »

A ce moment, une épaisse fumée m'aveugla. Quand le nuage se dissipa, je vis apparaître LA MORT telle que la peignent les poëtes : un squelette armé d'une faux.

« La mort ! m'écriai-je avec un mouvement d'effroi. »

Le squelette disparut ; la mort avait repris sa métamorphose de pèlerin.

« Oui, je suis la seule femme sans mamelles, je promène partout la dévastation ; à chaque pas, je creuse une fosse.

—La mort ! répétai-je en m'éloignant un peu de mon lugubre compagnon de voyage.

—Ne crains rien, dit-il. Tu es mort à moitié, je ne veux pas t'achever ; je t'abandonne au Temps. Encore quelques coups de ses grandes ailes, et tout sera fini pour toi.

—Mort à moitié, dis-tu ?

—Oui ; car déjà ta jeunesse est à son déclin. Ton cœur est plutôt un cimetière qu'un champ de mai ; tu n'y récolteras plus qu'un peu d'herbe, l'herbe qui pousse sur les regrets, les désespoirs, les désenchantements. Descends en toi-même, et tu verras que j'ai passé dans ton cœur. Un philosophe de la Grèce, Théognis, l'a dit : « Insensés, vous qui pleurez les morts, vous ne pleurez pas la mort du cœur ! »

—Tais-toi et va-t'en ! Je frissonne, je te sens partout, vieille fille maudite !

—Voilà qu'il se fait tard, allons souper en compagnie là-bas, à ce château. La fumée qui traverse les arbres est d'un bon augure.

—Jamais ?

—Pourquoi tant d'horreur ? il faudra pourtant que tu t'endormes dans mes bras. Je te croyais un philosophe de la famille de Phocion, de Démocrite, de Pétrone, d'Auguste, d'Adrien, ceux-là qui se sont un peu moqués de moi. J'ai vu des femmes de meilleure volonté que toi. Si tu savais les secrets de la vie, tu te réfugierais bien vite dans mes bras. »

III

Le pèlerin se reposa au bord de l'avenue qui conduisait au château. C'était le soir ; le soleil n'avait plus qu'un pâle rayon, une teinte de tristesse avait saisi la campagne.

« Eh bien ! reprit le pèlerin, me suivras-tu à ce château ? Tu seras le premier de tous ceux que j'ai rencontrés dans mon éternel pèlerinage qui ne se serait point enfui en me reconnaissant. Voyons, ne me maudis point comme tous les autres m'ont maudit ; un peu de pitié pour un ange rebelle condamné à la vie à perpétuité ! »

Le pèlerin répandit des larmes ; comme j'avais l'air surpris de le voir pleurer :

« Ce ne sont pas les premières, reprit-il avec amertume. Si tu savais toute ma lugubre histoire, tu ne t'étonnerais pas de me voir pleurer. »

Je me rapprochai du pèlerin tout en le regardant d'un œi curieux.

« Je suis ici-bas la première mère qui ait tué son enfant ; j'avais du sang de Caïn dans les veines. Dieu, voulant punir le plus grand crime commis jusque-là sous le ciel, me condamna à ce rôle de bourreau ; j'ai pleuré des larmes de sang, j'ai vu tomber mes mamelles fécondes, je suis devenue le seul arbre stérile de la création. J'ai tenté de résister au jugement de Dieu ; mais l'esprit de la vengeance m'a poussée en avant, je suis allée frappant partout, aveuglée par mes larmes, frappant le vieillard qui grimace comme l'enfant qui sourit, l'amante qui espère comme celle qui se souvient, l'oiseau qui chante comme le hibou qui pleure. Encore si je pouvais choisir ! mais je ne suis qu'un misérable instrument soumis au grand maître ; je frappe, malgré moi, toujours celui qui sera le plus regretté. La jeunesse m'attire par son parfum d'amour et de fraîcheur. Savez-vous quel est le prix de l'hospitalité qu'on m'accorde partout de si bonne grâce ? Hélas ! la fatalité veut que dans la maison où je repose, c'est-à-dire où je passe, je frappe la première créature qui s'offre à mes yeux louches. Pleurez la jeune fermière et la jolie fille amoureuse de son cousin, car elles sont mortes.

—Mortes ! Adieu ! dis-je tout désolé. Je ne veux pas voyager davantage avec toi. La philosophie que je cherche n'est pas la mort dans la vie. J'ai toujours le temps de faire le funèbre voyage; je suis bien sûr de ne pas manquer le convoi. Loin de toi, je vais retrouver le printemps et la jeunesse.

—Bon voyage! Mais je te prédis que tu auras beau me fuir, je te suivrai partout, semant du givre dans ton printemps, ombrageant d'un cyprès ta jeunesse. La mort est dans la vie comme la vie est dans la mort!

LE DERNIER MOT DE L'AMOUR

XIV

LE DERNIER MOT DE L'AMOUR

O Femme, que tu sois plébéienne ou princesse,
En dévoilant l'amour, je te cherche où tu es.
Ton cœur est le roman que je relis sans cesse,
Je ne te connais pas, mais je t'aime ou te hais

J'ai secoué pour toi l'arbre de la science.
Lis ce livre, ou plutôt cherche ton cœur dedans.
Sur l'espalier d'Éros, si ta luxuriance
Est mûre, ouvre la bouche et mords à belles dents.

C'est la moralité. Mais pourtant, si l'angoisse
Des belles passions t'a pâlie un matin,
Abandonne Vénus et change de paroisse;

Aime l'amour pour Dieu, c'est encor plus certain :
Repens-toi doucement en filant de la laine,
Et pleure tes péchés comme la Madeleine.

XV

LA BEAUTÉ

Armé du ciseau d'or, le divin Praxitèle
Cherchait dans le paros la Vénus Astarté ;
Mais il ne trouvait pas. « O Vénus immortelle !
« Descends du ciel et parle à mon marbre lacté. »

Du nuage d'argent Vénus descendra-t-elle ?
« Qu'importe ! s'écria Praxitèle irrité :
« Daphné, Léa, Délie, Hélène, Héro, Myrtelle,
« Me donnent par fragments l'idéale beauté. »

L'artiste ainsi créa Vénus victorieuse.
S'il vous eût rencontrée, ô beauté radieuse,
Femme et déesse, amour des hommes et des dieux,

Il eût fait sa Vénus sans détourner les yeux ;
Ou plutôt, embrasé des feux de l'Empyrée,
Il eût brisé son marbre et vous eût adorée.

XVI

MADEMOISELLE SAULE-PLEUREUR

Je n'aurais pas donné ses fautes d'orthographe
Pour les meilleurs feuillets de nos plus beaux romans.
L'an passé, j'ai senti ses ensorcellements,
Je veux être aujourd'hui son historiographe :

Elle était fort jolie. Un galant photographe
L'a gravée au soleil avec ses airs charmants;
Mais qui peindra son corps en ses serpentements?
Je serais éloquent, si j'étais géographe !

Elle mourut hier après avoir dansé,
En me disant : — Mon Dieu ! c'est donc déjà passé ?
Je meurs sans rien savoir, je meurs comme une bête.

— Tu sais l'amour, lui dis-je, en lui baisant la tête,
Tu sais tout : l'herbe folle a sa fleur et son miel.
Tu peux quitter la terre et te risquer au ciel.

XVII

LES QUATRE SAISONS

—Sonnet, que me veux-tu ?— Je chante les saisons !
Le Printemps en sa fleur est l'amoureux poëte
Qui souffle dans les luths de la forêt muette,
Depuis les chênes verts jusqu'aux neigeux buissons.

L'Été, c'est un penseur à tous les horizons :
Le matin il s'éveille aux chants de l'alouette,
On voit jusques au soir flotter sa silhouette,
Tant il aime à cueillir l'épi d'or des moissons.

L'Automne est un critique effeuillant la ramure
Pour voir le tronc de l'arbre et rêver sous le houx :
L'aveugle ! il ne voit pas que la vendange est mûre.

L'Hiver, un misanthrope, un spectateur jaloux
Qui siffle avec fureur, dans l'ouragan qui brame,
Les roses, les épis, les raisins et son âme.

XVIII

TABLEAUX HOLLANDAIS

I

J'ai traversé deux fois le pays de Rembrandt,
Pays de matelots — qui flotte et qui navigue, —
Où le fier Océan gémit contre la digue,
Où le Rhin dispersé n'est plus même un torrent.

La prairie est touffue et l'horizon est grand;
Le Créateur ici fut comme ailleurs prodigue...
— Le lointain uniforme à la fois nous fatigue,
Mais toujours ce pays m'attire et me surprend.

Est-ce l'œuvre de Dieu que j'admire au passage?
Pourquoi me charme-t-il, ce morne paysage
Où mugissent des bœufs agenouillés dans l'eau?

Oh! c'est que je revois la nature féconde
Où Rembrandt et Ruysdaël ont créé tout un monde :
A chaque pas ici je rencontre un tableau.

XIX

TABLEAUX HOLLANDAIS

Je retrouve là-bas le taureau qui rumine
Dans le pré de Paul Potter, à l'ombre du moulin ;
— La blonde paysanne allant cueillir le lin,
Vers le gué de Berghem, les pieds nus, s'achemine.

Dans le bois de Ruysdaël qu'un rayon illumine
La belle chute d'eau ! — Le soleil au déclin
Sourit à la taverne où chaque verre est plein,
— Taverne de Brauwer que l'ivresse enlumine.

Je vois à la fenêtre un Gérard Dow nageant
Dans l'air ; — plus loin Jordaens : — les florissantes filles !
Saluons ce Rembrandt si beau dans ses guenilles !

Oui, je te connaissais, Hollande au front d'argent ;
Au Louvre est ta prairie avec ta créature ;
Mais dans ces deux aspects où donc est la nature ?

XX

TABLEAUX HOLLANDAIS

Le grand peintre est un dieu qui tient le feu sacré,
Sous sa puissante main la nature respire ;
Ne l'entendez-vous pas, sa forêt qui respire ?
Ne la sentez-vous pas, la fraîcheur de son pré ?

Comme aux bords du canal, sous ce ciel empourpré,
La vache aux larges flancs parcourt bien son empire !
Dans cet intérieur comme Ostade s'inspire !
Gai tableau qui s'anime et qui parle à son gré.

Pays doux et naïf dont mon âme est ravie,
Oui, tes enfants t'ont fait une seconde vie,
Leur souvenir fleurit la route où nous passons.

Oui, grâce à leurs chefs-d'œuvre, orgueil des galeries,
La poésie est là qui chante en tes prairies,
Comme un soleil d'été sourit à nos moissons.

XXI

LES VENDANGES

Sur le soir, j'écoutais la rustique harmonie.
Je vis la vendangeuse en blanc corset de lin,
Qui, tout en me narguant de son regard malin,
Coupait la grappe rouge et la grappe jaunie.

De mon âme aussitôt la pensée est bannie :
« La belle, ton panier n'est pas encore plein,
« Et voilà le soleil qui touche à son déclin :
« Laisse-moi vendanger dans ta vigne bénie ! »

Quel beau soir ! Tout riait et tout chantait en chœur,
Le bois, et la prairie, et la vigne, et mon cœur !
Octobre rembruni donnait encor des fêtes.

Je vendangeai. La nuit, je m'en allai chantant
Ce vieil et gai refrain que Voltaire aimait tant :
Adieu, paniers, adieu, les vendanges sont faites !

XXII

ÉPITAPHE DU POETE

L'heure a sonné : j'ai vu s'enfuir la charmeresse
Qui couronne l'amour et chante les vingt ans,
Qui répand des rayons de ses cheveux flottants,
Et qui m'a dit adieu pour dernière caresse.

J'ai suivi trop souvent la pâle chasseresse
Sous les pampres brûlés, dans les bois irritants.
Les folles passions ont dévoré mon temps,
Cher temps perdu ! Regrets d'une âme pécheresse !

La coupe est épuisée et j'en ai vu le fond :
J'ai répandu mon cœur en larmes comme en fêtes ;
Passions, passions, vos vendanges sont faites !

Voici la mort qui vient. Dans l'abîme profond
Je descends ; mais je crois à nos métamorphoses.
Tu me réveilleras, Aurore aux doigts de roses.

XXIII

LA COURONNE D'ÉPINES

Quand le poëte passe en l'avril de sa vie,
Il cueille avec l'amour les fleurs de son chemin,
La grappe du lilas, l'étoile du jasmin,
Le doux myosotis dont son âme est ravie.

Tantôt c'est pour Ninon, tantôt c'est pour Sylvie ;
Pour orner le corsage ou pour fleurir la main ;
— Souvenir de la veille — espoir du lendemain,
O poëtes, cueillez ! le ciel vous y convie.

Cueillez, car ces fleurs-là sont les illusions !
Poëtes, suivez-les, vos blanches visions,
Dans le monde idéal, sous les splendeurs divines.

Mais, quand vous n'aurez plus la couronne de fleurs,
Ne vous étonnez pas de répandre des pleurs,
Car vous aurez alors la couronne d'épines.

XXIV

LES VINGT ANS RETROUVÉS

Au bas de ma montagne, à l'ombre d'un pommier,
Jaillit à flots pressés une source bruyante
Qui s'en va caressant la plaine verdoyante
Après avoir baigné les canards du fermier.

Au matin, le soleil est toujours le premier
A plonger dans l'étang sa lèvre flamboyante.
Des filles du pays la troupe chatoyante
Vient danser sur la rive aux chansons du ramier.

Lorsque je vais revoir la fontaine qui coule,
Les cailloux caquetants, le ramier qui roucoule,
L'herbe drue et fleurie où dansent les amants;

La pervenche, œil des bois, que le buisson protége,
Le soleil qui sur l'eau sème des diamants,
Je revois mes vingt ans dans leur divin cortége.

XXV

CE QUE DISENT LES ÉTOILES

Quand on vous a soufferts, tourments délicieux
De déchirer sa lèvre aux coupes savoureuses,
Quand notre âme a subi les heures douloureuses,
La mort vient et lui donne un éclat précieux.

Ces étincelles d'or, qui jaillissent des cieux,
Ces lis épanouis des plaines bienheureuses,
Les étoiles, — ce sont les âmes amoureuses
Versant au ciel nocturne un pleur silencieux.

« Ainsi que nous, montez à Dieu par le martyre!
Mortels, aimez! » Voilà ce que semblent nous dire
Avec de longs regards leurs yeux de diamants.

C'est pourquoi, dans l'azur transparent et sans voiles,
Enchantement des nuits sereines, les amants
Avec des pleurs de joie écoutent les étoiles.

XXVI

VOYAGE AU PARADIS

On était aux beaux soirs de la belle saison :
La cigale en chantant dansait sur la prairie,
La rosée emperlait la luzerne fleurie,
Déjà le ver luisant étoilait le gazon ;

Nous avions dépassé la rustique maison,
Notre barque fuyait avec ma rêverie,
Et ta main dans la mienne, ô ma blanche Égérie !
Nous nous laissions aller vers un doux horizon.

C'était l'heure sereine où toute créature
Prend sa part de ta vie, ô féconde nature !
L'oiseau dans sa chanson, l'abeille dans son miel.

Je prenais un baiser par chaque coup de rame,
Et, comme un pur encens qui monte dans le ciel,
Le parfum de l'amour s'envolait de notre âme.

XXVII

LA SCIENCE

J'ai vu de jolis vers dans le vieux Fontenelle.
Huit vers, pas un de plus, mais un huitain charmant :
Seule rose à cueillir en pays si normand,
Où l'on fait des bouquets avec la pimprenelle.

Quand je fuis tout rêveur les amours de ma belle,
Quand le poëte en moi l'emporte sur l'amant
Pour suivre la Science en son égarement,
Il me vient de l'alcôve une voix qui m'appelle :

—Il est déjà minuit, pourquoi toujours veiller?
Viens reposer ton front sur un doux oreiller,
Viens reposer ton âme en mon âme ravie.

—Je cherche la Science en ce livre maudit.
—La science? ignorant! tu ne sais pas la vie!
La Science, c'est moi, le Serpent me l'a dit.

XXVIII

LES SIRÈNES

I

Elles sont toutes là : Agœophone, Pisinoé, Ligye, Molpo, Parthénope ; les unes nées des baisers de la mer sur le rivage et des baisers du soleil sur la vague amoureuse ; les autres nées des danses de Terpsichore sur le fleuve Achéloüs.

Les sirènes sont sorties de la mer en chantant, quand Vénus a secoué les perles de son sein, — son sein doux au regard et à la bouche comme une pêche des vergers de l'Olympe.

Elles sont là, — perfides comme les ondes, — groupées sur une île flottante et appelant à elles les lointains passagers.

II

Celles qui, couronnées de perles et d'herbes marines, sont au sommet du rocher, jouant de la flûte et de la cythare, ce sont les

Nymphes de l'Idéal, celles-là qui chantent les songes de la Poésie.

Elles voudraient entraîner les passagers dans les pays d'outre-mer, où l'Idéal pose ses pieds de feu et ses ailes de neige.

Leurs yeux bleus parlent du ciel, leurs cheveux blonds parlent du soleil.

III

Celles qui, couronnées de perles et de pampre vert, sont renversées dans les herbes fleuries du rocher, ce sont les *Chimères de la Jeunesse,* qui enchaînent le monde dans leurs bras de neige et dans leurs chevelures ondoyantes.

Celles qui, couronnées de corail éclatant comme la braise, sont couchées sur l'eau, enivrées par la mer comme les bacchantes par la grappe foulée, ce sont les *Voluptés,* — charmantes et cruelles.

Celles-là ne chantent pas ; mais les flots amoureux chantent en les baisant d'une lèvre furieuse :

LA CHANSON DES SIRÈNES

Nous sommes les Achéloïdes. Non loin du trône d'or, nageant dans l'azur où l'Amour sourit et répand des roses, nous chantons avec les vents et les vagues.

Nous écrivons nos hymnes sur la mer ; mais les dieux jaloux effacent tous les jours nos chansons.

Passagers, qui voulez courir d'un monde à l'autre, arrêtez-vous dans notre palais : nous versons, dans une coupe d'argent, les chastes délices et les altières voluptés.

Nous racontons toutes les joies mystérieuses de Vénus ; car nous avons assisté au banquet des dieux : — les dieux qui s'égayent et qui content quand Hébé leur verse l'ambroisie.

Nous enseignons la Paresse qui aime l'Amour, l'Orgueil qui veut escalader le ciel, toutes les Passions tendres et violentes.

Lachésis, fille de Jupiter, laisse pendre dans nos mains le fil de ta vie, ô voyageur ! Viens à nous, et nous endormirons tes douleurs sur notre sein plus doux que la plume.

Quand on nous a entendues, notre chant s'attache au cœur. Ulysse lui-même était pris par cette chaîne de roses.

Mais Ulysse, attaché au mât du vaisseau par des chaînes de fer, ne pouvait accourir à nous. Ulysse fuyait lâchement devant les Passions.

IV

Cependant le passager vient, ébloui par la beauté, enivré par la chanson.

Il se précipite au sommet du rocher, à travers les herbes, les herbes fleuries qui lui déchirent les pieds jusqu'au sang.

Il veut saisir les Nymphes de l'Idéal, mais elles s'évanouissent dans la vague qui passe.

Il tombe dans les bras des Chimères de la Jeunesse, qui le poussent tout meurtri dans les bras insatiables des Voluptés — les louves et les lionnes sombres et rayonnantes.

V

Il croit sourire à la vie, mais la mort est là qui veille sur les folies de son cœur.

Les Sirènes, ce sont les Passions de la vie, — adorables, folles et cruelles. — Le vrai sage les traverse sans se faire enchaîner au mât du vaisseau; — le poëte ne les fuit pas comme le vieil Ulysse; il se jette éperdument dans leurs bras, il s'enivre de leurs chansons, il creuse sa tombe avec elles.

Car le poëte dit que la sagesse est stérile, surtout quand elle se nomme Pénélope et qu'elle enfante Télémaque.

XXIX

L'HÉLÈNE DE ZEUXIS

I

Dans l'atelier de Zeuxis, où la lumière orientale ruisselle comme la chevelure blonde de Cérès,

Sept jeunes Athéniennes entrent quand les Heures tressent leurs guirlandes de roses et de soucis sous le soleil couronné de feu.

Le peintre a dénoué leurs ceintures; le péplum tombe à leurs pieds comme le flot écumant qui souleva Vénus.

Elles ne sont plus vêtues que de leurs chevelures flottantes et de la chasteté du peintre. Zeuxis prend sa palette pour chanter une hymne à la Beauté : il va peindre Hélène !

II

La première femme que Jupiter a créée était belle comme un rêve de dieu olympien; mais peu à peu les formes, si parfaites sous la main du Créateur, s'altérèrent en passant par la main des hommes.

La Beauté n'apparut plus aux artistes que par fragments radieux.

Pour peindre Hélène, Zeuxis choisit les sept plus belles filles d'Athènes ;

III

Car l'une avait la hanche savoureuse de Vénus ; l'autre, la jambe fine et souple de la Chasseresse ;

Celle-ci, la figure d'Hébé, celle-là, la grâce des trois Grâces ;

La cinquième avait le cou voluptueux de Léda, se détournant des baisers du cygne ;

La sixième avait le sein orgueilleux de Junon : on eût dit la neige empourprée par le soleil couchant ;

La septième avait la chaste beauté de Daphné, quand elle cachait son flanc de marbre dans un rameau vert. Qui dira jamais les couleurs, la transparence, les veines d'azur de ce beau flanc virginal ?

IV

Mais celle-ci, quand le péplum tomba à ses pieds, s'enfuit tout effarée comme une colombe surprise à son premier battement d'ailes amoureux ; — ou comme la vestale qui, près du trépied d'or, voit son image rayonnante dans le miroir d'acier poli ; — ou comme la chasseresse qui va se baigner à la source et qui est surprise par le pâtre curieux.

Zeuxis ne courut pas après elle ; il se contenta des six Athéniennes qui lui dévoilaient leurs beautés.

V

Mais quand Hélène fut peinte :
« Elle est belle, dit l'aréopage ; elle a toutes les beautés des six jeunes filles qui se sont dévoilées à toi, ô Zeuxis ! mais il lui manque la pudeur de la septième. »

XXX

LE ROMAN DE DAVID TÉNIERS

J'ai toujours reconnu que les beaux romans sont ceux que la destinée s'amuse à créer dans ses jours de distraction poétique. La destinée écrit en lettres de feu sur le cœur des hommes. Que d'enchevêtrements, d'éclats de rire et de péripéties dans ce livre éternel, qui a pour titre la comédie des comédies !

Quand je veux lire un roman, j'étudie tout simplement la vie d'un homme heureusement doué. Poëte, artiste, grand capitaine, homme d'État, philosophe, maître d'école, pâtre, bohémien, bûcheron, chiffonnier, qu'importe si je reconnais que la destinée a pris plaisir à le tourmenter, à l'élever au-dessus des autres hommes par l'héroïsme, par la passion, par la poésie, par la misère ?

C'est surtout dans la vie des poëtes et des artistes que je m'arrête avec joie ; car ceux-là, s'élevant plus haut que les rois et les héros par le rêve ou par la pensée, donnent à l'étude un champ plus vaste. Ils répandent autour d'eux je ne sais quels rayons charmants qui colorent le monde où ils vivent. Avec eux les sentiers sont plus verts, les roses plus fraîchement épanouies, les forêts plus éloquentes, les vignes plus généreuses, et, le dirai-je, les femmes qu'ils aiment ont tout l'accent de la souveraine beauté quand elles sont belles.

David Téniers commença rudement sa carrière. Il avait à peine onze ans quand Rubens vint un jour à l'atelier de son père, le vieux Téniers. David barbouillait une kermesse; à la vue du grand peintre, il fut ému jusqu'aux larmes et laissa tomber son pinceau. Rubens, voyant qu'il lui faisait peur, daigna ramasser le pinceau et peindre lui-même à grands traits dans l'ébauche du jeune écolier. Dès ce jour, David Téniers sentit en lui-même une étincelle divine; mais, durant plus de dix ans, il vécut comme un peintre d'enseignes, jusqu'au moment où l'archiduc Léopold le nomma son peintre ordinaire et gentilhomme de sa chambre.

Une petite aventure décida tout à fait de sa fortune.

Vers ce temps-là, un gentilhomme du duc, près de se marier, commanda à Téniers un tableau de l'Hymen. Comme le gentilhomme était passionné, Téniers, pour le contenter, mit en œuvre toutes les ressources de son génie. Il imita les grâces du Corrége et le coloris de Giorgione; il fit l'Hymen plus beau que l'Adonis antique; jamais lignes plus pures ne s'étaient animées d'un plus charmant sourire. Téniers n'oublia pas le flambeau; jamais flambeau d'amour n'avait jeté tant d'éclat. La veille des noces, Téniers appelle le gentilhomme à son atelier.

« Voilà, dit-il, tout ce que j'ai rêvé de plus beau et de plus aimable.

—Vous avez manqué votre coup, dit le gentilhomme en secouant la tête d'un air mécontent. J'ai une meilleure idée de l'Hymen, je le vois plus agréable et plus gai; il manque à cette figure je ne sais quoi d'enchanteur que je sens et que je ne puis exprimer. »

En garçon d'esprit, Téniers prit aussitôt son parti.

« Vous avez raison de n'être pas content de mon tableau, il n'est pas sec, ce visage est embu; d'ailleurs, mes couleurs ne gagnent qu'avec le temps, comme toutes celles des grands maîtres. Voulez-vous que je vous rapporte ce tableau dans quelques semaines? Puisque vous vous mariez demain, vous avez bien autre chose à faire aujourd'hui qu'à voir l'Hymen en peinture. Croyez-en ma parole, si vous trouvez à la première entrevue que je me sois trompé, je consens à n'être pas payé. »

Le gentilhomme n'avait rien à répliquer. Il sortit de l'atelier pour aller revoir sa fiancée. C'était une Flamande d'origine espagnole, digne du pinceau de Murillo comme du pinceau de Rubens; comme elle n'avait guère que la beauté flamande et que son imagination n'égalait pas sa beauté, Téniers, en homme sensé, attendit un peu, il laissa au gentilhomme le loisir de voir l'hymen sous toutes ses faces.

Enfin, au bout de trois ou quatre mois, il porta le tableau au logis du gentilhomme.

« Vous aviez raison! s'écria celui-ci après l'avoir contemplé un instant, le temps a singulièrement embelli votre peinture. A peine si je la reconnais! le temps doit finir les meilleurs tableaux. Comme ces contours ont bien plus d'éclat! Comme ce flambeau a bien plus de feu! Je ne puis m'empêcher de vous dire que votre tableau a trop gagné en grâce et en agrément; vous avouerez que cet air de tête est trop enjoué, on dirait l'Amour. Or, ne vous y trompez pas, c'est l'Hymen que vous avez voulu peindre. Cet œil est trop vif, cette bouche est trop gaie, l'Hymen est un dieu raisonnable avant tout; plus j'y regarde et plus je trouve que vous n'avez pas saisi son caractère.

— A merveille! dit Téniers; comme je l'avais dit, l'Hymen s'est métamorphosé dans votre imagination, le fiancé n'est plus qu'un mari. Sachez-le donc, ce n'est pas ma peinture qui a changé, c'est vous! »

Le gentilhomme voulut se fâcher pour l'honneur de sa femme, mais comment se fâcher contre un pareil raisonnement? Il offrit de payer le tableau.

« Non, dit le peintre, j'ai manqué de génie en cette aventure, accordez-moi quelques jours. »

Téniers se remit au travail; grâce à la perspective, il fit un portrait de l'Hymen qui paraissait charmant vu de loin, et un peu renfrogné vu de près.

L'archiduc Léopold, ayant appris l'histoire de ce portrait, exigea qu'il fût placé au bout de sa galerie. Tous les curieux, mariés ou non mariés, le vinrent admirer. Dufresny, qui a raconté cette histoire avec tout son esprit, termine ainsi son récit : « Le duc fit placer le portrait au bout d'une agréable galerie, sur une espèce d'estrade; il fallait passer un pas fort glissant; en deçà c'était le charmant point de vue; mais, sitôt qu'on avait passé ce pas, adieu les charmes, ce n'était plus cela. » Cornille Schut, le peintre poëte, a le premier rapporté cette petite histoire : « Ce qu'il y a de curieux, dit-il dans sa narration, c'est que ce tableau de l'Hymen a amené le mariage de David Téniers. » Voici comment : Cornille Schut était un des tuteurs d'Anne Breughel, fille de Breughel de Velours; elle demeurait avec sa famille; comme elle était aimable et belle, il prenait plaisir à la conduire à la promenade, tantôt aux ateliers de Rubens et Van Baelen, ses autres tuteurs, tantôt à la cour de l'archiduc Léopold, tantôt sur l'eau ou en pleine campagne. Un jour qu'il lui montrait le tableau de Téniers, vu en deçà, notre peintre survint. Après quelques paroles sur la pluie et le beau temps, sur la poésie et la peinture, Téniers dit tout à coup à la jeune fille :

« Madame, voulez-vous passer au delà?

—Oui, dit-elle peut-être sans réfléchir.

—Je vous prends au mot, » reprit Téniers en lui offrant la main.

Anne Breughel rougit et refusa de passer. Cornille Schut prit l'aventure en poëte plutôt qu'en tuteur.

« Pourquoi ne passeriez-vous pas, dit-il en souriant.

— A quoi bon? dit-elle un peu enhardie, puisque de l'autre côté le tableau change d'effet et de couleur.

— Pour vous et pour moi, jamais ! dit étourdiment le jeune peintre ; ou plutôt, je vous promets de revenir tout de suite en deçà du pas fatal. »

Il survint du monde mal à propos, Téniers salua galamment et s'éloigna déjà amoureux. Le lendemain il entra, après mille détours, à l'atelier de Cornille Schut, qui peignait des camaïeux dans une guirlande de fleurs de Seghers.

« Maître Cornille, demanda Téniers, voulez-vous me dire ce qu'il y a de mieux à faire pour plaire à une femme?

— Des vers enthousiastes, répondit le poëte peintre. Vous êtes donc amoureux?

— Comme un fou, au point que l'archiduc croit que j'ai perdu la raison.

— Et amoureux de qui, messire David Téniers?

— Ne devinez-vous pas? répondit le jeune peintre. Ah ! si je savais faire des vers comme les vôtres !

— Je ne suis pas maître de la main d'Anne Breughel ; elle a deux autres tuteurs, Rubens et Van Baelen ; d'ailleurs, je la tiens pour femme résolue : elle prendra un époux à sa guise. »

Téniers, voyant Rubens peu de jours après, lui demanda aussi ce qu'il y avait de mieux à faire pour plaire à une femme.

« Son portrait, répondit le grand peintre.

— Que n'ai-je votre talent ! s'écria Téniers avec un soupir, j'embellirais encore Anne Breughel !

— Puisqu'il est question d'Anne Breughel, allez voir notre grave ami Van Baelen, son premier tuteur ; il vous dira, en vieux philosophe revenu des passions de ce monde, ce qu'il y a de mieux à faire sur ce chapitre. »

David Téniers alla tout droit à l'atelier du vieux peintre; il le trouva peignant sur cuivre une copie de son grand tableau, *saint Jean qui prêche dans le désert*. Téniers l'avait vu souvent au palais de l'archiduc, il aborda tout de suite la question.

« Qu'y a-t-il de mieux à faire pour plaire à une femme ?

—L'aimer, » répondit le vieux peintre.

Les trois tuteurs interrogèrent tour à tour Anne Breughel, qui n'avait pas oublié David Téniers. Il se trouva que Van Baelen avait parlé plus judicieusement que ses cotuteurs. Tous trois tinrent conseil ; on mit sur les balances le talent de Téniers et la fortune d'Anne Breughel, l'esprit de l'un et la grâce de l'autre. Après bien des débats, on se décida pour le mariage. On réunit les deux jeunes gens dans un souper chez Rubens, on s'amusa un peu de leur embarras au dessert, on dit à Téniers qu'on l'avait appelé pour signer au contrat de mariage d'Anne Breughel, en sa qualité d'imitateur du vieux Pierre Breughel, son grand-père.

En effet, un garde-notes se présenta très-sérieusement. On lui fit place au bout de la table ; il déploya son parchemin, tailla sa plume et offrit de lire son acte sur les conventions des futurs époux. David Téniers ne douta plus de son bonheur ; il offrit de signer des deux mains. Le mariage eut lieu solennellement à quelques jours de là. L'archiduc, le matin même, donna son portrait en médaillon à Téniers avec une chaîne d'or.

Cette chaîne d'or fût d'un heureux présage ; le mariage n'eut pour Téniers que des chaînes de fleurs. Anne Breughel lui fut toujours douce et charmante, elle lui donna quatre jolis enfants sans cesser de l'aimer comme au premier jour ; lui-même l'aima toujours avec la tendresse d'une âme ardente ; en un mot, ils ne virent jamais l'Hymen qu'en deçà du pas fatal.

Dans les premières années de son mariage, il continua d'habiter le palais de Léopold, ne travaillant guère que pour le roi d'Espagne. Le roi d'Espagne fut si enchanté de sa façon de faire et de son agilité, qu'il fit bâtir une galerie tout exprès pour ses œuvres. D'abord, Téniers n'avait guère que copié les grands maîtres de Flandre et d'Italie. Bientôt, ennuyé de suivre les maîtres à la lettre, il ne fit plus que les imiter. Ses imitations eurent une vogue singulière : on alla jusqu'à les préférer aux modèles ; il réussissait à imiter Rubens au point qu'on s'y méprenait quelquefois.

Téniers comprit que jusque-là il n'avait mis son génie qu'au service de sa fortune et des maîtres qu'il traduisait : il voulut être à son tour un peintre original.

Dans ses heures de loisir, se rappelant les leçons de son vieux père, il créait, en quelques coups de pinceau, une scène prise autour de lui en pleine nature. Il finit par abandonner tout à fait les grands sujets. Il borna son esprit, flamand avant tout, dans un horizon flamand. Il s'était lassé de voir des saints en extase, des saintes en pénitence ; il n'avait jamais rencontré de pareils tableaux sur son chemin. Assez d'autres avaient peint pour l'Église catholique, apostolique et romaine ; n'était-il pas temps de représenter la créature humaine sous une autre face, sous un caractère plus humain ? Puisque la peinture est le miroir de la nature, pourquoi ne pas promener ce miroir dans le chemin de la vérité ? Le tableau de la joie franche et naïve, le tableau de la vie telle qu'elle est, ne doit pas être indigne de l'art. La prose a sa poésie aussi bien que les vers.

Ainsi raisonnait Téniers, et, comme tous les hommes de génie, il avait raison.

On aurait bien pu lui répondre que la peinture, comme la poésie, est une fille du ciel, qui ne doit descendre que pour s'élever plus haut, qu'elle a pour mission de parler à l'âme le langage des dieux ; qu'elle doit enseigner en même temps que séduire, ou autres paradoxes de cette force ; mais comment dire à Téniers qu'il avait tort en voyant ses paysans en gaieté ?

Adrien Brauwer et Van Braesbeck avaient pris à Anvers, parmi les mariniers et les buveurs, toutes les physionomies originales : pas un intérieur de cabaret, pas une figure plaisante qu'ils n'eussent peints à diverses reprises. David Téniers voulut aller à la conquête d'un nouveau monde; il ne fit pas grand chemin pour cela.

Entre Malines et Anvers, au village de Perck, il y avait un château à vendre, le château des Trois-Tours, vieil édifice gothique digne d'abriter un prince. David Téniers, qui était un prince parmi les peintres flamands, acheta hardiment le château et résolut d'y passer sa vie dans le luxe, le travail et la nature. Le lieu était bien choisi : clocher pointu, prairie, étang, enclos pittoresque, ménétriers, ivrognes, tout ce que Téniers cherchait, il le trouva à Perck et aux villages environnants. Il mena grand train, il eut des laquais et des équipages. Ce qui surprendra sans doute, c'est qu'il étudiait presque toujours les danses et les cabarets par la portière de son carrosse. Il n'imitait point en cela son ami Brauwer, qui buvait et causait avec ses modèles. Son château devint un des plus beaux rendez-vous de chasse : l'archiduc Léopold, le prince d'Orange, le duc de Marlborough, l'évêque de Gand, don Juan d'Autriche et autres personnages illustres plus ou moins, s'y donnaient rendez-vous. Don Juan d'Autriche passa au château des Trois-Tours plus d'une belle saison, prenant des leçons de peinture et fraternisant avec Téniers. Comme souvenir de bonne et franche amitié, il a peint, avec le talent de la patience, le portrait du fils de Téniers.

Notre peintre n'était pas seulement célèbre en Flandre et en Hollande, la reine Christine de Suède lui écrivait et lui envoyait son portrait, en médaillon, orné des plus riches pierreries. La France, l'Allemagne et l'Italie se disputaient ses œuvres. Il y avait pourtant çà et là des protestations contre son talent. On sait le mot de Louis XIV : « Qu'on m'ôte ces magots de devant les yeux ! » Ce mot ne prouve rien contre Louis XIV ni contre Téniers. Le grand roi, qui n'avait jamais vu que des courtisans en longues perruques, en fines dentelles et en habits brodés, ne pouvait croire qu'il y eût en Flandre ou ailleurs une créature humaine pareille à celles que peignait Téniers.

Cependant ce peintre grand seigneur n'étudiait pas toujours en carrosse dans ses kermesses ; nous le voyons quelquefois assis au bout d'une table rustique, entre sa femme et ses enfants, suivant d'un regard pénétrant tous les jeux de physionomie des buveurs éparpillés autour de lui; il lui arrive même de verser à boire à ses modèles, mais d'une main blanche et dédaigneuse qui contraste singulièrement avec cette belle action.

Son grand train le ruina deux fois. A sa première ruine, il se contenta de travailler la nuit ; il n'en supprima point pour cela un seul cheval, ni un seul domestique, il n'en reçut pas moins des excellences de tous les pays qui se croyaient, au château des Trois-Tours, dans un château royal. Le travail rétablit ses finances. On assure qu'il produisit jusqu'à trois cent cinquante tableaux dans une seule année. Mais, à force de produire, il désespéra les chalands : ses œuvres tombèrent de prix, bien des tableaux restèrent suspendus aux lambris dorés de l'atelier. Alors, ne sachant plus comment se tirer d'affaire, on rapporte que Téniers, de complicité avec sa femme et ses enfants, se fit passer pour mort. On éleva un mausolée dans le jardin; Anne Breughel revêtit un habit de deuil; enfin la comédie fut jouée si bien, que le dénoûment prévu arriva. Les tableaux de Téniers quadruplèrent de prix. Ce que voyant, Téniers sortit de son atelier et reprit encore son beau train de vie. Mais c'est là un conte de biographe anecdotique. Téniers, avec ses sentiments religieux, n'eût jamais consenti à jouer ainsi la comédie de la mort. D'ailleurs, Anne Breughel, cette épouse adorée et adorable, cette mère si tendre et si pieuse, n'eût jamais voulu profaner les larmes du veuvage.

David Téniers a peint quelques pages de sa vie au château des Trois-Tours.

Un de ses plus jolis tableaux, très-admiré au dix-huitième siècle dans le cabinet du duc de La Vallière, le représente avec sa famille sur la terrasse de son château. Son costume est flamand et espagnol. Il joue du violoncelle avec bonne grâce et d'un air mélancolique. Anne Breughel ouvre devant lui un livre de musique. Le plus jeune de leurs fils s'épanouit naïvement entre eux ; l'aîné, qui a dix à douze ans, vient du château, apportant un verre et une cruche. Son frère Abraham, drapé fièrement dans son manteau, le chapeau sur la tête, à demi-masqué par une porte, observe gravement ce tableau. Un singe, grimpé sur un petit mur, semble écouter la musique avec charme. Madame Téniers est simplement vêtue ; des cheveux qui tombent en boucles, une guipure au corsage, un sourire de mère, voilà toute sa parure.

Un autre tableau de famille, *la Tireuse de bonne aventure,* représente Anne Breughel écoutant les prédictions d'une horrible bohémienne qui lui tient la main. On est en pleine campagne. Téniers est présent. D'un côté du groupe, on voit son fils qui s'éloigne et entraîne un lévrier ; de l'autre côté, d'autres bohémiens, dignes de Callot, font une halte pour attendre leur compagnonne. Toutes les physionomies sont vivement accentuées ; madame Téniers a l'air de douter des prédictions de la sibylle, qui sans doute lui promet une longue vie.

Le château des Trois-Tours domine un grand nombre de paysages du peintre ; mais Téniers voulut lui consacrer un tableau tout entier. Il a quelque chose d'imposant dans ses vieilles tours inégales. Il est baigné par un étang où s'inclinent le roseau et le nénufar. Téniers s'est peint sur le pont avec sa femme et ses enfants. Dans un autre tableau, il s'est peint voguant sur l'étang dans une nacelle ; des chiens le suivent à la nage.

Il était en plein bonheur quand il vint à perdre sa femme ; son affliction fut des plus grandes. Le château des Trois-Tours, si égayé par son amour passé, se transforma en un tombeau vaste et glacial. La nature, son atelier ordinaire, ne lui parla plus que des grâces et des vertus d'Anne Breughel. Comme, selon son contrat de mariage, il devait, à la mort de sa femme, abandonner tout son bien à ses enfants, il se trouva pauvre comme au point de départ. Ses enfants n'eussent point exigé que les clauses du contrat fussent accomplies en leur faveur; mais David Téniers, malgré les représentations de tout le monde, voulut se déposséder dans l'année même de son veuvage, disant qu'il ne voulait pas vivre sur un bien d'orphelins. Le château des Trois-Tours fut donc mis en vente. Un conseiller au parlement de Brabant, Jean de Fresne, l'acquit en deniers payables aux enfants du peintre à leur majorité. Téniers se retira à Bruxelles en très-petit équipage. Il conserva pourtant un cheval, ne pouvant peindre qu'au retour de la promenade en pleins champs.

A peine si on voulait croire à cette métamorphose. Naturellement il vendit ses tableaux à moitié prix. On n'osait marchander avec le grand seigneur; avec le peintre redevenu pauvre, on craignait toujours d'offrir trop d'argent. D'ailleurs, la fortune se lasse de sourire aux mêmes visages. Téniers vivait solitairement, il tournait ses idées vers l'ombre de sa chère Anne et vers la religion chrétienne, il veillait avec sollicitude sur ses enfants au collége. Il commençait à trouver un certain charme dans la mélancolie du passé; il s'était remis au travail avec l'ardeur de sa première jeunesse, quand une aventure toute romanesque le ramena à sa vie ancienne.

Plusieurs fois déjà, dans ses courses à cheval, il était allé rêver à Perck, en vue du château.

Un soir, par la grille du jardin, il vit apparaître une jeune dame dont la figure avait quelques airs d'Anne Breughel. Dans sa douce surprise, il laissa aller la bride de son cheval. Il suivit d'un regard ardent cette gracieuse apparition qui était comme un songe du passé. La jeune dame disparut presque au même instant dans une allée touffue conduisant au château. Téniers regardait toujours, tantôt le château, tantôt l'étang, tantôt l'allée touffue.

«Ah! ma pauvre Anne Breughel, tu n'es pas morte pour moi! dit-il tristement. Non, reprit-il, non, tu n'es pas morte ; je te retrouve partout ici, sous ces mêmes arbres, à cette même fenêtre, dans cette même nacelle qui a promené tant de bonheur! »

Tout en parlant ainsi, le pauvre peintre ne voyait pas que son cheval, qui avait aussi des souvenirs, prenait tout doucement le chemin des écuries. Sur le pont, Téniers ressaisit la bride en soupirant.

« Non, non, mon noble ami, nous n'avons même plus le droit de pied-à-terre dans ce château. »

Ce jour-là, Téniers rentra plus triste que de coutume à son logis.

« Pourquoi ai-je vendu ce château, disait-il avec amertume ; au moins je serais en quelque sorte plus près de ma chère Anne, je m'imaginerais encore la voir et l'entendre. »

Le lendemain, il ne put s'empêcher de retourner à Perck. Le conseiller, l'ayant rencontré au bord de l'étang, le pria d'entrer au château et de s'y considérer toujours comme le maître. Il fut présenté à Isabelle de Fresne. C'était une jeune fille blonde et blanche qui s'ennuyait dans la solitude, quoique dans un château ; elle avait le regard bleu d'Anne Breughel. Téniers en eut des battements de cœur. Elle peignait un peu, le peintre offrit de lui donner une leçon. Une giboulée vint fondre sur le château, le conseiller retint Téniers, qui ne fut pas fâché de ce contre-temps. Le souper fut très-gai. Le pauvre peintre se croyait presque revenu à son ancienne splendeur. La douce figure d'Anne Breughel manquait au tableau, mais Isabelle de Fresne avait bien du charme.

« Quelle fâcheuse idée vous a pris de quitter ce château? dit le conseiller au dessert. Pour augmenter le patrimoine de vos enfants, je le sais, mais c'est pousser trop loin l'amour paternel. A un génie tel que le vôtre, il faut un palais pour asile.

—Mon vrai palais, c'est la nature, dit le peintre en jetant un regard d'envie sur les lambris dorés du château des Trois-Tours.

—Mon vœu le plus cher, monsieur Téniers, serait de vous voir ici plus souvent.

—En vérité, monsieur le conseiller, je serais fier de vivre en si bonne et en si belle compagnie; mais le temps des fêtes est passé pour moi. J'ai été un grand seigneur et un peintre; aujourd'hui, je ne suis plus qu'un peintre, toute la joie est sur ma palette. Je peindrai encore le bonheur, mais le bonheur des autres. »

Disant cela, Téniers regardait tendrement Isabelle. La jeune fille rougit et parla d'autre chose.

Le lendemain, Téniers se leva dès l'aube pour retourner à Bruxelles.

Pendant que son cheval mangeait l'avoine, il alla se promener au bord de son étang bien-aimé. La matinée était des plus fraîches et des plus agréables; un vent léger secouait la brume au-dessus des prairies de Vilvorde. Grâce à l'orage de la veille, la campagne répandait l'odeur pénétrante des herbes et des buissons; le soleil levant blanchissait la cime des arbres. Téniers s'appuya contre le tronc d'un saule pour regarder tour à tour l'étang et le château; il était perdu dans ses souvenirs, quand tout à coup, levant les regards pour la vingtième fois vers la fenêtre adorée où s'appuyait Anne Breughel durant les beaux soirs, il vit apparaître son image comme par enchantement.

« C'est bien elle avec ses cheveux blonds tombant en longues boucles; voilà bien cette figure pensive où la grâce sourit. »

Il allait tendre les bras quand il reconnut Isabelle de Fresne.

« Hélas! dit-il en baissant la tête, ce n'est pas elle, et pourtant... »

Il entra au château, monta à cheval et partit lentement.

Durant toute une semaine, il ne fit rien de bon. Il voulut

peindre le portrait d'Isabelle de Fresne; mais c'était une œuvre au-dessus de ses forces. A peine ébauché, ce portrait lui rappelait en même temps Anne Breughel et Isabelle de Fresne; ces deux charmantes images étaient pour jamais enchaînées sous son regard.

Il chercha des distractions, craignant de devenir amoureux; il fit un voyage en France, il partit même pour l'Italie; mais à peine à Lyon, l'amour lui fit rebrousser chemin. A son retour, il trouva une lettre du conseiller qui se plaignait de son oubli :

« Venez, monsieur, nos paysans eux-mêmes sont en souci
« de voir leur seigneur, et ma fille Isabelle trouve que ce n'est
« pas assez de prendre une seule leçon de peinture, même d'un
« maître tel que vous. »

Téniers retourna en son château à toute aventure, ne sachant s'il était plus heureux pour lui de fuir Isabelle que de la voir sans cesse.

Par hasard sans doute, la jeune fille avait depuis peu pour suivante une des caméristes d'Anne de Breughel; ce fut une autre illusion pour le pauvre Téniers, qui en la rencontrant voulait toujours lui demander si sa femme était à la promenade sur l'étang ou dans la prairie.

Cette fille, par habitude sans doute, habillait sa nouvelle maîtresse comme l'ancienne : c'était la même coiffure, la même plume au chapeau, les mêmes dentelles, les mêmes couleurs. Téniers s'imaginait souvent rêver à la vue de ce souvenir vivant, si doux et si triste.

Plus d'une fois, en baisant la main d'Isabelle de Fresne, il croyait ressaisir son bonheur passé; chaque jour, il découvrait de nouvelles ressemblances; hier, c'était la main; aujourd'hui c'est le pied, demain elle chantera, et il s'écriera avec transport : « C'est Anne qui chante. »

Jamais l'illusion n'a été si puissante : il faillit devenir fou.

A certaines heures, il s'éloignait en toute hâte du château, dans la crainte de ne plus pouvoir maîtriser son cœur.

« Qu'avez-vous donc, mon hôte? lui demandait le conseiller, frappé de ses distractions inquiètes; est-ce que notre façon de vivre ne vous plaît pas? Votre mine ne fait pas honneur à notre maître-d'hôtel.

—Je veux rouvrir une porte qui s'est fermée à jamais, » répondit Téniers.

Un soir, après le coucher du soleil, comme il était assis au bord de l'étang, secouant du pied les roseaux, évoquant les gracieuses images du souvenir, Isabelle de Fresne et sa suivante vinrent à passer dans la nacelle. Grâce à la nuit tombante qui jetait un voile léger, grâce à sa rêverie nuageuse, grâce à un grand chien qui suivait la nacelle à la nage comme au beau temps, Téniers ne fut plus maître de lui. La nacelle touchait les roseaux, il s'y élança tout éperdu.

« Anne, Anne! s'écria-t-il. — Isabelle, pardonnez-moi, reprit-il aussitôt en tombant agenouillé aux pieds de la jeune fille.

—Eh bien! oui, Anne Breughel, si vous voulez, » lui dit-elle avec entraînement.

Isabelle, un peu romanesque, avait aimé Téniers; touchée de ses regrets pour Anne Breughel, elle avait entrepris de les adoucir, en arrivant peu à peu, à force d'illusions, à prendre la place de cette femme adorée.

Trois semaines après, Téniers épousa Isabelle de Fresne, la fille du conseiller.

Il revint habiter le château des Trois-Tours et reprit la façon de vivre de son meilleur temps. Isabelle de Fresne, séduite par son génie rustique et ses nobles manières, lui fut dévouée jusqu'à la passion.

Elle savait qu'elle lui rappelait sa première femme; loin de s'en plaindre et de s'en irriter, elle avait pris peu à peu les habitudes d'Anne Breughel, avec cet héroïsme de l'amour qui s'enorgueillit de ses lâchetés. Aussi Téniers, ravi d'avoir retrouvé une si brave femme, l'aimait pour elle et pour Anne Breughel.

Mais à peine avait-il remis le pied dans le paradis qu'il en fut exilé pour jamais. Isabelle de Fresne mourut à vingt-deux ans.

« Hélas ! disait souvent David Téniers, on ne retourne pas la page du bonheur. »

XXXI

TABLEAU DU CORRÉGE

Il est un tableau du Corrége
Que j'ai vu naguère à Milan ;
Je disais : « Que ne donnerai-je
Pour le revoir une fois l'an ! »

C'est la Mère de Dieu qui joue
Avec son doux enfant Jésus.
Qu'il est joli ! Comme sa joue
Fleurit sous les baisers reçus !

Il lève ses petits doigts roses
Jusque sur le sein virginal ;
On dirait un bouquet de roses
Tombé du brouillard matinal.

Ce tableau qui ravit mon âme,
Ce chef-d'œuvre où j'ai tant rêvé,
Chez moi, grâce à vous, douce femme,
Au coin du feu je l'ai trouvé.

XXXII

LES CENT VERS DORÉS DE LA SCIENCE

J'ai tout vu : la luxuriance
M'a couronné dans mes vingt ans;
Mais je cherche encor la SCIENCE
Sous l'arbre aux rameaux irritants.

Des visions du vieil Homère
J'ai peuplé tous les Alhambras.
—Païenne ou biblique chimère,
Vous m'avez brisé dans vos bras!

Pour m'enivrer, je l'ai saisie,
La coupe d'or, aux mains d'Hébé!
Mais, de mes yeux, dans l'ambroisie,
Ah! que de larmes ont tombé!

Souvent envolé sur un rêve,
Rouvrant le Paradis perdu,
Sous l'arbre j'ai surpris mon Ève,
Rêveuse après avoir mordu.

J'ai, dans ma jeunesse irisée,
Vécu comme un aérien,
Poursuivant ma blanche épousée
Au contour euphranorien ;

Fuyant la vision brûlante
Que je recherche tant depuis,
J'ai saisi toute ruisselante
La vérité sortant du puits.

J'ai vu Rachel à la fontaine,
Judith, Suzanne et Dalilah ;
J'ai surpris la Samaritaine
A l'heure où Dieu la consola.

Madeleine la pécheresse,
Avec passion je l'aimai !
Et Diane la chasseresse
D'un vert amour du mois de mai.

Diane, je me suis fait pâtre
Pour voir tes pieds nus sur le thym !
D'Aspasie et de Cléopâtre
J'ai rallumé le cœur éteint.

J'ai lu les pages savoureuses
Du beau roman vénitien
Dans le regard des amoureuses
De Giorgione et Titien.

J'ai trouvé la cythéréenne
Dorée au flanc comme un raisin,
Et la pâle hyperboréenne
Ciel dans les yeux et neige au sein.

Ouïssant chanter les sirènes,
J'ai couru cent fois l'archipel;
Mais, dans le pays des Hellènes
Nul ne répond à mon appel.

Vainement je me passionne
Pour la sagesse des anciens,
La Minerve de Sicyone
Garde leurs secrets et les siens.

O mon esprit! quand tu t'enivres,
Mon cœur est toujours étouffé,
Comme la science en ces livres
Dont j'ai fait un auto-da-fé.

Dieux visibles et dieux occultes,
Du Paradis au Phlégéton,
J'interroge en vain tous les cultes
Depuis l'autel jusqu'au fronton.

Quand je suis avec les athées,
Je vois rayonner DIEU partout;
Et devant les marbres panthées
Je m'incline et j'adore TOUT.

J'ai reconnu l'autel antique
Avec Platon au Sunium;
Mais j'ai vu l'église gothique,
Et j'ai chanté le *Te Deum!*

Michel-Ange devant sa fresque
M'ouvre un ciel sombre et radieux;
Mais Phidias me prouve presque
Que tous ses marbres sont des dieux.

J'ai lu jusqu'aux hiéroglyphes;
J'ai couru jusqu'au Labrador;
J'ai, dans le jardin des califes,
Dérobé la tige aux fleurs d'or.

Sur les ailes du vieux Saturne,
J'ai cueilli tout fruit où l'on mord;
Mais je commence à sculpter l'urne
Où croissent les fleurs de la mort.

Rabbin, prophète, oracle, brahme,
Les sibylles de la forêt,
L'eau qui chante, le vent qui brame,
Ne m'ont jamais dit le SECRET.

La VÉRITÉ — la POÉSIE
Laissent mon cœur inapaisé,
Et devant le Sphinx de Mysie
Je vais, triste, pâle, brisé.

« Sphinx, révèle-moi le mystère!
Faut-il vivre au ciel éclatant
Avec son âme, — ou sur la terre
Avec son corps toujours flottant? »

Le Sphinx daigne m'ouvrir son livre
A la page de la raison :
C'EST DANS SA MAISON QU'IL FAUT VIVRE,
LA FENÊTRE SUR L'HORIZON.

MAISON, c'est mon corps. La joie
Y fleurit comme un pampre vert;
La FENÊTRE où le jour flamboie,
Ce sont mes yeux : le ciel ouvert!

XXXIII

LA CHANSON DU FAUNE

Elle est cassée, elle est cassée,
Ma cruche que j'aimais!
Pour moi toute joie est passée;
Elle est cassée!
Je n'y boirai plus jamais,
Jamais!

Qu'un funèbre cyprès s'incline sur ma tête.
O Jupiter! dis-moi si, le jour de ta fête,
Une cruche si belle était aux mains d'Hébé?
Ah! combien je maudis l'heure où je suis tombé!

Quand l'hamadryade légère
Toute palpitante accourait
Devant ma grotte bocagère,
A ma cruche elle s'enivrait.

LA CHANSON DU FAUNE

LA CHANSON DU FAUNE.

Un jour, — quel souvenir ! — je rêvais sous un arbre ;
En poursuivant un cerf, Diane aux pieds de marbre
Me demanda ma cruche et la vida d'un trait.
Ah ! comme j'ai suivi ses pas dans la forêt !

    Elle est cassée, elle est cassée,
       Ma cruche que j'aimais !
    Pour moi toute joie est passée ;
       Elle est cassée !
    Je n'y boirai plus jamais,
       Jamais !

Apollon sur ma cruche avait gravé l'histoire
De Pan, qui dans ses bras, cherchant une victoire,
Vit en roseaux chanteurs se métamorphoser
La nymphe Ea fuyant ainsi l'ardent baiser.

    Mais Pan, enivré par la lutte,
    Sous ses dents coupa des roseaux
    Dont il fit soudain une flûte
    Qui chanta comme les oiseaux.

Pan joua tristement, aux rives solitaires,
Un chant voluptueux, si doux, que les panthères,
Les lions indomptés, se déchirant entre eux,
En rugirent d'amour dans les bois ténébreux.

    Elle est cassée, elle est cassée,
       Ma cruche que j'aimais !
    Pour moi toute joie est passée ;
       Elle est cassée !
    Je n'y boirai plus jamais,
       Jamais !

Sur ma cruche on voyait, dans un chœur de dryades,
Le fils de Sémélé qu'ont bercé les Hyades ;
A ses pieds sommeillait un tigre tacheté ;
Désarmés, les Amours jouaient à son côté.

Les dryades, troupe bruyante,
Dansaient en voilant leurs seins nus
De leur chevelure ondoyante
Parfumée au bain de Vénus.

Et Bacchus, étendu sur des feuilles d'acanthe,
Ouvrait sa lèvre rouge à la jeune bacchante,
Qui pressait sous ses doigts une grappe aux cent grains.
—Faune, finiras-tu de chanter tes chagrins?

XXXIV

LA MAITRESSE DU TITIEN

O fille de Palma ! Violante adorée,
Poëme que Titien jusqu'à sa mort chanta,
Œuvre folle de Dieu par le soleil dorée
Comme un pampre lascif qu'arrose la Brenta !

Fleur de la volupté, splendide Violante,
Ton nom vient agiter le corps avant le cœur,
Tu soulèves l'amour sur ta lèvre brûlante,
Où les pâles désirs s'abattent tous en chœur.

O fille de l'Antique et de la Renaissance,
Espoir des dieux nouveaux, rappel des dieux anciens,
Païenne par l'éclat et la magnificence,
Histoire en style d'or des cœurs vénitiens,

Sur le marbre un peu blond de ton épaule altière,
Que j'aime tes cheveux à longs flots répandus !
Dans ces spirales d'or que baigne la lumière,
Que de fois en un jour mes yeux se sont perdus !

Palma faisait de toi sa plus pure madone,
La vierge de quinze ans t'adore en ses portraits;
Titien faisait de toi Madeleine qui donne,
Qui donne à ses amants ses visibles attraits.

O femme, tour à tour chaste comme Suzanne
Et faible comme Hélène, — Idéal, Vérité, —
Viens me dire pourquoi, divine courtisane,
Pourquoi Dieu t'a donné cette ardente beauté.

C'est qu'il faut que le cœur à l'esprit s'harmonise;
Titien cherchait encor les sentiers inconnus :
Pour qu'il eût du génie, ô fille de Venise!
Tu sortis de la mer comme une autre Vénus.

Dans tes yeux noirs et doux sa gloire se reflète;
Car cet or qu'on croirait au soleil dérobé,
Ces prismes, ces rayons, ces fleurs de sa palette,
Par un enchantement, de tes mains ont tombé.

Oui, grâce à toi, Titien réalisa son rêve :
Sans l'amour à quoi bon les splendeurs de l'autel?
Dieu commence l'artiste et la femme l'achève :
C'est par la passion qu'on devient immortel.

XXXV

FRESQUE DE POMPEIA

On voit déjà flotter les vapeurs matinales,
L'aube a teint l'Orient de couleurs virginales;
La déesse aux yeux fiers est debout sur l'autel,
Portant le diadème à son front immortel.
On voit étinceler au gré du statuaire
La pierre sélénite au fond du sanctuaire.
Déjà le sacrifice inonde les bassins;
Sous le voile d'Isis, on entrevoit les seins
Fécondants de Junon dont le regard s'allume,
Ces chastes seins plus doux que la neige et la plume!
Elle a le sceptre d'or surmonté d'un coucou,
Un collier de grenade étincelle à son cou,
Elle touche du pied la queue épanouie
Du paon, son cher oiseau dont elle est éblouie.

Les époux, couronnés de myrtes, à pas lents
Viennent s'agenouiller au bord des marbres blancs,
Effeuillant pour Junon le pavot et la rose;
Cependant qu'au parvis l'Hymen au front morose
Allume les parfums et verse un vin pourpré.
Mais que voit-on dans l'ombre, au fond du bois sacré,
Où mollement Zéphyr se balance et murmure?
De beaux groupes d'amants, voilés par la ramure,
Vont chantant que Junon fut jalouse toujours;
Que l'Hymen ne sait pas moissonner tous les jours;
Qu'incessamment Éros couronne la plus belle,
Et pour autel ne veut que le sein de Cybèle.

XXXVI

LA SOURCE

I

Elle se nommait Mœra, la blonde et blanche fille d'Halirrhoé, reine des nymphes de la mer. Son berceau, c'était la vague amoureuse, qui la portait sans secousse jusqu'au rivage.

Quand le quinzième printemps vint saluer son front sur la mer Ionienne, Jupiter descendit de l'Olympe pour soulever sa tunique flottante.

Elle vint sur le rivage secouer sur le sable les perles de ses pieds d'argent. Jupiter, sous la figure d'un jeune mortel, s'agenouilla pour baiser le sable frémissant tout baigné de rosée.

II

Mais Mœra, indignée d'être surprise, s'enveloppa dans sa virginité et se précipita dans la mer. Jupiter la suivit comme un nuage sur l'eau : « Je suis le roi des dieux. L'Olympe est mon trône, le monde est mon royaume. Je vis d'ambroisie et d'amour. Hébé me verse l'ambroisie dans une coupe d'or; Mœra me versera l'amour par une bouche de roses. »

Mais Mœra fuyait toujours. Quand Jupiter la voulait saisir, elle lui versait d'une main outragée l'onde amère sur les lèvres.

III

En vain le roi des dieux lui parle avec passion du bois sacré de l'Ida, où les nymphes chantent les joies amoureuses, au battement d'ailes des blanches colombes de Vénus.

Quand Jupiter au front majestueux n'aime pas, il se venge. Il saisit avec violence Mœra aux pieds d'argent, et l'emporte dans le vol d'un aigle au sommet du mont Ida, que couronne la neige aimée de Diane.

« Puisque ce beau sein couvre un cœur de marbre, lui dit Jupiter en courroux, je te condamne à vivre éternellement dans cette neige, moins glacée que toi. »

IV

Il dit et retourne dans l'Olympe, tout radieux de vengeance. Mœra pleura sa mère et ses compagnes de la mer Ionienne. Peu à peu elle s'enfonça dans la neige, comme dans une robe immaculée, avec un frémissement de joie et de pudeur.

Mais peu à peu la neige fondit et coula de ses cheveux épars, de son sein arrondi, de ses hanches savoureuses.

Zéphire vint à elle, et sema sur la route la rose aux vertes épines, la violette au doux parfum, l'hyacinthe aux fraîches couleurs, le narcisse qui se regarde dans la rosée.

V

Comme dans le bois sacré où Diane se baigne avec mystère sous les sombres arcades, des branches ténébreuses s'élevèrent au-dessus d'elle. Jamais retraite aimée des nymphes bocagères ne fut plus fraîche et plus odorante.

Diane et le chœur des chasseresses s'y vinrent rafraîchir après la course matinale. Diane baisa d'un chaste baiser le front rêveur de la Source.

Tous les bergers qui conduisent leurs génisses enjouées au pied du mont vinrent pieusement à la Source avec leurs cruches de grès. Mœra leur versait l'eau la plus pure qui ait coulé sur la terre.

Et, tout en emplissant leurs cruches, elle leur chantait son hymne par la voix poétique des flots et des vents :

CHANSON DE LA SOURCE

N'aimez pas, bergers du mont Ida. L'amour est une folie furieuse qui nous égare jusqu'aux ténèbres des bêtes féroces.

N'aimez pas, si vous voulez préserver vos yeux des larmes qui brûlent comme la forge de Vulcain. Diane à l'arc d'argent me l'a dit en buvant les perles de mon sein glacial.

N'aimez pas, si vous voulez reposer en paix dans la prairie ombragée en défiant toutes les vipères de la jalousie.

N'aimez pas; Diane aux flèches d'or, souveraine des forêts profondes, est plus belle que Vénus, fille de Jupiter et mère de Cupidon.

VI

Et, quand la Source avait ainsi chanté, les bergers du mont Ida se dispersaient, tout en plaignant Mœra de n'avoir pas aimé; car elle était si belle, les pieds dans la neige et la gorge ruisselante !

XXXVII

DIANE CHASSERESSE

O fille de Latone ! idéale habitante
Des halliers où jamais ne passent les hivers,
Blanche sœur d'Apollon à la lyre éclatante,
Diane aux flèches d'or, inspire-moi des vers.

Je les veux suivre encor, tes nymphes égarées,
Dans les bois ténébreux où se perdent tes pas,
A la chasse, où toujours les biches effarées
T'implorent par leurs cris, mais ne t'arrêtent pas.

Si je te vois suspendre à la branche d'un arbre
Ton arc d'argent pour boire aux sources du rocher,
J'irai sur l'herbe en fleur baiser tes pieds de marbre,
Chasseresse à l'œil fier, que nul n'ose approcher !

Quand les Muses viendront, chevelures flottantes,
Chanter Phébus leur maître et Diane sa sœur ;
Quand tu commanderas les danses haletantes,
Moi, je te parlerai tout bas du beau chasseur :

Le doux Thessalien, Endymion le pâtre,
Qui couronne son front de tes pâleurs, Phébé,
Qui t'attend tous les soirs, le sauvage idolâtre,
Depuis que ton amour sur son cœur est tombé.

Plus altérée alors, tu boiras à la source,
Diane, vierge altière, insoumise à Vénus ;
Pour fuir dans les forêts tu reprendras ta course,
Et permettras aux vents de baiser tes seins nus.

XXXVIII

LES DEUX FILLES DE DIEU

I

Dieu, s'appuyant sur le nuage, dit au vent qui passait :

J'avais deux filles belles comme les roses, blanches comme la neige; elles me suivaient jour et nuit dans le royaume du ciel, le royaume d'or, de pourpre et d'azur;

Elles savaient ma science et vivaient de ma vie;

Un soir que nous regardions la terre en respirant l'arome des forêts et la fière saveur des montagnes sauvages,

L'une d'elles me dit, voyant une mariée essayant ses bracelets d'or fin la veille de ses noces :

—Mon père, je m'ennuie au ciel; je veux descendre sur la terre, et m'y marier comme toutes ces belles filles qui ont le sourire du soleil.

—Allez, ma fille, vous voulez lire un mauvais livre; quand vous l'aurez lu, revenez à moi.

Elle partit. Elle ouvrit ses ailes de lis et vola sur la terre en chantant la chanson couleur du temps.

A peine seule, sa sœur voulut partir aussi. Elle avait vu là-bas, dans un parc tout épanoui de la gaieté des roses, une jeune mère qui jouait avec ses enfants.

Je ne lui dis qu'un seul mot : « ADIEU ! »

II

Où sont-elles allées, mes deux filles bien-aimées ?

Elles sont allées sur la terre, où j'ai semé l'amour et où fleurit la haine dans l'amour comme l'ivraie dans le froment.

La première s'est mariée à un maître brutal qui la flagelle à toute heure. C'est un des riches de la terre; il la condamne à compter son or, sans lui laisser le temps de penser à moi.

Elle a des enfants, mais elle ne les nourrit pas de son lait.

Elle passe ses jours sans voir le ciel et les nuits à pleurer.

Son maître la tourmente de son ennui et de sa passion; il ne l'aime qu'à ses heures.

Il la conduit chez le roi; mais là, pas une fenêtre qui s'ouvre sur le ciel.

La pauvre fille! qu'a-t-elle fait de ses ailes de neige ?

Tous les jours, elle laisse tomber une plume aux pieds de son maître. Peu à peu elle oubliera son origine, et ne montera plus au ciel dans ses rêves.

Elle s'oublie dans les larmes et dans l'esclavage. Elle suit son maître partout où il veut aller, même au banquet des enfants prodigues.

L'horizon pour elle se restreint de jour en jour; la nuit se fait autour d'elle. Au lieu d'un rayon de soleil, ce n'est plus qu'une lueur de ver luisant.

O ma fille! où es-tu ?

III

L'autre s'est mariée à un pauvre forgeron ; un beau forgeron qui aiguise la charrue du laboureur et courbe la faucille de la moissonneuse ;

Un beau forgeron aux bras de fer, qui aime l'odeur de la forge et chante au point du jour la chanson du travail ;

Un beau forgeron aux cheveux hérissés, qui ferre le cheval de la meunière et celui de la marquise, le cheval paresseux qui va de porte en porte, et le cheval impatient qui piaffe et qui hennit ;

Un beau forgeron, qui trempe de fin acier la serpette de la vendangeuse, la blonde vendangeuse qui égrène la grappe d'or sur ses lèvres de pourpre.

Dès que ma seconde fille a été l'âme de la maison, elle a appris au forgeron les joies sacrées de la nature ;

Elle lui dit la chanson des fleurs, la chanson de la moisson, la chanson de la vendange ;

La symphonie de la neige et du givre quand le bûcheron, avec sa hache forgée à la forge, va frapper les vieux arbres de la forêt ;

Le chant du grillon dans la haute cheminée rustique, quand la ménagère jette sa quenouille sur le lit pour donner son sein au nouveau-né.

Avant qu'elle vînt à lui, le forgeron allait au cabaret le dimanche et le lundi, croyant que sa vraie richesse, c'était la folie du vin.

Il va encore au cabaret le dimanche pour avoir des amis ; mais il a reconnu qu'après la sainte folie de l'amour, la vraie richesse, c'est la conquête de la pensée.

Avec la pensée, le monde est ouvert, le siècle qui passe comme les siècles qui ont été, l'horizon de la terre comme les espaces du ciel.

Il bénit sa femme et la traite en princesse.

Dans sa reconnaissance, il me remercie moi-même, quand il va à la messe et chante le plain-chant.

Il me remercie à sa forge, quand il chante la chanson du forgeron, tout en regardant par la fenêtre sa femme qui joue sur l'herbe avec ses enfants.

IV

Ainsi dit Dieu au vent qui passait Et le vent, quand il vint vers moi, me redit cette histoire des deux filles de Dieu.

Ces deux filles de Dieu, c'étaient deux âmes.

Celle qui était descendue dans le corps du banquier avait perdu le ciel et s'était perdue elle-même en s'enfonçant dans le bourbier des joies humaines.

Celle qui s'était prise au forgeron n'avait pas quitté le ciel de vue ; elle avait été la poésie vivante de ce corps robuste.

La première s'était ensevelie dans un tombeau dont elle n'était que la lampe sépulcrale.

La seconde, comme une flamme céleste, avait envahi le trépied d'argile pour l'inonder de lumière.

XXXIX

LE ROMAN DE RAOUL ET GABRIELLE

I

Depuis que les romanciers ont pénétré dans le labyrinthe de la passion contemporaine avec le fil d'Ariane, ils se sont perdus et retrouvés tant de fois, qu'en vérité on ne rencontre plus un coin inconnu. La forêt vierge a été profanée sous chaque ramure. Pas une violette cachée qui n'ait été découverte et cueillie pour embaumer quelque page romanesque.

Le roman n'est plus là. Il faut laisser à la destinée le temps d'écrire encore dans les cœurs; il faut que la passion se révèle sous une autre forme, car la passion change de masque à chaque génération. Qu'il y a loin de la Régence à l'hôtel Rambouillet, de Jean-Jacques à Voltaire, des bergères de Boucher aux nymphes de Prudhon! En attendant cette métamorphose, voyageons dans le passé, arrêtons-nous une heure dans ce roman touffu où chantent l'amour et la poésie du douzième siècle, le roman de Raoul et de Gabrielle, un roman qui s'est fait tout seul, et qui

GABRIELLE DE VERGIES

est encore, n'en déplaise à l'ombre de Bernardin de Saint-Pierre, le plus beau de la littérature française, à part celui de l'abbé Prevost.

Ce roman est écrit mot à mot dans les poésies du héros et de l'héroïne, dans la tradition et dans les miniatures du temps, point du tout dans le drame de du Belloy. J'écris ceci sur la haute tour de Coucy, en évoquant les fantômes du passé.

Le château de Gabrielle a disparu, mais la tour de Coucy est encore debout, fière, mystérieuse, gigantesque. Les monuments de l'art gothique n'ont pas, comme ceux de l'antiquité, une rose vermeille de jeunesse. On y respire l'odeur du sépulcre; ils parlent avec éloquence du ciel qui nous couronne : mais, pour en montrer le chemin, ils indiquent la sombre voie du tombeau.

La tour de Coucy, élevée sur une montagne qui domine la Vallée d'Or, est une des pages les plus éloquentes de l'histoire de France. On dirait un vieux roi de la première race, couronne au front, debout sur un trône imposant. C'est une ruine si majestueuse, que l'idée n'est venue à personne de l'utiliser, dans un siècle où les utilitaires ont tout envahi. On la respecte comme un temple formidable, dont l'autel est renversé, mais dont le dieu vit encore. La fondation du château date de 880. Un archevêque de Reims en posa la première pierre. Charles le Simple y fut enfermé en 929. L'histoire commence par la prison. Le château passa des mains du comte de Vermandois dans celles des comtes de Senlis, bientôt dans celles de Hugues, comte de Paris, enfin dans celles de Thibaut, comte de Champagne ; mais c'est sur la souche des comtes de Vermandois que fut greffée cette puissante famille des sires de Coucy : *Roy ne suis, ne prince, ne duc, ne comte aussi, je suis le sire de Coucy*. Celui qui avait adopté cette fière devise aspirait au trône de France; un autre Coucy disputa la couronne à l'Autriche; un troisième prit le titre de *sire de Coucy, par la grâce de Dieu*.

Et, en effet, les sires de Coucy étaient rois sur leurs terres, et quelquefois sur celles de leurs voisins. Ainsi Enguerrand Ier, dans ses excursions vaillantes ou seulement aventureuses, rencontra à Château-Porcien la belle comtesse Sibylle, célèbre par le nombre de ses amants. Elle venait d'épouser le seigneur de Namur, mais il était parti pour la guerre. Enguerrand enleva, sans trop de violence, Sibylle, et l'épousa devant Dieu et devant les hommes, en attendant que l'autre fût revenu de la guerre. L'Église se disposa à lancer ses foudres sacrées, *mais c'était un sire de Coucy!*

Le premier mari déclara la guerre à Enguerrand. Ce fut une guerre d'extermination. On coupait les pieds aux prisonniers, et on leur disait : « Allez, vous êtes libres. » Les plus privilégiés étaient pendus et mouraient en prononçant le doux nom de Sibylle. Enfin la guerre cessa, parce que Sibylle trompa ses deux maris. Cet Enguerrand était père du célèbre Thomas de Marle, « qui comptait sur ses doigts ses crimes de la veille » comme prière du matin.

II

C'est au milieu de cette rude époque que nous voyons se détacher, toute radieuse, dans l'auréole de la jeunesse et de l'amour, la figure de Raoul de Coucy.

C'était le temps des tournois et des ménestrels; on se reposait des guerres religieuses et barbares dans toutes les délicatesses de la galanterie. Raoul de Coucy vit dans un tournoi Gabrielle de Vergies; elle était belle entre les plus belles; vingt printemps avaient couronné son front de roses et de lis; mais sa blanche main, qui, selon les vers du temps, n'eût pas rougi dans la neige, elle l'avait donnée à Eudes, seigneur de Fayel, qui n'était ni un guerrier ni un poëte, mais un rustique chasseur, amoureux des forêts.

Dans ce tournoi, Raoul ne parla à Gabrielle que par ses yeux passionnés. Elle eut l'air de ne pas comprendre; pourtant, quand elle monta sur son palefroi sur l'ordre du seigneur de Fayel, elle laissa tomber sur Raoul un regard qui l'éblouit et l'enivra.

Raoul, de retour à Coucy, y trouva un ménestrel qui courait la province, un de ces extravagants poëtes, sans feu ni lieu, qui mettaient leur poésie au service de ceux qui n'en avaient pas. Jusque-là, Raoul n'avait pas écrit un vers : ce fut l'amour qui lui ouvrit le sanctuaire de la poésie.

Quand il eut soupé en compagnie du ménestrel, il lui raconta sa vision toute céleste au tournoi. Le ménestrel était, comme ses pareils, grand coureur d'aventures, et recherchait sans peur le péril des galantes entreprises. Il dit à Raoul : « Si vous n'osez aller vous-même chez le sire de Fayel dire à sa femme que vous mourez d'amour pour elle, je vais partir en votre nom et je lui chanterai à la barbe de son mari le lai le plus tendre que jamais amoureuse ait entendu. »

Raoul consentit à prendre le ménestrel pour ambassadeur; mais le ménestrel partit et ne revint pas, n'osant reparaître aux yeux de Raoul, après avoir été mal accueilli au château de Fayel.

Raoul, cependant, aguerri par sa passion, se décide à aller lui-même chanter les joies et la tristesse de son cœur au château de Gabrielle. Il monte à cheval et se met en route dans le charme des visions amoureuses.

Il arrive au château, effrayé des battements de son cœur. On l'introduit dans une grande salle aux noires solives, où étaient appendus des trophées de chasse. Gabrielle était seule dans l'ogive de la fenêtre, regardant par les vitres encadrées d'arabesques les nuages fuyant dans le ciel. Raoul mit un genou sur la dalle, alla s'asseoir devant Gabrielle, et la contempla en silence.

Elle était si belle avec ses cheveux retenus par un cercle d'or et sa robe aux banderoles flottantes, qu'il était tout yeux et ne pouvait trouver un mot à dire.

> Gabrielle était si parfaite,
> Que Dieu pour aimer l'avait faite.

J'ai sous les yeux la vieille miniature qui représente Raoul et Gabrielle à cette éloquente entrevue. Il est chaussé de mules pointues, comme l'empereur de Chine. Il est armé d'un coutelas, dont le manche d'ivoire est en forme de cœur : charmant bijou de l'époque. Cela veut dire : « Vivre avec vous, ou mourir sans vous. » Il a un collier d'argent à demi caché par une longue barbe et de longs cheveux. Il lève la main comme un point d'admiration devant Gabrielle. La châtelaine de Fayel semble attendre qu'il s'explique.

Enfin, elle alla au-devant de sa confession par ces paroles si naïvement engageantes : « Messire de Fayel est au bois depuis hier matin. »

Raoul, enhardi, se mit à chanter : « Jamais mes yeux ne furent assouvis de regarder sa face douce et tendre, ses blanches mains, ses doigts effilés qui font éprendre d'amour, ni ses beaux bras, ni son gentil corps souple comme un roseau qui ondoie au vent, ni ses cheveux blonds comme la gerbe en août ; toutes les beautés qui resplendissent dans les autres sont réunies en elle. »

Il ne s'arrêta pas à cette strophe : dans la seconde, sans doute, il s'enhardit trop, car soudainement la dame de Fayel lui rappela qu'elle était engagée dans le fort lien du mariage.

Cependant Raoul fut retenu au souper ; mais il ne put ni boire ni manger. « Mangez donc, lui disait malicieusement la dame de Fayel ; je vous en prie par la foi que vous me jurez. Faites un peu meilleure figure. — Hélas ! je suis trop amoureux. — Je ne m'afflige pas de vos chagrins, seigneur Raoul, car on m'a dit que chagrin d'amour ne durait qu'une saison. »

Le chasseur rentra comme ils étaient à table. Il ne pensa pas à s'alarmer de la visite du sire de Coucy; il lui dit qu'il serait toujours le bienvenu sous son toit. Il raconta avec un naïf orgueil toutes ses prouesses de chasse. Il promit à Raoul de conduire un jour sa meute dans les bois de Coucy.

Quelques jours après, Raoul revint à Fayel. Cette fois, Gabrielle essuya les larmes de son amant. Toutefois, elle lui dit que tout ce qu'elle pouvait faire pour lui serait de pleurer avec lui, mais qu'elle ne trahirait pas la foi jurée.

Raoul revint encore, toujours plus amoureux, toujours plus suppliant. Il trouvait le plus souvent Gabrielle seule; il la quittait à l'heure où rentrait le sire de Fayel. Maintes fois il lui parla de l'enlever pour la conduire en Champagne, en l'un de ses châteaux, qui serait pour eux le paradis terrestre. A ces paroles, elle s'indignait toujours et menaçait de lui fermer sa porte. Mais Raoul avait trop vaillamment combattu et avait fait trop de brèches pour s'arrêter en chemin. « Je ne vous ai jamais vue, lui dit-il, qu'à la lumière du jour ou à la lumière des lampes d'argent; je veux vous voir, ma belle châtelaine, à la lumière amoureuse de la lune et des étoiles. — Moi, je vous y vois tous les soirs, répondit Gabrielle de sa voix si douce; quand la lune se lève, je descends dans ces parterres, et votre chère figure m'apparaît comme une vision sous tous les arbres où je passe. Plus d'une fois, vous le dirai-je? il m'est arrivé de sortir par la tourelle qui regarde vers Coucy, et de marcher une heure, comme si j'allais à votre rencontre; je sais bien que vous ne viendrez pas, mais je suis heureuse comme si vous deviez venir. »

Raoul ne dit pas qu'il viendrait, mais il vint.

La première nuit, Gabrielle ne sortit point de la tour; mais la seconde, Raoul, appuyé sur la porte, entendit le bruit de la clef dans la serrure. Elle ouvrit; d'une main il saisit la main de Gabrielle, de l'autre il saisit la clef. « Puisque aussi bien j'ai celle de votre cœur, pourquoi n'aurais-je pas celle de votre château? »

Toute une saison se passa pour eux en rendez-vous nocturnes. Jamais la lune n'avait vu de ses yeux mélancoliques des amoureux si passionnés : ils ne se voyaient qu'une heure, mais pour eux, tout le jour et la nuit, c'était cette heure-là.

Cependant Raoul, qui naguère encore était le beau chevalier partout renommé, ne voyait plus ses amis, n'allait plus aux tournois, ni aux fêtes des châtelains. Vainement une de ses voisines, ennuyée de sa solitude, tenta de l'appeler à elle et de l'emparadiser dans son château. Il se laissa prendre d'abord, car la dame était jolie; mais l'image de Gabrielle triompha. La châtelaine dédaignée dit à Raoul qu'elle se vengerait. « Je sais, lui dit-elle, pourquoi vous ne me voyez pas quand je suis devant vous, c'est que vous aimez Gabrielle de Vergies; mais prenez garde, le seigneur de Fayel est mon cousin. »

Raoul ne prit point garde; il alla, selon sa coutume, au château de Fayel. Il prit la clef et ouvrit la porte de la tourelle; mais, s'étant aventuré dans l'ombre, il saisit une main qui n'était pas celle de son amante. « Je suis trahi, s'écrie-t-il; à moi mon coutelas! » Il avait reconnu le sire de Fayel.

Il y eut un combat à outrance. Le sire de Fayel avait du renfort, mais Raoul combattait pour revoir Gabrielle. Toutefois, si Gabrielle ne fût arrivée dans la tourelle, forte par l'amour même dans l'épouvante, c'en était fait de son amant. Les femmes de cette époque amoureuse et barbare ne se contentaient pas de tomber à genoux et de pleurer. Elles étaient vaillantes dans la passion et dans le danger.

III

Six semaines se passent. Voyez-vous là-bas dans la vallée, à travers les saules, le toit jaune et la cheminée rouge de ce petit moulin babillard qui tourne le jour et la nuit? Depuis hier, on y trouve un gentil meunier qui se nomme Raoul et qui chante tristement un lai d'amour; il est vêtu de toile et couvert de farine; mais, sous la toile et sous la farine, on voit bien que ce gentil meunier n'a point passé sa jeunesse à moudre du blé. Pourquoi Raoul de Coucy est-il donc venu là? Est-ce qu'il s'est épris soudainement de la meunière?

Depuis six semaines qu'est devenue Gabrielle? Le sire de Fayel a mis son château en état de siége. Sa femme a pleuré, mais sans montrer ses larmes. « Eh bien! lui dit-il un jour, est-ce que vous pensez encore au sire de Coucy?—Depuis si longtemps que je ne l'ai vu, comment voulez-vous que je ne l'aie point oublié? Je ne vous demande qu'une chose, seigneur de Fayel, c'est d'empêcher que je ne meure d'ennui; donnez-moi quelques distractions. Ainsi, pourquoi ne vous accompagnerais je pas à la chasse? »

Le sire de Fayel aimait sa femme comme tous les Sganarelle du moyen âge et d'aujourd'hui. Il lui permit de l'accompagner dans les bois. Après trois ou quatre promenades, elle avait trouvé le moyen d'envoyer prévenir le sire de Coucy qu'elle serait le dimanche au moulin du Gué, ce qui explique la métamorphose de Raoul. Mais comment ira-t-elle au moulin du Gué, cette amante passionnée qui en remontrerait aux héroïnes de George Sand?

Le dimanche, elle a entendu la messe dans la chapelle du château. Le chapelain lui a donné sa bénédiction; elle supplie le sire de Fayel de monter à cheval et de l'accompagner dans le vallon pour aller entendre les chansons des moissonneurs.

Elle l'entraîne vers le gué du moulin, lui disant que jamais elle ne s'était sentie si heureuse qu'en cette promenade. Arrivée au gué, elle lance son cheval et se précipite elle-même en pleine eau. Le sire de Fayel se jette après elle, la soulève et l'entraîne sur la rive. « Et maintenant, lui dit-il, que vais-je faire de vous en ce piteux état? — Je suis plus morte que vive. Mais n'entends-je pas le bruit d'un moulin? Portez-moi là, et courez au château me chercher d'autres habits.

Le jaloux sire de Fayel porta sa femme au moulin. Raoul était sur le seuil. « Mon brave homme, accordez pour une heure l'hospitalité à la dame de Fayel. Allumez-lui un bon feu; dites à votre femme de veiller sur elle et de lui ouvrir son lit. Je retourne au château pour revenir bientôt. »

Il partit. Faut-il dire que Raoul prit Gabriel dans ses bras et qu'il la sécha sous ses baisers?

Trouve-t-on dans les romans modernes des inventions plus hardies et des pages plus fraîches? C'est toute une suite de tableaux d'un accent pittoresque, d'une couleur vive et charmante.

Quand le sire de Fayel revint au moulin avec une robe, Gabrielle était couchée et ne voulait pas s'habiller; elle dit à son mari qu'elle était malade et qu'elle ne pourrait de longtemps retourner au château.

L'historien n'a pas raconté mot à mot toutes les jolies scènes de cette comédie. Ce moulin a été pour les deux amants un jardin d'Armide. L'amour a cela de beau, qu'il crée un paradis partout.

IV

Raoul et Gabrielle ne pouvaient pas toujours rester au moulin. Il y avait un vrai meunier et une vraie meunière qui s'ennuyaient de ne plus faire de farine. Et puis, celle que faisaient les deux amoureux n'était pas toujours d'or et de neige, dit la chronique, car plus d'une fois, en leurs ébattements joyeux, ils oubliaient d'engrainer à point. Ce fut pourtant au moulin, au bord des étangs, sous les saules verts du pré, dans la saveur rustique, qu'ils furent heureux à plein cœur. Ils avaient des sentinelles pour les avertir, par un air de chalumeau, quand le sire de Fayel venait au moulin, en allant à la chasse.

Gabrielle, surprise plus d'une fois dans le duvet de pêche de la santé, ne put persister à se dire malade. Le sire de Fayel donna un cheval au meunier pour avoir si bien gardé sa femme, et emmena enfin Gabrielle. Il apprit trop tard la comédie romanesque. Il se vengea en doublant les verrous. Gabrielle ne vit plus le ciel désormais que par sa fenêtre. Toutefois, après la fureur jalouse, le sire de Fayel lui permit d'aller par tout le château, espérant rentrer dans ses bonnes grâces. On ne sait si elle put écrire encore à Raoul, mais un soir sa chambrière lui dit : « Dame, entendez-vous le vent et la pluie? — Oui, j'entends le vent et la pluie. — Entendez-vous, dans le vent et la pluie, une voix qui pleure et qui chante? — Oui, car mon cœur bat plus haut, c'est mon seigneur de Coucy. — Dame, le sire de Fayel est revenu harassé de la chasse; il ne se réveillera pas avant le jour. — Berthe, ne me parlez pas ainsi. Donnez-moi mon missel. — Quoi! vous n'avez pas le cœur touché? le pauvre sire de Coucy va mourir à la porte. Dame, prenez mes habits, et allez dans la tour; si le sire de Fayel se réveille, je serai là dans votre lit. »

Gabrielle aimait les aventures, elle prit la jupe de la chambrière et alla ouvrir à Raoul. Si le mari se réveilla, qu'importe?

V

Toutes les ruses espagnoles étaient connues de Raoul et de Gabrielle. Un soir, un vieux pèlerin tout cassé, manteau en guenille, barbe de Juif-Errant, rosaire et croix de buis aux mains, se présente au château et y demande l'hospitalité.

Le sire de Fayel était à souper avec la châtelaine; il appelle le pèlerin et lui donne une place à sa table. « D'où venez-vous? — Du pays des passions. — Où allez-vous? — Au pays bleu tout étoilé. — Votre nom? — Je n'en ai plus. — Mon père, dit à son tour Gabrielle, vous avez la prescience? — Oui, car je suis un grand pécheur, j'ai hanté les sept péchés capitaux, fatal rosaire qu'on égrène dans sa vie avant d'entr'ouvrir avec sa foi les portes du ciel. — Mon père, vous avez entr'ouvert les portes du ciel? — Oui, noble dame, dans mon pèlerinage à Jérusalem. — Jérusalem! — Oui, j'ai rapporté de Jérusalem un lambeau du voile de la Vierge. »

Disant ces mots, le pèlerin prend sur son cœur un voile et l'offre à Gabrielle : « Si le sire châtelain y consent, je vous donnerai ce voile, noble dame, car nulle au monde n'est plus digne de le porter en cérémonie chrétienne. Pour toute grâce, octroyez-moi l'hospitalité pour faire une neuvaine en votre chapelle du château. — Nous serions trop heureux, dit Gabrielle avec empressement, qu'un si saint personnage répande ici le parfum de sa foi et l'encens de ses prières. »

Neuf jours encore, Raoul et Gabrielle rouvrirent leur roman aux pages les plus brûlantes.

Le sire de Fayel, ennuyé des oraisons du pèlerin, partait tous les matins pour la chasse et ne paraissait qu'au souper. Un soir, cependant, il les faillit surprendre. On ne l'avait pas entendu rentrer, la chambrière chantait et s'écoutait chanter; tout à coup le sire de Fayel apparut dans la chambre de Gabrielle; mais le pèlerin avait eu le temps de se jeter à genoux dans le prie-Dieu.

Gabrielle était en train de peigner ses beaux cheveux et d'y répandre des violettes : « Vous arrivez à temps, dit-elle au châtelain en cachant sa rougeur dans ses tresses blondes, car ce pauvre pèlerin finissait par m'endormir avec ses litanies. »

Le pèlerin prosterné se retourna : « Dame châtelaine, dit-il en s'inclinant devant le mari, un jour viendra où vous reconnaîtrez qu'il ne faut pas se faire belle que pour Dieu seul. — Et moi? dit d'une voix féodale le châtelain. — Dieu, le roi qui est l'image de Dieu, le châtelain qui est l'image du roi et de Dieu, voilà ce que je voulais dire, » murmura le pèlerin tout troublé.

Le mari impatienté alla conduire au chenil trois grands chiens familiers qui avaient leurs entrées dans les salles du château et qui gambadaient follement ou hurlaient après la curée.

Le pèlerin s'approcha de Gabrielle : « Adieu, mie ; adieu, mon cœur ; adieu, ma joie ; car je vois bien que nous sommes au bout de la neuvaine. — Demain seulement, dit Gabrielle suppliante. — Mais il y a ce soir neuf jours que je suis arrivé. — Le sire n'a pas compté, ni moi non plus. Est-ce que vous n'avez plus une seule oraison pour demain ? »

Raoul regarda passionnément Gabrielle : « Ne suis-je donc plus belle au bout de neuf jours ? »

Elle était si belle avec ses cheveux flottants semés de violettes, que Raoul, enivré, saisit cette folle chevelure d'une main agitée et la mordit de ses dents blanches avec frénésie. Il ramassa toutes les violettes et jura de les porter sur son cœur « *jusqu'au jour où mes lèvres les auront brûlées.* »

VI

Raoul partit pour la Terre-Sainte. Ils se revirent encore pour se dire adieu ; elle lui donna *un lacqs de soie moult bel et bien faict, et y avoit de ses cheveux ouvrés parmi la soie.* Elle lui donna en outre un anneau précieux qu'elle avait toujours gardé et qu'il jura de porter jusqu'à son dernier soupir. Que de larmes et que de baisers à ce dernier adieu, car la Terre-Sainte était loin de la France au moyen âge !

Voici le chant d'adieu de Raoul :

Amants, c'est à vous que je conte ma douleur. Il me faut aller outremer, il me faut quitter ma loyale amie. En la perdant, je n'ai plus le pied sur la terre où fleurissent les roses au renouveau. Ah ! si l'on meurt pour avoir le cœur déchiré, on n'entendra plus mes lais amoureux.

J'irai mourir si loin! Et elle ne sera pas là, quand je tomberai, pour soutenir mon front sanglant sur son sein de neige. Et elle ne sera pas là pour me dire ces doux propos, qu'elle seule sait dire sous le ciel.

O mon cœur, où voulez-vous aller? vous bondissez dans ma poitrine, comme la biche dans la forêt, atteinte par le chasseur. Le chasseur, c'est mon mauvais destin; c'est la mort qui m'envoie outre-mer. O mon cœur, allez à elle.

Comment, ô mon cœur, me restes-tu, quand Gabrielle s'est arrachée de mes bras! Chanson partie de mon cœur, allez à elle, allez lui dire que je pars pour le Seigneur, et que je reviendrai pour elle.

Dès son arrivée en Syrie, Raoul fut surnommé le chevalier aux grandes prouesses; il ne combattait son amour qu'à force de vaillance.

Ou bien il chantait encore pour bercer son cœur :

Quand souffle le doux vent qui vient du pays où se trouve celle que j'aime, je tourne mon visage de ce côté, il me semble que je le sens par-dessus mon manteau gris, le doux vent qui vient du pays où m'attend celle que j'aime. O souffle de Gabrielle, âme de sa bouche et de son cœur, n'est-ce pas toi qui m'arrives de si loin?

Cependant il voulait vivre pour la Sainte-Croix. Gabrielle se sentait mourir loin de lui. L'amour aussi l'avait faite poëte, elle composait des lais.

Je veux chanter pour réconforter mon cœur, car, malgré la perte cruelle que j'ai faite, je ne veux pas m'abandonner à la folie du désespoir. Je veux mourir, mais quand je l'aurai embrassé une fois encore, car, à ce dernier embrassement, je mourrai.

La passion de Raoul et de Gabrielle était tout à la fois tendre et furieuse, douce et sauvage; il lui envoyait non pas une tresse de cheveux, ni un collier d'ambre, ni un anneau d'or fin, mais sa chemise pour l'*embraiscier*. Ce verbe *embraiscier*, c'est le paradis et l'enfer. Francesca de Rimini n'a rien trouvé de plus ardent dans le poëme de Dante.

Raoul, après avoir envoyé sa chemise à Gabrielle, lui envoya son cœur.

Il y avait deux ans qu'il bravait tous les dangers en Syrie; il fut frappé *au côté, bien avant, d'un dard envenimé*, au siége d'Acre. Le roi d'Angleterre le prit dans ses bras avec respect et lui donna le baiser d'espérance. Mais le dard était empoisonné; Raoul comprit qu'il lui restait peu de jours à vivre. Il tendit les bras vers la France : « France! France! Gabrielle! Gabrielle! »

Il voulut partir; mais, à peine dans le vaisseau, il appela son écuyer : « Quand je serai mort, tu prendras mon cœur et le porteras en France à madame de Fayel; pareillement tu lui porteras tout ce que j'ai en annelets et diamants, en amour et souvenance. »

Après quoi Raoul écrivit d'une main que la mort allait saisir :

« Dame, j'aime à vous faire savoir que je suis toujours resté
« votre homme. J'ai emporté votre cœur avec moi, je vous
« envoie le mien. Ah! charmante et onctueuse créature, vous
« surpassez toutes les femmes comme l'étoile du soir brille plus
« haute que ses sœurs. Votre cœur est le grain le plus pur. Votre
« beauté parmi les autres beautés, c'est le diamant, le saphir,
« la rose vermeille. Douce fontaine de charité, vous êtes remplie
« de toutes les vertus. Quand je pense qu'il me faut mourir
« loin de vous! Mais vous connaissez le chemin pour nous re-
« voir, c'est le chemin du ciel. Je vous attends en Dieu! »

Raoul, comme on voit, était resté poëte au milieu des combats, en face de la mort. Cette lettre, ce fut comme le chant du cygne : à peine l'eut-il signée de son sang qu'il expira en levant les yeux au ciel, cet autre rendez-vous, que personne ne manque, et où il n'attendit pas longtemps Gabrielle.

Son écuyer, comme il l'avait voulu, prit son cœur, « *le sala et le confit en bonnes épices*, » ce qui veut dire qu'il l'embauma. Après quoi il revint en France avec ce précieux testament. En passant à Brindes, il y déposa le corps de Raoul pour qu'il y fût enterré avec éclat.

VII

Le château de Fayel était toujours pour Gabrielle une prison. Le sire de Fayel ne voulait pas lui pardonner. Si Raoul était parti pour la Terre-Sainte, c'est que Gabrielle avait décidé son mari à la croisade; mais celui-ci ayant su que Raoul partait, était resté. Il s'était, par distraction, constitué le juge et le geôlier de sa femme. Quand il allait chasser, il emportait toutes les clefs à son ceinturon.

Vainement l'écuyer de Raoul avait tenté de pénétrer dans le château de Fayel: c'était comme le château de la Belle-au-Bois-Dormant.

Il rencontra le sire de Fayel sous les dehors les plus rustiques, le dernier de ses gardes-chasse était mieux vêtu que lui. L'écuyer lui demanda s'il ne pourrait pas pénétrer au château. Tout à sa douleur, il ne vit pas la joie farouche du sieur de Fayel, qui, selon la chronique, sentait la chair fraîche de Raoul.

L'écuyer se laissa désarmer après avoir reçu dans le côté un coutelas de chasse. Le sire de Fayel, dévoilant le précieux envoi et lisant la lettre de Raoul, eut le secret de ce funèbre message. Il rentra au château, et courut à son cuisinier avec une joie sauvage. « Tu appareilleras ce cœur en telle confiture qu'on en puisse bien manger. »

Ainsi fit le cuisinier « et fist d'autre viande toute pareille et mist en bonne charpente en un plat et en fust la dame servie au disner, et le seigneur mangeoit d'une autre viande qui y ressembloit. »

Oui, au dîner, le cœur de Raoul fut servi à Gabrielle, qui *ainsi mangea le cœur du chastelain Raoul, son amy. Quand elle* eut mangié, le seigneur lui demanda : « *Dame, avez-vous mangié bonne viande ?* » *Elle répondit qu'elle l'avoit mangiée bonne.* « *Pour cela l'ai-je fait appareiller*, reprit le chastelain, *car cette viande que vous avez moult aimée, sachiez que vous avez soupé avec le cœur de Raoul de Coucy.* »

Disant ces mots, le sire de Fayel jeta sur la table le coffret ouvert qui renfermait encore la lettre. Gabrielle, pâlissant, reconnut le scel; elle prit la lettre d'une main défaillante et la lut d'un œil hagard :

« Sire de Fayel, dit-elle avec un air de majesté qui ébranla son mari, vous avez élevé votre vengeance à la hauteur de votre âme. Je ne m'en plains pas. Il est vrai que cette viande je l'ai moult aimée, car je crois qu'il est mort dont est dommaige comme du plus loyal chevalier du monde. Vous m'avez fait mangier son cœur, et est la dernière viande que mangerai oncques. Si n'est pas raison qu'après si gentil viande j'en doye mettre autre dessus.

« Lors est à icel mot pâmée, et sans vie demoura li corps. »

Gabrielle s'évanouit et ne revint à la vie que pour se voir mourir. La chronique ne dit pas si elle mourut de faim après avoir mangé le cœur de son amant.

VIII

Les poésies de Raoul de Coucy, comme celles de Gabrielle de Vergies, sont l'éternel chant de mai que, depuis les bergers de Théocrite jusqu'aux rêveurs en nacelle, tous les amoureux ont chanté. La muse de l'amour est toujours la poésie qui confie au ciel et à la terre, aux bois et aux fontaines, les espérances d'un cœur entr'ouvert à la vie. C'est toujours la même chanson, il n'y a que la rime qui change — et encore c'est presque toujours la même rime. —

Dans les poésies de Gabrielle; on sent mieux la passion. Mais tout le poëme de son cœur n'est-il pas dans ces trois strophes :

> En un verger, sous feuille d'aubépine,
> Tient la dame son ami sur son cœur.
> Jusqu'à ce que l'aube vienne de la colline,
> Oh! Dieu! mon Dieu! que l'aube tant tôt vient.
>
> Beau doux ami, faisons un nouveau jeu
> Dans le moulin qui chante dans les roseaux.
> Belle meunière encore serai pour vous.
> Oh Dieu! mon Dieu! que l'aube tant tôt vient.
>
> Mais, prenons garde, il a sa sentinelle !
> La douce nuict s'en va, ami, adieu.
> J'ai bu ton âme comme un rayon du ciel.
> Oh Dieu! mon Dieu! que l'aube tant tôt vient.

On a défiguré la poésie et les amoureux du douzième siècle, à l'Opéra-Comique, sous la Restauration; mais, pour les bons esprits, une époque a toujours son caractère sérieux, même sous les caricatures. Ce qui frappe surtout dans ces mœurs du douzième siècle, c'est que la France galante et raffinée commence à sortir des forêts sauvages et à se montrer dans quelques châteaux. La féodalité, c'est le cœur de la dame ; le servage, c'est la foi du chevalier. Les tournois ont çà et là enchaîné la barbarie primitive. Il n'y a plus qu'aux jours de guerre qu'on crie : « Sang et pillage ! » il n'y a plus qu'aux jours de ripailles qu'on perpétue l'orgie romaine. Ce que le catholicisme n'a point encore fait, la femme, cet apôtre du cœur, va le faire avec un regard, avec un sourire, avec une larme.

La femme, au moyen âge, a été comme l'image visible de la Divinité; elle a entr'ouvert la porte du monde nouveau; elle a cueilli, pour la main rude de l'homme encore sauvage, la fleur sacrée du spiritualisme.

XL

LES CONFESSIONS DE FRANZ

I

POURQUOI FRANZ BRISA SON VIOLON

I

Ce que je vais conter n'est pas pour vous, madame,
Qui n'avez pas aimé, — pas même votre amant !
Qui n'avez pas voulu des orages de l'âme,
Qui n'avez pas cueilli les fleurs du firmament,
Et qui n'entendez pas, quand le vent d'hiver brame,
Les fantômes d'amour vous chanter leur tourment.

II

Non, je ne chante pas pour les frêles poupées
Que n'ont point fait pâlir les sombres passions,

Craignant comme le feu les belles équipées,
Les pleurs de la folie et ses tentations,
Et qui ne savent pas, — trompeuses ou trompées, —
Que l'amour c'est Daniel dans la fosse aux lions.

III

On a Dieu dans le cœur, madame, quand on aime ;
Les pieds sont sur la terre et le front dans les cieux.
Qu'importe qui l'on est, on porte un diadème,
Et qu'importe où l'on soit, on voit briller deux yeux,
Deux yeux qui sont pour nous la lumière suprême,
Quel que soit leur éclat—fiers ou doux, noirs ou bleus.

IV

C'était dans la saison où la jeune nature
Frémit de volupté dans les bois ténébreux,
Et s'en va sur les monts, dénouant sa ceinture,
Dévoiler au soleil ses beaux flancs amoureux ;
C'était dans la saison où toute créature
Boit sa part d'ambroisie à la coupe des dieux.

V

C'était dans le pays de Jean de La Fontaine, —
Car je suis Champenois ; — vous êtes né malin,
Et moi je suis né bête — et n'en ai point de haine.
Aujourd'hui que la France est un pays tout plein
De gens d'esprit,—monsieur,—c'est une bonne aubaine
Que d'être un Champenois sous la robe de lin.

VI

O ma robe de lin ! où donc est-elle allée ?
Que je respire encor son parfum matinal !
Si je la retrouvais au fond de la vallée
D'où je me suis enfui par un soir automnal,
Si je vous retrouvais, ô ma robe étoilée !
Je reverrais le ciel dans mon cœur virginal.

VII

Mais je l'ai déchirée en mon adolescence.
Les doux fils de la Vierge accrochés aux buissons,
C'est le lin tout flottant des robes d'innocence :
Le cœur n'a pas chanté ses premières chansons
Que de ce vêtement filé pour la naissance
Nous sommes dépouillés, n'importe où nous passons.

VIII

O mon cœur ! c'est pour vous que je rouvre ce livre,
Dont le premier feuillet semble peint par Berghem,
Et dont le premier air, qui me charme et m'enivre,
Se transforme bientôt en sombre *Requiem*.
Aujourd'hui c'est avec les morts que je veux vivre,
Et je veux évoquer mon funèbre harem.

IX

J'allais avec ma fantaisie
Sous un vif rayon de printemps,
J'avais au front mes dix-sept ans
Et dans mon cœur la poésie.

Perdu dans quelque songe aimé,
Écoutant mon cœur en silence,
Je suivais avec nonchalance
Le clair ruisseau tout embaumé.

Quand j'entendis un gai ramage
Qui m'annonçait un doux tableau ;
Soudain, dans le miroir de l'eau,
Je vis apparaître une image.

C'était la reine de mon cœur,
Qui, cheveux au vent, jambe nue,
Sur l'autre rive était venue
Me souriant d'un air moqueur.

« Pourquoi venir par là, coquette ?
« Je vais m'embarquer sur ce flot
« Avec l'amour pour matelot,
« Je suis bien sûr de ta conquête. »

Mais elle, me tendant la main :
« Ah ! ne viens pas sur cette rive. »
Mais moi, je m'embarque et j'arrive,
Disant : « Tu passeras demain. »

Elle s'enfuit vers la ramée,
Effarouchant dans les sillons
Les cigales et les grillons
Du pan de sa jupe embrumée.

Mais elle n'alla pas bien loin :
Je la suivis vers sa retraite,
Lui cueillant d'une main distraite
Des fleurs de trèfle et de sainfoin.

Je la surpris. O Théocrite !
Vert poëte, rustique amant,
Sur sa lèvre as-tu vu comment
Ma première œuvre fut écrite ?

Les poëtes en action
Sont ici-bas les vrais poëtes.
Quand les passions sont muettes,
Que vaut l'imagination !

X

D'un vieux moulin à vent j'avais la dictature.
Comme un fier nautonier que de fois j'ai bravé
Les orages du cœur et ceux de la nature
Qui dans leurs bras d'air vif m'ont si haut soulevé !
J'aimais le vieux moulin et son architecture
Comme un pays perdu, comme un pays rêvé.

XI

Un moulin, direz-vous, par quelle fantaisie?
Sachez donc que j'étais misanthrope à vingt ans.
Les moulins ont souvent logé la poésie :
Rembrandt y médita; Van Dyck, tout un printemps,
Y vécut amoureux d'une blanche Aspasie;
Coucy pour sa beauté s'enfarina longtemps.

XII

J'étais seul, libre et fier dans ma docte retraite.
Je n'avais rien à faire; et mon maître Apollon
Avait tout doucement guidé ma main distraite
Vers l'archet oublié d'un pauvre violon,
Qui se mit à chanter d'une voix indiscrète
Que j'aimais une fille habitant le vallon.

XIII

Elle vint au moulin montrer sa beauté fraîche.
Ah! je la vois encor qui monte l'escalier.
Je cours à sa rencontre, et, pour la battre en brèche,
Cette agreste vertu qui sentait l'espalier,
Je lui baise le cou; mais la voilà qui prêche,
Qui se fâche et s'enfuit vers le prochain hallier.

XIV

Je prends mon violon et chante un air rustique.
Elle tourne la tête et revient doucement :
« Je ne viens pas pour toi ni pour ta poétique;
Ton violon chanteur, c'est mon enchantement. »
Or voici — je n'ai pas oublié le cantique —
Ce que je lui chantais avec ravissement :

LE CANTIQUE DES CANTIQUES

Si l'image de Dieu sur la terre est visible,
C'est sur le front rêveur des filles de vingt ans,
Qui ne savent encor lire que dans la Bible
Et n'ont que de l'azur dans leurs yeux éclatants.

La fraise qui rougit et tombe sur la mousse,
La pêche mûrissant sur l'espalier qui rit,
N'ont pas de tons plus vifs ni de senteur plus douce
Que la double colline où mon amour fleurit.

La neige que l'hiver sème dans la vallée
Est moins blanche et moins rose aux derniers feux du jour
Que ton flanc chaste et doux, quand, tout échevelée,
Un rayon amoureux te baise avec amour.

La grenade qui s'ouvre aux soleils d'Italie
N'est pas si gaie encore à mes yeux enchantés
Que ta lèvre entr'ouverte, ô ma belle folie !
Où je bois à longs flots le vin des voluptés.

J'ai reposé mon front sur ton épaule nue,
Faite du marbre pris à Vénus Astarté;
Et, comme on voit le ciel au travers de la nue,
J'ai vu ton âme bleue éclairer ta beauté.

Bien mieux que l'aube rose annonçant la lumière,
Tu m'as ouvert le ciel en répandant sur moi
Le blond rayonnement de ta beauté première :
Je ne voyais pas Dieu; mais je te voyais, toi !

La biche qui s'enfuit à travers la ramée,
Quand elle entend au bois la chasse et ses grands bruits,
Ne court pas aussi vite, ô pâle bien-aimée !
Que mes désirs courant à ta branche de fruits.

XVI

Au bas de l'escalier elle était revenue.
Or je ne chantais plus qu'elle écoutait encor.
Mon Dieu ! qu'elle était belle en sa joie ingénue,
Laissant flotter au vent sa chevelure d'or !
Le soleil s'égayait sur son épaule nue.
Au loin dans la forêt retentissait le cor.

XVII

On était en vendange, et la grappe jaunie
Tombait à pleins paniers sur le coteau voisin.
Je crois entendre encor la rustique harmonie,
Et voir quelque bacchante en corset de basin.
Cécile revenait de sa vigne bénie ;
Elle avait à son bras un panier de raisin.

XVIII

Elle prit une grappe : « Ami, je l'ai coupée
« En pensant à ce jour de joie et de chagrin...

« — Ce jour où j'écrivis ma première épopée
« Sur ton front parfumé de luzerne en regain. »
Et comme au souvenir de la folle équipée
Nous mordîmes tous deux jusques au dernier grain !

XIX

Jusques au dernier grain ! La grappe était si blonde,
Si fraîche notre bouche et si blanches nos dents !
Jusques au dernier grain, en oubliant le monde,
Et ne voyant le ciel que dans nos yeux ardents !
Jusques au dernier grain, ô morsure profonde !
Ce grain était de pourpre — et nous avions vingt ans ! —

XX

Ce dernier grain, madame, était de l'ambroisie ;
Car c'était un baiser plus ardent que le feu.
C'était le réalisme en pleine poésie :
Je n'ai jamais si haut voyagé dans le bleu,
Je n'ai jamais si loin conduit ma fantaisie...
Cécile cependant prenait plaisir au jeu.

XXI

La grappe était tombée et nous mordions encore.
On entendait le vent chanter dans les buissons ;
Les grands bœufs agitaient leur clochette sonore ;
La chasse et la vendange unissaient leurs chansons.
Dans l'ivresse mon cœur buvait à pleine amphore,
Et mon âme aspirait vers tous les horizons !

XXII

Que nous étions heureux en ces belles folies !
A ce seul souvenir mon front a rayonné.
Cécile était jolie entre les plus jolies ;
Pour moi, je n'étais pas, je pense, un raffiné.
En rêve je cherchais les blondes Ophélies :
Apollon du moulin, je poursuivais Daphné.

XXIII

Daphné, le savez-vous? est un symbole triste.
La femme qu'on poursuit de son plus cher désir,
Sur le sein de laquelle — amant — poëte — artiste —
On voudrait moissonner les roses du plaisir,
Celle pour qui l'on chante et pour qui l'on existe,
Ce n'est plus qu'un rameau quand on la veut saisir.

XXIV

Un rameau de laurier pour l'orgueilleux poëte
Qui met tout son bonheur, — le vieil enfant gâté ! —
A faire un peu de bruit sur la rive muette ;
Qui profane son cœur en sa virginité ;
Qui veut au mur d'airain graver sa silhouette :
Vanité ! vanité ! Tout n'est que vanité !

XXV

C'est un rameau de houx pour l'amoureux sans arme,
Pour les sots ce ne sont que chardons indiscrets,
Pour le rêveur un lis qui renferme une larme,
Pour les adolescents, s'agenouillant auprès,
Une aubépine en fleur qui déchire et qui charme,
Pour le grand nombre enfin quelque sombre cyprès.

XXVI

Car la femme souvent n'est qu'une tombe ouverte :
Sur un beau sein plus blanc que la neige des monts,
Vous avez respiré l'odeur de l'herbe verte
Qui fleurit sur les morts, archanges ou démons.
Et que de fois aussi de terre on l'a couverte,
A l'heure de l'amour, celle que nous aimons !

XXVII

Ainsi la mort a pris Cécile, et l'a couchée
En sa verte saison sous les saules maudits.
Treille de pourpre et d'or ! — branche toute penchée
Sous le fruit savoureux qu'on cueille au paradis !
Blonde moisson d'amour que je n'ai pas fauchée,
A qui je ne dis plus rien qu'un *De profundis*.

XXVIII

LA CHANSON DU VIOLON BRISÉ

Vois-tu là-bas sur la montagne verte
Le vieux moulin qui tourne si gaiement?
Il m'a bercé dans un rêve charmant :
Cœur qui va battre, âme à peine entr'ouverte.

Non loin de là, dans la ferme au toit bleu,
Vivait Cécile, une beauté mystique,
Pâle et rêveuse, en plein foyer rustique,
Autre Mignon qu'appelait déjà Dieu.

Elle mourut! que de larmes versées!
Elle mourut au soleil du matin,
En respirant la rose et le thym.
Son âme au ciel emporta nos pensées.

Le lendemain, ses compagnes en deuil
Portaient son corps de neige au cimetière;
Moi, j'étais seul, sans larme et sans prière,
Dans le moulin comme au fond d'un cercueil.

Je te saisis, violon triste et tendre,
Et le doux air que Cécile aimait tant,
Je le jouai, le cœur tout palpitant :
Son âme sainte a passé pour l'entendre.

LE VIOLON BRISÉ.

Je le jouai; mais, au dernier accent,
Mon cœur bondit comme un daim qui se blesse;
Je me perdis si loin dans ma tristesse,
Que je brisai mon violon gémissant.

Depuis ce jour, ma sœur la Poésie
A ranimé mon cœur à demi mort;
Ma lèvre ardente à bien des grappes mord
Sans retrouver la première ambroisie.

J'ai délaissé le moulin, mon berceau,
Le doux pays où m'allaita ma mère;
Je suis allé me perdre en l'onde amère,
Sans retrouver la source du ruisseau.

Perle d'amour, à ce monde ravie,
Au fond des mers je t'ai cherchée en vain;
Et je n'ai plus de mon bonheur divin
Qu'un souvenir : c'est la fleur de ma vie.

Quand je retourne au moulin délaissé,
Ce n'est que joie et peine renaissantes.
Ah! quand j'entends ses ailes frémissantes,
Mon pauvre cœur est un violon brisé.

XXIX

Ah! ma chère maîtresse, où donc est-elle allée?
Est-ce l'aube aux cils blonds qui sourit au matin,
Le nuage d'argent, l'étoile échevelée,
La rose ou le bluet que je cueille incertain?
Je vous cherche partout, ô ma belle exilée!
Qui m'appelez toujours dans un hymne lointain.

XXX

D'autres vont sur la tombe, amoureux du mystère,
Interroger la vie et la mort, — ô douleur! —
Ils demandent au ciel ce qu'on devient sur terre,
Si l'âme des vingt ans y survit dans sa fleur;
Moi, quand sur un tombeau j'arrive solitaire,
Je ne sais que pleurer les larmes de mon cœur.

XXXI

Rien ne dure ici-bas en l'âme épanouie,
Pas même la douleur : — au bout d'une saison
La vision charmante était évanouie.
L'amour m'avait déjà rouvert son horizon ;
Et, par d'autres beautés l'âme tout éblouie,
Je voyais sans pleurer le toit de sa maison.

XXXII

Lorsque revint le temps de la feuille qui tombe,
Allant au cimetière en proie au cher tourment,
Je vis que l'herbe amère envahissait sa tombe
Et voilait ce doux nom, — divin enchantement —
— CÉCILE! — Hélas! pourquoi ses ailes de colombe
L'ont-elles emportée au ciel sans son amant?

II

COMMENT FRANZ AIMA L'INGÉNUE, ET COMMENT IL FAILLIT MOURIR SCAPIN

I

Ce primevère amour qui jamais ne s'efface,
Cette aube lumineuse à mon ciel nuageux,
Ce charme amer d'avril qui dure, quoi qu'on fasse,
Ce rayon poursuivi sous les rameaux neigeux,
Ce songe évanoui ne fut que la préface,
Préface en lettres d'or de mon livre orageux.

II

Bruyères, doux pays de mes bruyères roses,
Où ma joyeuse enfance a couru les buissons,
Où s'empourpre la vigne, où fleurissent les roses,
Mes chantantes forêts et mes bleus horizons,
Vous m'avez révélé, dans vos métamorphoses,
Ovide mon poëte et ses doctes chansons.

III

N'ayant que mon esprit et mon cœur pour ressource,
J'ai fui ce doux pays. Ma sœur, sur le chemin,

Pleurait; ma mère mit un peu d'or dans ma bourse,
Disant, tout inquiète : — Il reviendra demain !
— O ma mère! — Voilà qu'à la prochaine source,
Je m'arrête pensif et je bois dans ma main.

IV

Une larme tomba de mes yeux pour ma mère.
Je voulus retourner où j'étais attendu ;
Je sentais m'envahir la solitude amère,
J'avais peur du naufrage et j'étais éperdu;
Le prisme s'envolait des flancs de ma chimère.
Je comprenais enfin le paradis perdu !

V

Tout à coup, je me crus dans le *Roman Comique ;*
Quinze comédiens arrivent bruyamment :
Quels cris! quelles chansons! quelle étrange musique !
Je vois venir à moi l'Étoile et son amant.
Pour un jeune écolier la rencontre magique !
Je croyais voir Scarron lui-même en ce moment.

VI

—Où vas-tu, mon enfant? me demanda l'Étoile.
—Je ne sais pas : et vous? — Je vais où va le vent.
—Eh bien, c'est mon chemin : vous serez mon étoile.
—Moi ton étoile ! Au ciel je ne vais pas souvent. —
Et la belle aussitôt de soulever son voile,
Pour prouver qu'elle avait l'œil noir et l'air vivant.

VII

Puis elle mit la main sous le jet de la source,
Elle y trempa la lèvre et but tout en riant.
Je bus au même verre. Hélas! mons La Ressource
Survint plus glorieux qu'un prince d'Orient;
Il prit la même coupe. O ciel! si la grande Ourse
Avait pu l'engloutir, ce fanfaron bruyant!

VIII

Quoiqu'il eût pour aïeux le Soleil et la Lune,
Il daigna me parler : c'était beaucoup d'honneur!
—Que vous êtes heureux! lui dis-je sans rancune.
—Voulez-vous une stalle au jeu de mon bonheur?
—Être de votre troupe, ô la bonne fortune!
—Eh bien, soyez heureux, ô mon galant seigneur!

IX

La Ressource aussitôt va haranguer sa troupe,
Et d'un air d'empereur me présente gaîment.
—Nous avons tous les deux bu dans la même coupe,
Donc nous sommes amis. —Chacun me fut charmant;
Léandre, enrubanné, freluquet à la houppe,
Daigna venir à moi pour causer galamment.

X

Je songeais à l'Étoile et déjà j'étais ivre :
L'eau se changeait en vin; je croyais mon cœur pris.

Mais cela n'était pas encore le vrai livre
De l'amour. — Tout à coup, une beauté sans prix
M'apparaît — et je sens que mon âme va vivre...
Léandre parlait bien, mais je n'ai rien compris.

XI

Or, c'était l'ingénue. Elle songeait sans doute
A sa mère; on eût dit une Mignon rêvant;
Elle avait dérobé quelques fleurs sur sa route,
Que d'une main distraite elle effeuillait au vent.
Elle n'entendait rien. — Arabelle était toute
A ses rêves aimés. — Elle rêvait souvent.

XII

Sur sa bouche entr'ouverte ainsi qu'une grenade,
Un sourire posait sa curiosité;
L'amour y provoquait l'exquise sérénade;
Sa grâce était plus belle encor que sa beauté;
Comme une vision le soir en promenade,
Elle cherchait dans l'air la vague volupté.

XIII

La rose n'avait pas une plus douce haleine,
De suaves odeurs tombaient de ses cheveux;
C'était la source, l'air, le lis, la marjolaine;
La main douce aux baisers, l'âme ouverte aux aveux :
Ingénue! Elle était Agnès, Sylvie, Hélène,
Qui d'abord dit : « Je n'ose! » et qui dira : « Je veux! »

XIV

Ingénue ! Ah ! le mot ravissant et sonore,
Plus amoureux qu'Étoile et plus doux que Mignon !
Qui veut dire blancheur, avril, rosée, aurore !
C'est le premier voyage au Léman, au Lignon.
On est femme déjà, mais on est vierge encore,
Ange et démon, l'amour seul dira votre nom !

XV

Celle qui m'affolait se nommait Arabelle.
Je m'avance saisi d'un romanesque émoi.
Elle me voit enfin ! Je lui dis qu'elle est belle.
—Moi ? Vous m'avez fait peur ! Que voulez-vous de moi ?
—Je ne veux rien, sinon vous aimer. — Je suis celle
Qui ne veux pas aimer, me parlât-on d'un roi.

XVI

—Je suis bien plus qu'un roi : la Muse est ma marraine;
Ma nourrice a baigné ma lèvre à l'Hippocras
Et je n'ai qu'à parler pour créer une reine :
Je te couronnerai partout où tu voudras.
Je cherchais sur la rive Héro pour souveraine...
Appelle-moi Léandre, et tombe dans mes bras.

XVII

Elle se ravisa bientôt, l'aventureuse !
Elle aimait les chansons : elle avait tant rêvé !

Un soir qu'elle jouait son rôle d'amoureuse
Dans je ne sais plus quoi, *le Fils du Réprouvé,*
On lui jeta des fleurs. « Puisque je suis heureuse,
Me dit-elle, viens-t'en : je t'aime, J'AI TROUVÉ ! »

XVIII

Aventureux roman de mon âme étonnée,
Feuilleton qui dura ce que dure un journal !
O rayon lumineux d'une belle journée,
Aussitôt disparu qu'un rêve matinal,
Mais dont notre jeunesse est tout illuminée !
Amour déjà pervers dans l'amour virginal !

XIX

Ce bonheur dura bien huit jours. La jalousie
Me mordit; je voulus que la belle, gaiement,
Renonçât au théâtre. Étrange fantaisie !
L'actrice n'appartient jamais à son amant;
Et quel que soit son rôle, Inès, Laure, Aspasie,
Elle est toute au public en son désœuvrement.

XX

Je quittai le théâtre un peu tôt pour ma gloire;
Je devais débuter en prose et même en vers.
La Ressource me fit ses adieux après boire...
Je regrette toujours mes bottes à revers !
Mon cœur brouillait déjà le roman et l'histoire :
Je venais de passer par tout un univers !

XXI

Arabelle pleura — des perles — la perverse !
Une larme de plus et je mourais Scapin.
Les doux baisers d'adieu ! ce fut toute une averse !
—Elle essayait un rôle : — Horrible gagne-pain !
Que de rêves charmants son souvenir me verse !
La blanche vision d'un ciel de papier peint.

III

LES CINQ VERTUS DE NINON

I

D'Arabelle à Ninon, j'ai traversé l'abîme.
Dirai-je maintenant à votre esprit moqueur
Combien j'aimais Léa, la coquette sublime,
Qui m'a donné l'amour sans me donner son cœur?
Vous m'avez consolé, ma maîtresse anonyme,
Marquise blanche et fière, amante amie et sœur!

II

Car je n'ai pas toujours pris comme Théocrite,
Mon rêve dans l'églogue au corsage abondant;
J'ai d'abord essayé de l'étude hypocrite
Qui, sous son masque noir, cache l'amour ardent.
Faust chercha la science et trouva Marguerite :
L'étude, c'est la femme, — un livre transcendant!

III

Un soir de carnaval, j'allais à l'aventure,
N'ayant rien dans le cœur, je rencontrai Ninon
Cherchant un Desgrieux, — la folle créature! —

LES CINQ VERTUS DE NINON.

Je lui donnai mon cœur comme l'autre à Manon :
« Veux-tu m'aimer? lui dis-je en prenant sa ceinture;
« Veux-tu m'aimer huit jours?—Huit jours? ni oui, ni non.

IV

« Je ne m'embarque pas pour un si long voyage :
« Huit jours, mon cher, huit jours, mais c'est l'éternité!
« Mon cœur est une vigne où vendange l'orage,
« Et mon cœur sur ma bouche éclate en liberté;
« Cueille la fleur du pampre en oiseau de passage,
« Pour couronner ton front de ma verte gaieté.

V

« Ami, cueille mon cœur, mais, la moisson cueillie,
« Laisse-moi le champ libre et ne t'entête pas,
« Va-t'en chercher ailleurs des fleurs pour ta folie
« Et sur un cœur nouveau va refermer tes bras;
« Crois-moi, je sais l'amour, ma figure pâlie
« T'en dira les secrets et tu me comprendras. »

VI

Cette passion-là ne sentait pas la crèche;
Elle était habillée en robe de satin,
Ses yeux étaient de flamme et sa bouche était fraîche,
Elle chantait l'amour le soir et le matin;
Elle avait des senteurs de raisin et de pêche,
C'était une âme d'ange en un corps de — satin. —

VII

Elle apporta chez moi sa pantoufle persane :
Dès cet instant je fus chez elle et non chez moi ;
L'enfant prodigue avait trouvé sa courtisane ;
J'étais heureux, — heureux sans demander pourquoi !
Ma muse effarouchée — une chaste Suzanne —
Se voilait la figure avec beaucoup d'émoi.

VIII

Six semaines durant ce fut un jour de fête ;
O divin carnaval aux rires éclatants !
Je donnais bravement du cœur et de la tête
Dans l'ardente folie où chante le printemps ;
C'est que Ninon était si savante et si bête !
Mais qu'est-ce que l'esprit ? — Une bouche et des dents.

IX

Le cœur tout débordant d'amour et de jeunesse,
Nous n'avions tous les deux pas d'autre argent comptant.
Qu'est-ce que cela fait ? Achète-t-on l'ivresse
Que Dieu verse à longs flots dans un sein palpitant ?
Ninon ne portait pas un blason de duchesse ;
Mais comme elle habillait sa robe au pli flottant !

X

A l'heure du dîner un jour Ninon m'appelle :
« Ma robe est déchirée. — Eh bien ! ne la mets pas.

« — Que dirait ma vertu?—Tu n'en es pas moins belle,
« Étant moins habillée. En s'ouvrant, tes beaux bras
« M'ouvrent le paradis : Ève comme Cybèle
« S'en allait les bras nus et ne rougissait pas. »

XI

Pour Ninon, cependant, l'or tombait de ma plume,
Mais elle détournait la plume de ma main,
Me disant : « Ne fais pas de ton cœur une enclume,
« En le frappant ainsi d'un travail surhumain ;
« Est-ce pour le public que mon amour l'allume ?
« Aimons-nous aujourd'hui, j'ai peur du lendemain. »

XII

Je laissais mon génie au fond de l'écritoire ;
Je me croisais les bras sur le cou de Ninon ;
Mes lèvres dénouaient sa chevelure noire.
« Le huitième péché mortel, c'est toi. — Moi ! non,
« Je n'ai que des vertus, c'est acquis à l'histoire. »
Et je chantais alors les vertus de Ninon :

LES CINQ VERTUS DE NINON

Ninon est jeune, elle a vingt ans.
Son sein est taillé dans le marbre ;
On y voit un fruit de printemps,
Plus doux que n'en porte aucun arbre.

Ninon est belle, elle a des yeux
Noirs comme l'aile de la pie,
Des cheveux ondés et joyeux
Comme la Vénus accroupie.

Ninon est gaie, elle a des dents
Qui sont des perles sous des roses ;
Ses yeux sont encore plus mordants.
Oh ! les beaux rires bleus et roses !

Ninon est bête, elle n'écrit
Que dans son cœur, un mauvais livre,
Mais sa bouche a bien plus d'esprit
Que Platon, puisqu'elle m'enivre.

Ninon est folle, elle a raison :
De la sagesse elle se joue,
Car la folie est de saison
Quand avril fleurit sur la joue.

XIII

Tout finit ! — Et l'amour prit un jour sa volée
Par la fenêtre ouverte. — On n'aimait déjà plus !
« Adieu ! lui dis-je ; adieu ! vous êtes consolée ;
« Allez chercher ailleurs l'Océan dans son flux ;
« Ou plutôt, ô Ninon ! ma charmante affolée,
« Restez, c'est moi qui pars ; que d'autres soient élus ! »

XIV

J'allai courir le monde à Spa, Bade et Genève,
Gardant de cet amour des souvenirs ardents,
Cherchant une autre femme où pût vivre mon rêve,
Trouvant quelques corsets et pas un cœur dedans,
Trouvant beaucoup d'écorce, à peine un peu de sève,
Ne voulant plus rien mordre avec de bonnes dents.

XV

Je m'en revins vers elle à Paris, en septembre,
Voulant lui dire adieu pour voir ses yeux méchants.

« Monsieur, me dit mon groom, elle a pris cette chambre,
« Là-haut où j'entendais des accords si touchants;
« Mais elle n'a laissé, monsieur, qu'une odeur d'ambre;
« Car elle s'est enfuie avec la clef — des champs. »

XVI

Ainsi parla mon groom dans sa langue choisie.
Je voulus le chasser, mais il lisait Rousseau.
D'une vive douleur mon âme fut saisie,
Je n'avais guère aimé Ninon qu'à vol d'oiseau;
Mais je sentis l'amour avec la jalousie,
Et mon âme sous moi ploya comme un roseau.

XVII

J'avais une autre clef. — Jalousie indiscrète ! —
Mais je craignis d'ouvrir un sépulcre vivant.
Je n'osai pas revoir l'amoureuse retraite,
Ce doux nid où nos cœurs avaient battu souvent,
Où l'amant qui sourit et l'amante distraite
S'étaient plus d'une fois oubliés en rêvant!

XVIII

Cependant un matin je monte quatre à quatre,
— Au mois d'octobre, un jour de pluie, un triste jour! —
Pâle comme la mort, écoutant mon cœur battre,
Riant de ma folie et pleurant tour à tour.
J'ouvre enfin cette porte, et mon âme idolâtre
Se répandit partout comme un rayon d'amour.

XIX

Ma rieuse Ninon, qu'êtes-vous devenue ?
Voilà votre pantoufle, ô douce Cendrillon !
Promenez-vous au loin votre vérité nue,
Puisque aussi bien je trouve ici ce cotillon ?
Courez-vous la montagne ou courez-vous la rue ?
A quel doux coin du feu chantez-vous, cher grillon ?

XX

Je baisai sa pantoufle avec un cri de joie,
Je pressai tendrement ses robes sur mon cœur ;
Comme je promenais mes lèvres sur la soie !
—Ombre de mon amour, reviens-moi sans rancœur ;
Où donc es-tu, Ninon ? Il faut que je revoie
Tes yeux sous leurs cils noirs et ton rire moqueur.

XXI

Tout à coup une lettre ouverte et chiffonnée
Frappe mes yeux : hélas ! Ninon, la pauvre enfant,
Savait à peine lire ; elle n'était pas née
A l'hôtel Rambouillet. Il lui fallait souvent,
Pour écrire un billet, toute une matinée :
Mais comme elle écrivait dans le style émouvant !

XXII

Or, voici cette lettre : « *Adieu, car je veux vivre,*
  « *Et je mourais ici... Je vais chercher ailleurs*
  « *Si mon cœur bat encor.* » Douce page du livre !

Je baisai cet adieu qu'avaient mouillé ses pleurs.
Ninon, où donc es-tu? Ninon, je veux te suivre,
Mon doux oiseau parti pour les pays meilleurs.

XXIII

Après avoir saisi son douloureux fantôme,
Je quittai cette chambre avec déchirement;
Je courus par la ville enivré de l'arome
Que verse dans le cœur un souvenir charmant,
Cherchant Ninon partout, femme, rayon, atome,
Sans pouvoir retrouver son doux enchantement.

XXIV

Le soir, je m'en revins avec la mort dans l'âme;
J'avais relu cent fois son billet déchirant,
Je croyais assister au dénoûment d'un drame.
Où la chercher, la belle au regard pénétrant?
Ne la verrai-je plus, la femme trois fois femme,
La divine folie où mon cœur se reprend?

XXV

N'ayant plus pour lutter ni vouloir ni vaillance,
« Allons là-haut, » me dis-je; et je pris un flambeau.
Je montai lentement; mon âme en défaillance
N'espérait plus trouver ce qui lui fut si beau.
Mon cœur battait trop fort; j'entendais le silence
Me chanter tristement sa chanson du tombeau.

XXVI

Brusquement j'ouvre enfin cette porte ignorée,
Qui cachait le passé, peut-être l'avenir.
Mais que vois-je ? Ninon, Ninon tout éplorée :
« Ninon, est-ce bien vous ?—Ami, pourquoi venir ?
« — Ninon, Ninon, c'est toi, ma maîtresse adorée !
« Que viens-tu faire ici ? — Je viens me souvenir !

XXVII

« — Ninon, te souviens-tu de nos folles journées ?
« Que nous avions le cœur près des lèvres, Ninon !
« — Ah ! oui, je me souviens des fraîches matinées
« Où je chantais si faux la chanson de Mignon.
« Et de nos belles nuits de joie illuminées,
« Où mon cœur éperdu ne disait que ton nom.

XXVIII

« Ninon, te souviens-tu des heures de paresse
« Qui passaient sur nos cœurs plus vite que le vent?
« — Ah ! oui, je me souviens ! Je sens encor l'ivresse
« Qui couronnait mon front sous ton baiser savant.
« — Tu n'as pas oublié, Ninon, chère maîtresse !
« Ce balcon où minuit nous surprenait souvent ? »

XXIX

Dans ses bras je tombai tout éperdu; — son âme
Me brûla d'un tel feu que j'en tressaille encor; —

Si vous nous aviez vus, vous auriez vu la flamme
Courir autour de nous en jets d'azur et d'or,
Dans nos cœurs qui battaient l'amour chantait sa gamme,
Je croyais retrouver tout mon divin trésor.

XXX

Eh bien, non, ce fut tout! — Après cette secousse,
Et tout anéantie en cet embrassement,
Ninon me prit la main, et d'une voix plus douce
Que la brise du soir sur la mer s'endormant :
« Adieu, dit-elle, ami, je pars, le vent me pousse
« Au pays désolé du désenchantement.

XXXI

« Adieu, je sais l'amour : dans ma luxuriance,
« En mon cœur agité j'ai souvent descendu,
« Fille d'Ève, j'ai vu l'arbre de la science,
« Et j'ai porté ma bouche à tout fruit défendu;
« Je suis trop familière avec l'expérience
« Pour vouloir retrouver l'amour, s'il est perdu.

XXXII

« Adieu, ne pleure pas, ne pleurons pas, j'emporte
« Un divin souvenir de cet amour si beau.
« Je reviendrai, qui sait? si le vent me rapporte
« Un doux parfum des jours que Dieu bénit là-haut. »
Elle dit — et s'enfuit comme un songe — et la porte
Se ferma sur mon cœur comme sur un tombeau. —

XXXIII

Elle ne revint plus ! — Sage comme Aspasie,
Cette folle savait qu'il fallait en finir,
Que nous avions vidé la coupe d'ambroisie,
Et que de notre amour nous devions nous bannir
Pour en garder au moins l'austère poésie,
Hymne imprégné de pleurs qu'on nomme Souvenir !

XXXIV

Je ne l'ai pas revue ! Où donc est-elle allée ?
Quelquefois, à minuit, dans le funèbre chœur
Des pâles visions, elle vient désolée ;
Elle penche sur moi son doux masque moqueur :
« C'est moi, mon cher amour ! — C'est toi, mon affolée ! »
Et ses larmes encor me vont jusques au cœur.

IV

COMMENT FRANZ TROUVA L'AMOUR DANS LE MARIAGE APRÈS SES PÉCHÉS DE JEUNESSE

I

Je voulais n'aimer plus, l'âme encore asservie.
Pour distraire mon cœur j'écrivis deux romans ;
Je pris quatre chevaux pour emporter ma vie,
Et, pour vaincre l'amour, j'armai trois arguments,
Ou plutôt je courus de Clarisse à Sylvie
Sans m'égayer beaucoup en ces ébattements.

II

J'ai, dans mes jours oisifs, hanté la comédie :
Agnès, dans la coulisse, a pris mes diamants ;
Suzanne m'a vanté les mœurs de l'Arcadie,
Et pour moi Célimène a dit des mots charmants :
Ce pays-là, c'est toute une encyclopédie
Écrite par l'amour en ses meilleurs moments.

III

Mais c'est trop éloquent, et j'aime la nature ;
J'avais peur que l'amour ne servît au festin

Des perdreaux de carton, — mauvaise nourriture
Pour un cœur affamé le soir et le matin.
Rien n'est beau que le vrai. La plus vive peinture
Ne vaut pas une femme, a dit monsieur Frontin.

IV

D'autres, moins amoureux, vont, poursuivant leur Ève,
Sous les rameaux touffus des paradis chantés ;
Aux arbres tout en fleurs ils suspendent leur rêve,
Et s'égarent aux bois par les biches hantés,
Ou sur le flot chanteur qui vient baiser la grève ;
Moi, j'aimais mieux l'enfer aux sombres voluptés.

V

AMOURS DE THÉATRE

O Léa ! nous chantions le nocturne duo,
    Sous l'orme des forêts bleuâtres ;
J'ai trouvé mon balcon, tout comme Roméo,
    Mais c'est le balcon des théâtres.

Tout est dit ! le bonheur est enfui pour toujours,
    Et mon cœur vivra solitaire :
A tous les monuments ruinés de mes jours
    J'ai cueilli la pariétaire.

Amour, doux arc-en-ciel de mon ciel orageux,
    Illusion évanouie,
Ceinture de Vénus, l'horizon nuageux
    Éteint ton prisme dans la pluie !

Je ne dirai jamais les maux que j'ai soufferts
    Devant votre beauté, madame;
Car j'ai fait avec vous ma descente aux enfers,
    Et les enfers brûlent mon âme.

O lâcheté du cœur! ô fragile raison!
    Pour vous prouver ma poésie,
Je n'ai qu'à vous briser, portes de ma prison!
    Mais j'aime mieux ma frénésie.

Ils n'ont jamais aimé, ceux-là qui n'aiment plus!
    Il est temps d'arracher ton masque,
O sirène aux yeux verts qui viens avec le flux
    Et qui nous prends dans la bourrasque.

Oui, tu m'as emporté jusques en pleine mer :
    Mais tes bras n'étaient qu'une tombe,
Car ta férocité me jette au flot amer;
    Et sans toi, cruelle, je tombe.

Et tu vas en riant à tous les horizons,
    Lèvres de feu, cœur de statue,
Et d'autres passagers sont pris à tes chansons,
    Pendant que ton amour me tue.

Mais quelle est ma folie! Est-ce qu'il faut briser
    L'amphore quand on est ivre?
Non qu'un autre à son tour y vienne aussi puiser
    Le mal d'aimer, le mal de vivre.

Mon âme, c'est la vigne où ton soleil a lui,
    Quand mes pleurs tombaient en rosée;
Ma vigne jeune encore est brûlée aujourd'hui,
    Et ma soif est inapaisée.

Mais toi, ma vendangeuse aux caprices mordants,
    Dont la serpe d'or chante et coupe;
Les grappes de ma vigne, ô Léa! sous tes dents,
    Saignent encore dans ta coupe.

Léa, tu m'as donné la mort avec l'amour;
    Mon cœur a vécu de tes charmes;
Mais tu viens t'y nourrir, femme, démon, vautour,
    Tu bois mon sang, tu bois mes larmes.

Léa, Léa, pourquoi déchirer le roman
    A la page la plus humaine!
Toi-même tu pleurais. — Larmes de caïman!
    Je te reconnais, Célimène!

Oui, je te reconnais à ton rire moqueur,
    Quand ta ceinture est renouée!
Le spectacle est fini, — le drame de mon cœur, —
    Ta comédie est bien jouée!

VI

Mon cœur, mon pauvre cœur, plus fier après l'orage
Où le poëte lit les hymnes de l'amant,
Arche sainte passant à travers le naufrage
Et qui gardes toujours le divin sentiment;
Mon pauvre cœur, reprends ton sublime courage
Et me chante ta joie et ton déchirement.

VII

Mais pourquoi redescendre aux sphères ténébreuses?
Ma Béatrix est là qui, de sa chaste main,

Me ferme du passé les portes douloureuses
Et me montre l'amour au flambeau de l'hymen.
Le poëte, c'est elle, et ses œuvres heureuses
Sont les petits enfants qui chanteront demain.

VIII

L'AME DE LA MAISON

N'avez-vous pas vu, drapée en chlamyde,
Une jeune femme aux cheveux ondés,
Qui prend dans le ciel son regard humide,
Car elle a les yeux d'azur inondés?

Son front souriant qu'un rêve traverse
N'est pas couronné; mais elle a vingt ans!
Et sur ce beau front la jeunesse verse,
Verse à pleines mains les fleurs du printemps.

Cette femme est belle entre les plus belles!
Je ne suis pas seul à la voir ainsi;
Ne dirait-on pas un rêve d'Apelles
Que réalisa Corrége ou Vinci?

Un jour de soleil, Dieu, le seul grand maître,
La prit dans son sein, son sein radieux!
En son Paradis il la voulait mettre,
Mais la curieuse a quitté les cieux.

Soudain la peinture et la statuaire
Ont saisi l'accent de cette beauté,
Et dans sa maison, un vrai sanctuaire,
Son charmant portrait est peint et sculpté.

Mais tous ces portraits que le talent signe
Rappellent-ils bien le charme infini
De ce pur profil, de ce cou de cygne,
Désespoir de l'art — l'art du ciel banni !

Savez-vous pour qui bat ce cœur rebelle,
Pour qui ce front pur luit d'un si beau jour,
Pour qui sa beauté semble encor plus belle ?
L'amour ose-t-il lui parler d'amour ?

Savez-vous pour qui fleurit cette rose,
Cette lèvre où chante un son si charmant,
Et pour qui son cœur, en parlant en prose,
Est toujours poëte ? A-t-elle un amant ?

Je l'ai vue hier : la valse insensée
Dans ses tourbillons l'entraînait sans lui ;
Mais triste elle était toute à sa pensée ;
Pour lui dans sa chambre elle est aujourd'hui.

Il est sur son cœur qui commence à battre ;
Il lui parle en maître et porte la main
De ses noirs cheveux à son sein d'albâtre ;
Va-t-il rester là jusques à demain ?

Dans la solitude et sous la ramée,
La biche aux doux yeux joue avec le faon :
Elle joue ainsi, cette belle aimée,
Et n'en rougit pas, — car c'est son enfant !

IX

Oui, la muse, c'est vous, ange, chimère et femme,
Qui parfumez mon seuil des fleurs de la saison,

Qui me parlez du ciel en répandant votre âme
Comme un rayon sacré dans toute la maison ;
Ma joie et mon orgueil, ma lumière et ma flamme,
Mon plus cher souvenir, mon plus doux horizon ;

X

Dessin de Praxitèle et couleur du Corrége,
Chef-d'œuvre du grand-maître, arc-en-ciel ruisselant ;
Diane chasseresse en son divin cortége,
Qui marquez mon chemin par un pied fier et blanc ;
Belle comme le jour, blanche comme la neige,
Ma forêt ténébreuse et mon soleil brûlant ;

XI

Mon vrai livre, c'est vous. La page sérieuse
Est celle où mon amour va s'épanouissant,
Œuvre toujours nouvelle et toujours curieuse,
Que Dieu sème d'éclairs et féconde en passant :
Quand il sera fini, ma griffe furieuse
Y signera mon nom en huit lettres de sang.

XII

En huit lettres de sang, — car pourrais-je encor vivre
Si tu n'étais plus là, mon rêve radieux !
Si tes lèvres, qui sont la coupe où je m'enivre,
Ne me disaient plus rien, — tes lèvres ni tes yeux ! —
Si tu n'étais plus là — je fermerais le livre,
Et, pour te retrouver, je m'en irais aux cieux !

XLI

MADEMOISELLE DE MARIVAUX

ÉLOGE DE LA FOLIE

Madame de Bez, veuve de bonne heure, jolie et coquette, avait la passion du bel esprit. Elle voulait, sur la fin de la régence, continuer un peu la tradition de l'hôtel Rambouillet. Marivaux surtout était l'oracle de son cercle; il fallait qu'il la suivît partout, même dans les bois. Elle l'emmenait souvent à sa terre de Bez, en Bourgogne.

Bien que madame de Bez fût encore attrayante comme le sont certaines femmes à leurs soleils d'automne, Marivaux n'avait jamais vu en elle qu'un camarade. Madame de Bez, de son côté, pourvu qu'elle discutât trois ou quatre heures par jour sur quelque point indécis de la métaphysique du cœur, croyait avoir rempli son temps. On comprend bien que des gens si savants sur la philosophie de l'amour ne songeaient pas à s'aimer.

En 1721, pendant l'été, Marivaux était au château de Bez; la maîtresse du lieu avait réuni autour d'elle quelques Parisiens et quelques provinciaux; le château était très-animé; Marivaux et madame de Bez n'avaient pas perdu l'habitude de disputer sur des points de théologie profane. Un jour qu'ils s'étaient arrêtés comme deux philosophes solitaires sous une charmille du parc, une jeune fille de Sens, mademoiselle Julie Duriez, confiée par sa mère à madame de Bez, curieuse comme on l'est à dix-huit ans, ne put s'empêcher, en les voyant sous la charmille, de passer aux alentours pour les écouter.

—Vous persistez à dire du mal de nous? disait madame de Bez.

—Oui, madame, répondit Marivaux. Quand quelqu'un me vante une femme et l'amour qu'il a pour elle, je crois voir un frénétique qui me fait l'éloge d'une vipère qui l'a mordu. La vipère n'ôte que la vie; les femmes nous ravissent notre liberté, notre raison, notre repos; elles nous ravissent à nous-mêmes et nous laissent vivre; ne voilà-t-il pas des hommes en bel état! Les hommes amoureux sont des esclaves ivres. Et à qui appartiennent ces esclaves? A des femmes! Et qu'est-ce qu'une femme?

—La vocation d'une femme est de mettre en démence l'homme le plus raisonnable. En revanche, une femme est toujours une enfant: on l'amuse avec des contes de fées. Il faut avouer, monsieur de Marivaux, que voilà bien des saisons que nous passons à ne pas nous entendre. Il y aurait un moyen beaucoup plus simple de vous convaincre du mérite des femmes, ce serait de parler à votre cœur, qui ne pense pas un mot de tout ce que dit votre esprit. Je suis bien sûre que si mademoiselle Julie se trouvait à ma place, vous ne chercheriez pas à avoir raison contre les femmes. Tenez, pour vous punir, il faut que je vous force d'être heureux en vous mariant.

La jeune fille, qui écoutait aux portes, s'enfuit toute rouge et toute confuse, sans trop savoir pourquoi.

Peu de jours après, dans une allée du parc, Marivaux rencontra cette jeune fille. Il l'aborda par une de ces phrases entortillées que madame de Bez seule avait l'art de comprendre. Julie, qui n'avait pas la clef de ce langage artificiel, ne répondit pas ; elle baissa ses beaux yeux et rougit. Marivaux, qui jusque-là ne l'avait pas remarquée, décida qu'elle était charmante. Il continua à lui parler ; elle continua à ne pas lui répondre. Il finit par sentir que ce silence était éloquent. Il ne trouva bientôt plus rien à dire lui-même, tant ses paroles lui semblaient au-dessous de sa pensée. Pour la première fois de sa vie, son cœur était sérieusement troublé. Durant toute la semaine, il vécut pour Julie sans oser lui rien dire.

Cet homme, qui avait passé les dix belles années de sa jeunesse à étudier la métaphysique du cœur, se sentit tout d'un coup le plus ignorant amoureux du monde. L'amour n'est point une science, c'est une révélation. L'apparition d'une figure qui charme fait jaillir plus de lumière dans le cœur que toutes les réflexions des philosophes et des poëtes.

—Qu'avez-vous donc ? dit un jour madame de Bez à Marivaux, vous êtes devenu triste et silencieux.

—Triste ! dit Marivaux en se récriant ; quoi ! madame, je ne laisse rien voir de toute ma joie ? Mon silence ne vous dit pas que je suis amoureux ?

—Amoureux ! je n'en crois rien ; cependant l'Amour est le dieu des miracles.

—Amoureux à ce point, madame, que, si j'osais, je demanderais à l'instant même la main de mademoiselle Julie.

—Allons, dit madame de Bez, il ne faut jamais désespérer : je vais demander pour vous mademoiselle Julie en mariage.

Le même jour, madame de Bez, sachant que Marivaux et mademoiselle Julie se trouvaient seuls dans le salon, voulut, par amour pour la philosophie, connaître le langage de Marivaux amoureux. Elle fut bien surprise d'entendre Marivaux parler avec une simplicité digne des premiers âges du monde. « Vous êtes belle, et je vous aime ! » voilà tout ce qu'il trouvait.

En rapportant cette histoire, il disait : « J'étais devenu trop bête pour en trouver davantage. » Il a sans doute voulu dire, dans sa fureur d'entortiller sa pensée : « J'étais devenu trop spirituel. »

Mademoiselle Julie avait aimé Marivaux dès la première vue, mais elle ne s'était avoué son amour que cette après-midi, où, sous la charmille du parc, elle avait surpris la conversation étrange rapportée plus haut. C'était la fille d'un procureur de Sens, mort depuis peu presque sans fortune. Sa mère avait beaucoup connu madame de Bez; elle lui avait confié Julie pour la saison.

Madame de Bez n'eut pas de peine à décider la mère et la fille pour le mariage que proposait Marivaux. La cérémonie eut lieu au château. Une fois marié, Marivaux retourna à Paris, craignant de perdre son bonheur dans la brillante et folle compagnie du château de Bez. En cela, il montra de la sagesse, car il faut de la liberté au bonheur. Il se fit un intérieur très-calme, très-silencieux, traversé par l'étude laborieuse et l'amour inquiet.

Mais Marivaux n'a jamais trouvé le secret d'être heureux, dans sa mauvaise habitude d'étudier à la loupe les atomes de la passion. Sa femme avait tout le charme du cœur, de la simplicité et de la grâce. Elle l'aimait avec une tendresse touchante; elle était la vie, le sourire, la joie de la maison; il n'était pas riche et elle était contente de peu. Elle lui donna bientôt une fille qui devait égayer encore ce doux intérieur. Il avait le bonheur sous la main; mais l'aveugle philosophe ne s'en aperçut qu'à la mort de sa femme, dix-huit mois après son mariage. Pendant ces dix-huit mois, il avait perdu son temps à chercher la philosophie du bonheur.

A dix-huit ans de là, au château de Bez, une jeune fille d'une beauté aérienne se promenait toute pensive dans le parc. C'était mademoiselle de Marivaux.

Elle allait et venait dans une allée de tilleuls centenaires. Au bout de cette allée, elle s'arrêtait un instant et levait les yeux vers une montagne où l'on entendait par intervalle le son du cor et l'aboiement des chiens. Il y avait grande chasse dans les bois du château. Mademoiselle de Marivaux était comme les femmes rêvées par son père, plus belle par l'expression que par la ligne, par la couleur que par le contour. Ses yeux bleus et ses cheveux noirs étaient d'un effet doux et charmant. Le marquis d'Argens parle d'un portrait d'elle, peint par Largillière, dont il admirait beaucoup le vif éclat et la fraîcheur délicate. C'était un roseau qui devait plier au premier vent contraire.

Pendant que mademoiselle de Marivaux se promenait ainsi, son père, assis sur le perron près de madame de Bez, poursuivait ses disputes philosophiques. Comme il n'était plus en âge de dire du mal des femmes, il disait du mal de la vie.

— Cependant, murmura tout à coup madame de Bez, si nous revenions à vingt ans? si nous ressaisissions tous nos plaisirs envolés? Ah! la jeunesse! la jeunesse! Tout est là; car c'est Dieu qui vous la donne. Voyez mon fils, comme il est heureux là-bas dans les bois, libre, fort, prêt à tout. Allez demander à votre fille, qui rêve je ne sais où, si à son âge la vie n'est pas douce à supporter?

Si mademoiselle de Marivaux avait pu répondre, elle aurait dit : « Ah! oui, la vie est douce, je le sens à mon cœur qui bat quand le cor résonne dans la montagne; oui, la vie est belle : je la vois qui me sourit dans les arbres et dans les fleurs, je l'entends qui me parle dans la voix des oiseaux chanteurs, dans la source qui jaillit si pure et si fraîche. » Peut-être, imitant le style de son père, mademoiselle de Marivaux aurait ajouté : « Oui, la vie est belle, je la vois qui me sourit le matin dans le miroir, à l'heure où je peigne mes longs cheveux. »

Madame de Bez avait un fils qui devait recueillir une immense fortune à la mort de sa grand'mère. Madame de Bez, tout en passant sa vie à médire des vanités humaines, avait tous les préjugés de la vanité et de la grandeur. Quand elle causait avec Marivaux ou quelque autre philosophe manqué, elle soutenait que la joie du cœur était toute la fortune qu'il fallût chercher ici-bas; mais quand elle devisait avec elle-même, c'était un tout autre point de vue. Aussi, voyez comment madame de Bez et Marivaux, qui passaient pour des sages, firent le bonheur de leurs enfants après avoir oublié de faire le leur.

Le soir, au retour de la chasse, M. Guillaume de Bez, jeune homme de vingt ans, qui n'avait pas encore gâté par les belles manières ses franches allures un peu rustiques, rentra au château par le parc. Mademoiselle de Marivaux se trouva sur son chemin, sans doute par hasard. Le hasard est de si bonne volonté pour les jeunes garçons et pour les jeunes filles!

—Ah! c'est vous, dit mademoiselle de Marivaux en pâlissant; dans quel équipage vous voilà!

—Vous savez : des roches à pic, des épines, des mares; tout à l'heure encore, pour rentrer par ce côté du parc, il m'a fallu presque nager; mais, Dieu merci, la chasse a été bonne.

Disant ces mots, Guillaume de Bez présenta un bouquet de fraises à mademoiselle de Marivaux.

—Je me suis rappelé, poursuivit-il, en entrant dans les bois, que l'an dernier nous avions passé toute une matinée à cueillir des fraises avec une joie toute pastorale. Nous étions heureux de rien, comme des enfants.

A cet instant, un des amis de Guillaume de Bez l'appela à quelque distance; mademoiselle de Marivaux lui fit un signe d'adieu et s'éloigna. Elle rentra au château, monta à sa chambre et se mit à pleurer.

—Il ne m'aime pas, dit-elle toute pensive; il fallait qu'il retournât dans les bois et qu'il revît des fraises pour se rappeler cette fraîche matinée qui a été toute ma vie depuis un an... Ma vie n'a-t-elle pas commencé là?...

Elle prit le bouquet de fraises et le respira avec une tristesse pleine de charme.

—Cependant, reprit-elle en essuyant ses larmes, il ne pouvait pas me cueillir un bouquet qui me fût plus doux que celui-là.

La cloche ayant sonné le souper, elle déposa le bouquet dans un verre, et descendit au salon. Le souper fut un peu morne; la chasse avait fatigué les jeunes gens; Marivaux et madame de Bez ne savaient plus en quoi se contredire; mademoiselle de Marivaux pensait qu'elle n'était pas aimée.

Après souper, comme madame de Bez et Guillaume se trouvaient seuls, le jeune homme lui demanda si mademoiselle de Marivaux devait rester longtemps encore au château.

—Son père est attendu à l'Académie pour une réception.

—Et il veut emmener sa fille?

—Sans doute; d'ailleurs la saison s'avance.

—Elle ne partira pas, car, puisqu'il faut vous le dire, je l'aime et veux l'épouser.

—Vous êtes fou!

—Est-ce donc une folie d'aimer une belle fille?

Madame de Bez vit bien qu'il n'y avait pas à raisonner. Elle alla droit à la chambre de mademoiselle de Marivaux.

—Ma chère enfant, Guillaume vous aime, c'est une folie; vous allez retourner à Paris; mais, avant votre départ, faites bien voir à Guillaume que vous ne l'aimeriez pas, même si vous ne deviez pas entrer au couvent.

—Au couvent! s'écria mademoiselle de Marivaux, qui fut tout à la fois bouleversée par la joie d'apprendre qu'elle était aimée, et par la douleur d'entendre parler de cette tombe plus noire que l'autre, où l'on voulait ensevelir sa jeunesse.

—Votre père ne vous a donc pas encore avertie qu'il voulait vous abriter, dans ce refuge béni, contre tous les dangers de ce monde? Le duc d'Orléans doit payer votre dot.

—Ma dot! murmura la jeune fille d'une voix éteinte. Oui, madame, mon père m'a parlé du couvent; mais... mais je l'avais oublié...

Mademoiselle de Marivaux ne dormit pas de toute la nuit; le lendemain, au soleil levant, comme elle ouvrait sa fenêtre, elle vit Guillaume qui partait à cheval.

—Où va-t-il? se demanda-t-elle en portant la main sur son cœur.

A l'angle d'un chemin, il tourna la tête et aperçut la jeune fille. Il lui fit un gracieux signe de main.

—Hélas! dit-elle, c'est peut-être un signe d'adieu.

Elle le suivit du regard; quand il disparut dans les arbres, elle tomba agenouillée et pria Dieu avec ferveur.

—Et pourtant il m'aime! dit-elle après avoir prié.

Elle ne revit plus Guillaume. Madame de Bez, craignant quelque coup de tête, avait envoyé son fils chez un ami du voisinage. Il devait revenir le lendemain; mais le lendemain, madame de Bez alla le rejoindre et lui apprit que M. de Marivaux et mademoiselle de Marivaux étaient depuis la veille sur la route de Paris. Guillaume voulut monter à cheval et suivre les traces de la jeune fille; il jura qu'il la retrouverait ou se laisserait mourir de chagrin. Madame de Bez, qui connaissait les hommes de près, laissa dire son fils. Elle lui promit d'ailleurs de plaider sa cause devant mademoiselle de Marivaux à leur retour à Paris. Guillaume attendit avec un peu de patience, grâce aux plaisirs de la saison: il adorait mademoiselle de Marivaux, mais la chasse est si bonne aux cœurs inquiets!

Quand il revint à Paris, six semaines après, mademoiselle de Marivaux était au couvent du *Thrésor*. Il voulut la voir; il tenta de l'enlever. Il n'eut même pas la consolation de savoir si ses lettres, toutes passionnées, arrivaient jusqu'à elle.

Marivaux, qui avait la prétention de lire dans tous les cœurs, ne s'aperçut pas de l'amour de sa fille. « C'est étonnant, écrivait-il après sa première visite au couvent, comme la solitude et la prière pâlissent une femme. La pauvre petite était si fraîche avant d'entrer au Thrésor! O mon Dieu! par quelles joies d'en haut payez-vous ces sacrifices humains? Ce n'est pas seulement son cœur et sa liberté qu'on dépose à vos pieds. Les vierges vous immolent leur beauté et l'éclat si doux de leur jeunesse. »

A une seconde visite, voyant sa fille plus pâle et plus défaite, Marivaux lui demanda si le sacrifice était au-dessus de ses forces.

—Non, répondit-elle en joignant les mains.

Mais pensait-elle à Dieu ou à Guillaume de Bez? Elle ne succomba pas du premier coup. Marivaux la vit revenir à elle; sa résignation eut même un certain caractère de joie mélancolique.

—Je vais prendre le voile, lui dit-elle un jour; je me sens digne de cette action; j'aurai la force de m'éloigner sans regret du rivage de la vie, comme disent nos cantiques.

Elle cherchait sans doute à s'aveugler elle-même. Le jour solennel arriva. Le matin, comme son père la voyait pleurer, elle lui dit que c'étaient des larmes de joie. Madame de Bez survint; c'était l'heure de l'habillement; on apporta le voile : madame de Bez voulut l'attacher elle-même sur cette tête charmante qu'elle aurait dû couronner de roses moins pâles. La cloche sonna. Mademoiselle de Marivaux se jeta dans les bras de son père.

—Je vais mourir, dit-elle avec calme; adieu, ma mère m'attend.

La supérieure vint au-devant de la jeune vierge, qui était plus blanche que la mort. Arrivée à l'autel, il la fallut soutenir. Elle subit les félicitations du prêtre venu pour la bénir. A toutes les demandes, elle répondait oui d'une voix sépulcrale.

Quand on saisit sa fille pour la placer sous le drap mortuaire, Marivaux n'eut pas la force de rester plus longtemps dans la chapelle. Il sortit en essuyant ses larmes. Par un hasard singulier, il rencontra une comédienne à la porte du Thrésor, mademoiselle Sylvia, de la Comédie-Italienne.

—Vous pleurez, Marivaux?

—Oui, cependant je viens d'accomplir une bonne œuvre, j'ai

sauvé ma fille des périls de ce monde ; à l'heure qu'il est, elle est vouée à Dieu.

—Quelle idée!

—Vous savez que je n'avais pas de dot à lui donner.

—N'était elle pas jolie? Ah! Marivaux, la liberté, n'est-ce donc rien? Ah! philosophe que vous êtes!

—J'y ai réfléchi depuis sa naissance; j'ai tout étudié, tout comparé; les joies d'ici-bas sont noyées dans les larmes.

—Et vous ne comptez donc pas le plaisir de pleurer? allez, vous n'êtes pas un homme, vous n'êtes qu'un philosophe.

Peu de jours après, Marivaux retourna pour la dernière fois au château de Bez. A la vue des branches soulevées par l'air vif, des oiseaux voyageurs, des sources jaillissantes, des vertes prairies, des moissons dorées, des pampres rougis, ne songea-t-il pas avec un serrement de cœur à la cellule étroite et sombre où priait, — où pleurait, — où mourait sa fille?

Guillaume de Bez, cédant aux prières de sa mère, se résigna à épouser mademoiselle de Riancourt, qui ne l'aima jamais.

Mademoiselle de Marivaux ne survécut guère à son cœur. *Ci-gît qui mourut à vingt ans!*

XLII

LA MORT DE SAPHO

I

LA MORT DE SAPHO

Enfin tout va finir ! — voilà le rocher nu
D'où je m'élancerai dans le monde inconnu.
Et demain le cruel rira de ma folie,
Et du dernier adieu de ma bouche pâlie.
Croit-il donc qu'après lui j'irais encor courir ?
Non ; c'est trop de douleur, et j'aime mieux mourir !
Déjà j'ai traversé les enfers : puis-je vivre
Quand l'amour a pour moi fermé son divin livre ?
Quand mon cœur, tout saignant des folles passions,
N'est plus bon qu'à jeter en pâture aux lions ?
Vivre, quand mon esprit, cher au sacré rivage,
S'est à jamais perdu dans ce rude esclavage ?
Quand ma bouche si fraîche est flétrie à jamais,

LA MORT DE SAPHO

Sous les pleurs dévorants ; quand tout ce que j'aimais,
Tout ce que j'aime encor m'oublie et me torture?
Mourons, et cachons-lui le sang de ma blessure.
Ma mort lui redira les jours évanouis
Où l'amour transportait nos cœurs épanouis,
Cette aube lumineuse où chantait la Chimère
Sur la harpe d'argent avec l'âme d'Homère;
Où les Heures, jetant des fleurs à pleine main,
Dansaient autour de nous, dansaient sur le chemin!
Et ces nuits où Phœbé, voyant ma gorge nue,
Voilait ses chastes yeux dans l'ombre de la nue;
Où les étoiles d'or descendaient doucement
Pour couronner nos fronts de leur rayonnement;
Où les Olympiens, jaloux de nos délires,
Jetaient avec fureur leurs coupes et leurs lyres;
Où Vénus elle-même ouvrait violemment
Ses bras tout enflammés pour saisir mon amant.
Le cruel! Laissez-moi, serpents de jalousie,
Dans vos enchaînements suis-je encor ressaisie?
Le cruel! Est-ce donc pour m'outrager toujours
Qu'il me rendait l'espoir au dernier de mes jours?

Mourir dans ma jeunesse et dans ma poésie!
Mourir frappée au cœur! ô sombre frénésie,
O tourments des enfers, ô vengeance des dieux
Qui ne pardonnent pas aux amours radieux!
Quoi qu'ils fassent, je suis à présent immortelle,
J'irai m'asseoir aussi dans leurs banquets, et telle
Que les muses, mes sœurs, sur la cithare d'or,
Mon amour indompté, je veux le dire encor.
Et Jupiter peut-être, indigné du parjure,
Te frappera, Phaon, pour laver mon injure.

Cruel! si Jupiter voulait frapper ton cœur,
J'arrêterais sa main, ô Phaon, mon vainqueur !
Si tu ne m'aimes plus, c'est ma faute : une amante
Est dans son tort sitôt qu'elle n'est plus charmante.
J'aurais dû sur ton cœur veiller toutes les nuits
Et ne point y laisser arriver les ennuis ;
J'aurais dû, te berçant, bacchante inassouvie,
Ne chanter que pour toi la chanson de la vie.
Ne t'aimais-je pas trop, ô Phaon, pour avoir
La science d'aimer ? T'aimer, c'était savoir !

Des larmes ! O Sapho ! n'écoute point ton âme,
Qui, comme un cerf blessé, fuit le jour, pleure et brame.
Point de lâches douleurs ! je mourrai vaillamment,
Sans un seul souvenir pour le perfide amant !
Qu'il aille où son amour l'entraînera ; qu'importe
Si le fleuve des morts à tout jamais m'emporte !

Hélas ! je veux le fuir, mais pour le retrouver :
Sur le sein de la mort je veux encor rêver
A ses beaux yeux baignés de flammes amoureuses ;
A sa bouche pareille aux pêches savoureuses.
Je veux encore entendre en mon âme sa voix,
Sa voix qui caressait mes lèvres autrefois,
Sa voix qui suspendait les hymnes sur ma lyre,
Sa voix qui m'empêchait de chanter et de lire.
Je vais monter ! Encor si j'avais pour appuis
Tes douces mains, Phaon, car sans toi je ne puis
Traîner mes tristes pieds et je perds tout courage.
Réveille-toi, mon cœur, pour ce dernier naufrage !

Je vais me dépouiller de toute ma splendeur,
Et je ne garderai qu'un voile à ma pudeur.

O mon maître Apollon! reprends cette couronne.
Nuit de la tombe, éteins l'éclat qui m'environne.
Chères fleurs, que le vent vous reporte vers lui!
Ah! quand il les cueillait, quels beaux jours nous ont lui!
Ah! qu'il aimait l'amante et qu'il aimait la muse!
Pauvres perles! qu'une autre à son tour s'en amuse.
Qu'il ne me reste rien, pas même ma beauté,
Pas même son portrait sur cet anneau sculpté!
Ce bracelet d'argent qui me vient de ma mère
M'accompagnera seul au fond de l'onde amère.
Adieu, vaines grandeurs! Je vous salue, ô flots!
Vous qui me bercerez au chant des matelots.
Vous ne glacerez pas ma bouche inapaisée,
Car Phaon seul avait la divine rosée.

Et vous, mes vers, trésors à mon cœur arrachés,
Réveil des souvenirs dans le tombeau couchés,
Mon amour, mon orgueil, ma joie et mon délire,
Je ne crois plus à vous, et j'ai brisé ma lyre,
Quand Phaon a brisé mon cœur. Tout est fini.
Dieux, qui m'avez donné la soif de l'infini,
Et qui m'avez ouvert les bras sur la chimère,
Pourquoi ne m'avoir pas permis d'être une mère?
J'aurais fermé mes bras sur quelques beaux enfants
Plus blonds que les amours, plus joueurs que les faons.
Assise sur le seuil et les voyant s'ébattre...
C'était là, c'était là que nos cœurs devaient battre!

Ailleurs, avec Phaon, que nous montions gaîment!
Mais nous nous arrêtions à chaque embrassement!
Nous allions à l'amour, quel que fût le rivage,
Et je vais à la mort en ma douleur sauvage.

Je ne pardonne pas en mourant; que les dieux
Te foudroient, ô Phaon ! Ton amour odieux
Retombera sur elle : il faudra qu'elle expie
Les tourments infernaux de cet amour impie.
J'enchaînerai son cœur, déchiré par lambeaux,
Sur un roc où viendront se nourrir les corbeaux...
Si tu savais, Phaon, comme je t'aime encore !
Tu ne me verras plus à la prochaine aurore.
Si tu vas sur la mer... et si tu te souviens...
A nos beaux soirs passés, Phaon, si tu reviens,
Les vagues te diront que ma bouche mourante
Cherchait la tienne encor sur la vague pleurante ;
S'il vient t'interroger, ô mer ! tu lui diras
Qu'en mourant je croyais me jeter dans ses bras.

II

LE TOMBEAU DE SAPHO

CHANT DES SIRÈNES.

Elle a dit son secret aux filles de la mer,
    Parmi nous la muse est venue,
Versant au flux les pleurs de son amour amer,
    Et nous livrant sa gorge nue.

Elle a dit son amour et sa douleur aux flots
    Du haut du rocher prophétique ;
Nous avons recueilli les cris et les sanglots
    De son désespoir poétique.

Elle est morte, Sapho ; mais le tombeau mouvant,
    Les grandes vagues écumantes,

Diront longtemps encor que son cœur est vivant
    Dans le cœur des folles amantes.

Elle est morte, Sapho, pour avoir trop aimé
    En sa passion souveraine;
Mais son âme vivra dans l'avenir charmé,
    Son âme, invisible sirène.

Couchons-la doucement dans un lit de roseaux.
    Sous ses cheveux ensevelie,
Qu'elle dorme à jamais au bruit chanteur des eaux!
    Et que son triste cœur oublie!

XLIII

LA FILLE DE SEDAINE

I

Sedaine avait des filles à marier : l'une d'elles, la plus jolie, qui s'appelait Hyacinthe, était bercée du rêve invraisemblable d'épouser David, ce peintre français qui aurait dû naître et mourir à Rome au temps de Brutus. David n'était pas tout à fait l'Apollon du Belvédère ; sa tête était d'une sévérité inflexible sous ses cheveux hérissés comme ceux de la Sibylle de Cumes. Dans son portrait, peint par lui-même, on est frappé du caractère antique du masque. Mais faut-il croire à David peint par lui-même? David, ayant à faire son portrait, ne se laissait-il pas aveugler par la vision de quelques sombres figures romaines? Or, ces figures-là n'étaient pas l'idéal des filles à marier vers 1780, alors que les marquis et les mousquetaires étaient si galamment équipés.

Mais mademoiselle Hyacinthe Sedaine s'était laissé prendre

à la renommée de David, bien plus qu'à sa figure; ce qu'elle aimait en lui, c'était l'artiste.

Ce n'est jamais l'homme, tel qu'il est, qui fait des passions; c'est l'homme greffé sur l'homme par le hasard, par l'héroïsme, par le génie, par la destinée. L'homme tel qu'il est ne porte qu'un fruit sauvage; l'homme greffé sur l'homme porte un fruit savoureux. Le premier, c'est la vérité brutale; le second, c'est l'idéal adoré. On voit et on aime un homme par les yeux de l'esprit.

David allait souvent dîner chez Sedaine. Hyacinthe avait ce jour-là un sourire de fête et des roses dans sa chevelure; elle parlait à David de ses tableaux avec une voix de sirène, car les sirènes, avant de disparaître dans l'Océan, ont donné leurs voix à toutes les filles qui ont la beauté sur la figure et l'amour au cœur. Ce jour-là, Hyacinthe se mettait au clavecin pour jouer les airs les plus doux de son ami Grétry. Plus d'une fois à ce même clavecin elle avait trouvé quelque fraîche inspiration. David écoutait le premier air; il disait froidement : « *C'est joli!* » et se renversait sur un fauteuil pour faire la sieste. S'il ne dormait pas tout à fait, cette pauvre Hyacinthe n'y gagnait rien, car David était à cinq cents lieues et à vingt siècles de là, parmi les Romains et les Grecs. Ah! si Hyacinthe eût été un beau buste antique de marbre ou de bronze! mais elle n'avait pour elle que sa jeunesse, que son amour, que son esprit, que sa beauté. David ne comprenait pas toujours cette langue-là.

Cependant la fille de Sedaine lui pardonnait ses distractions.

—Un jour, disait-elle à son père avec une larme cachée, il finira par voir que je suis là.

David avait, on le sait déjà, une école célèbre dès son origine. A chaque concours ouvert par l'Académie de Rome, c'était toujours un disciple de David qui était couronné; on voulait décerner au maître une récompense nationale. Le roi de France, qui comprenait la royauté des arts, voulut que David fût logé au Louvre.

Ce pauvre Louis XVI, surnommé le tyran par David lui-même ! Quand plus tard le peintre, devenu un des rois montagnards, eut à s'occuper du logement de Louis XVI, et qu'il l'envoya en prison, ne se rappela-t-il donc pas qu'il était encore logé au Louvre par la volonté de Louis XVI ?

Jusque-là David n'avait pas songé à se marier, il ne pensait qu'aux enfants de son génie. Il fut forcé, pour prendre possession de son logement au Louvre, de s'entendre avec l'architecte du roi, Pécoul. Il avait connu son fils à Rome. Ils avaient souvent causé ensemble de la patrie et de la famille absente. Le fils de Pécoul avait dit à David : « J'ai des sœurs qui sont belles, vous en choisirez une, et nous serons frères. » Au départ du peintre pour Paris, il lui avait donné une lettre pour son père, mais surtout pour qu'il vît ses sœurs. Plus de deux ans s'étaient passés, David avait toujours la lettre dans un cahier de dessins ; quand il la retournait : « Qui sait, disait-il, il y a peut-être là un mot de la destinée ! » Et puis il était six mois sans y penser.

Il se présenta enfin chez Pécoul.

—Ah! vous êtes David, dit l'architecte, vous voulez un logement au Louvre?

—Oui, monsieur, le roi a eu la bonté de m'en octroyer un.

—Il n'y avait pas, reprit Pécoul, que Sa Majesté qui pût vous accorder cette faveur : si vous étiez venu me voir, il y a deux ou trois ans, avec une certaine lettre de Rome que j'attends toujours, qui sait si je ne vous aurais pas logé tout de suite au Louvre?

David avait la lettre sur lui : il la prit en rougissant, et la remit avec émotion à l'architecte.

—Par Dieu! dit Pécoul, cette lettre attendra bien encore un peu; venez dîner avec moi, et nous la lirons au dessert.

Disant ces mots, Pécoul mit à son tour la lettre dans sa poche.

—Et le logement? dit David.

—Un jour plus tôt, un jour plus tard, répondit Pécoul.

David, en attendant l'heure du dîner, s'en alla tout droit chez son ami Sedaine, qui était aussi logé au Louvre, et lui raconta son entrevue avec Pécoul.

—Je ne comprends pas, dit Sedaine; c'est un imbroglio.

Hyacinthe était là; une pâleur subite avait envahi sa figure.

—J'ai compris, moi, murmura-t-elle.

Elle alla au clavecin, et lui fit chanter cette triste élégie de Richard Cœur-de-Lion : *Une fièvre brûlante...*

II

David alla dîner. On déploya tout le luxe de la coquetterie, on mit en œuvre toutes les grâces du sentiment. Pécoul voulait à toute force que la gloire et la fortune de David fussent des filles de sa maison.

Au dessert, entre le vin de Champagne et le vin d'Espagne, Pécoul prit la lettre de son fils et la lut à haute voix. Ce fut comme un coup de théâtre. Le silence était profond, les jeunes filles baissaient la tête tout en regardant David. David interrogeait le sphinx. Pécoul, tout en lisant la lettre, cherchait à lire dans les yeux de David. La mère seule pensait à celui qui avait écrit la lettre, car son fils était encore à Rome.

Cette lettre n'était pas longue, la voici : « Je te présente, mon « très-cher père, le meilleur de mes amis; arrange-toi pour qu'il « devienne mon frère. C'est tout simple : il a vingt-cinq ans, et « tu as des filles à marier; il a du génie, et tu as de l'ar- « gent. »

M. Pécoul avait fini de lire qu'on écoutait encore.

—Vous voyez, mesdemoiselles, dit enfin David comme pris à l'improviste, que votre frère arrange les choses à sa manière; je suis confus de la bonne opinion qu'il a de moi, mais il ne sait pas qu'on ne force ni sa fille ni sa sœur sur le chapitre du mariage.

Pour moi, qui suis seul de toute ma famille, il va sans dire que je serai heureux de peupler ma solitude par la beauté et par la vertu.

A cette phrase laborieuse, dans le style du drame bourgeois alors en vogue, mesdemoiselles Pécoul répondirent par un silence éloquent.

David les regarda toutes les deux sans trop savoir celle qui lui était destinée ou celle qu'il avait le droit de se destiner lui-même.

En effet, pour David, la vraie passion, la vraie poésie, la vraie femme, c'était la peinture; l'autre ne devait être qu'une superfluité de luxe qui traverserait sa vie sans l'entraîner. Il y a deux sortes d'artistes ici-bas : les uns, qui mettent l'art dans leur vie : égoïstes profonds qui, passionnés pour eux-mêmes, sont de vrais poëtes dans l'horizon restreint de la famille ; les autres, qui mettent l'art dans leurs œuvres, qui s'y répandent eux-mêmes avec une sublime abnégation, ou plutôt avec un égoïsme plus élevé, puisque, après tout, leurs œuvres, c'est encore eux, et que leur renommée est la métamorphose radieuse de leur personnalité.

L'architecte du roi rompit le silence pour dire à David qu'il suivrait à la lettre les conseils de son fils, puisque le glorieux peintre de *Bélisaire* n'avait pas de parti pris contre le mariage. La conversation reprit son entrain ; on parla gaiement, on parla beaucoup ; mais, quand David se leva pour sortir, il ne savait pas encore quelle était celle des deux jeunes filles qu'il épouserait. En s'inclinant pour dire adieu, il saisit, dans un rapide regard, les deux figures, et s'éloigna en se demandant si l'une, au point de vue de l'art, lui était plus que l'autre sympathique.

Tout naturellement, selon son habitude, il alla passer une heure chez Sedaine.

Hyacinthe était plus pâle que la veille ; s'il ne lui en fit pas la remarque, c'est qu'il ne s'en aperçut pas.

—Eh bien! mon ami David, lui dit Sedaine avec son air de malicieuse bonhomie, vous avez tout à la fois l'air gai et le front soucieux?

—En effet, continua Hyacinthe en souriant pour cacher sa peine, il y a deux tableaux dans votre figure.

—Deux tableaux! s'écria David, vous avez dit le mot. Je viens, vous le savez, de dîner chez Pécoul; on m'a reparlé de mariage. Me marier! à quoi bon?

—C'est une vieille habitude du genre humain, qui s'en trouve toujours mal et qui recommence toujours, interrompit Sedaine.

—Je ne vois pas là deux tableaux, dit Hyacinthe avec impatience.

—Attendez donc, poursuivit David; pour se marier, il faut une femme, et j'en ai deux.

La pauvre fille respira. Une dernière illusion, pareille à ces renaissances de santé à l'heure de la mort, vint relever son front si abattu.

—Oui, j'en ai deux, dit David, comme s'il regardait en lui-même. Je n'aime ni l'une ni l'autre, mais je suis sur le point d'aimer celle-ci autant que celle-là : il y en a une qui est brune, il y en a une qui est blonde.

Hyacinthe soupira et souleva la tête pour voir ses blonds cheveux dans la glace de la cheminée.

—Celle qui est brune a une ligne plus décidée, un profil plus romain; celle qui est blonde a un type plus délicat, un contour plus ondoyant; on dirait d'un marbre grec adouci par Coustou.

Hyacinthe se regardait toujours dans la glace.

—Pour moi, dit Sedaine, j'ai mieux aimé, quand j'ai eu vingt ans, dénouer une chevelure blonde qu'une chevelure noire. A quoi bon un profil romain du temps d'Auguste, pour vivre à Paris sous Louis XVI?

Hyacinthe rougit et se hâta de dire qu'elle n'aimait pas les cheveux blonds, et qu'elle avait toujours regretté de n'être pas brune.

—Ainsi, lui dit David, vous me conseillez plutôt d'épouser le type romain?

—Oui, murmura Hyacinthe; c'est d'ailleurs dans vos sympathies, puisque votre génie est tout romain, comme celui de Corneille.

Hyacinthe était brisée par les battements de son cœur; il lui était impossible de dire un mot de plus; elle se sentait sur le point ou de mourir de joie, ou de mourir de douleur. Elle tremblait qu'il ne se décidât pour mademoiselle Pécoul; elle tremblait aussi qu'il ne lui répondît : « Puisque vous me conseillez votre rivale, je vous épouse; car elle ne doutait pas que David ne fût indécis entre mademoiselle Pécoul et elle-même.

Tout à coup David, qui se promenait dans le salon, s'approcha d'Hyacinthe et lui dit brusquement :

—A propos, ne connaissez-vous pas les deux filles de Pécoul?

—Oui, murmura-t-elle déjà tout anéantie.

—Eh bien! puisque vous les connaissez, dites-moi donc tout de suite laquelle il faut prendre.

Hyacinthe pâlit, balbutia quelques mots et tomba évanouie; elle avait compris enfin toute l'amère raillerie de sa destinée.

Le pauvre vieux Sedaine, qui comprenait aussi, se jeta à genoux devant sa fille et lui souleva la tête dans ses mains.

—Qu'a-t-elle donc? demanda David avec émotion; car, s'il n'avait jamais considéré Hyacinthe comme une amante, il l'avait toujours regardée comme une sœur.

—Ce qu'elle a? murmura Sedaine avec un triste signe de tête, si vous ne le savez pas, je ne vous le dirai pas.

Un silence de mort suivit ces paroles.

—Ah! mon Dieu! poursuivit Sedaine dans sa pensée, je

croyais avoir là deux enfants, est-ce que je vais les perdre tous les deux?

David avait pris les mains d'Hyacinthe et lui parlait avec sa tendresse un peu rude.

Elle rouvrit les yeux et lui dit qu'elle était touchée de son inquiétude, mais qu'il ne fallait plus y penser.

Elle se leva lentement, se traîna jusqu'au clavecin et se remit à jouer cet air si triste et si éloquent : *Une fièvre brûlante*, qui était comme le *De profundis* de son amour.

David épousa mademoiselle Pécoul, — le type romain; — Hyacinthe attendit pour mourir que le vieux Sedaine fût mort.

XLIV

LES FANEURS DE FOIN

En Champagne — un pré fauché de la veille — un ruisseau d'un côté avec des saules, des peupliers de l'autre, un bois de noisetiers dans le fond. — Le soleil se lève; — les deux faneurs sont dans le sentier qui conduit au pré.

HYACINTHE, SUZANNE.

SUZANNE.

L'alouette en chantant s'élève dans le ciel,
L'abeille aux ailes d'or s'en va chercher son miel,
Le merle persifleur chante sous la ramure.
— D'où nous vient ce parfum? la fraise est-elle mûre?
Est-ce encore l'aubépine ou le trèfle fauché?

HYACINTHE.

Te souviens-tu? Le soir où je m'étais caché
Dans le trèfle touffu de mon oncle Jean-Jacques?
Tu revenais, je crois, de la fête de Pâques,

Tu pensais au bon Dieu ; mais le diable était là,
Te guettant au passage et te criant : « Holà ! »
Un beau soir !

SUZANNE.

Ce beau soir, du moins, je fus aimée,
Le rossignol chantait sur la branche embaumée.

HYACINTHE.

Mon cœur chantait aussi.

SUZANNE, sautant sur le pré.

Nous arrivons.

HYACINTHE.

Déjà !
N'as-tu pas reconnu l'orme qui t'ombragea
Quand tu venais, enfant, cueillir la primevère,
Après avoir prié la Vierge, au Grand Calvaire ?

SUZANNE, se regardant au fond du ruisseau.

J'ai pâli, n'est-ce pas ?

HYACINTHE.

Non ; le flot en passant
Argente avec amour ton profil ravissant.
Quand je suis loin de toi sur ma charrue oisive,
Je te revois ainsi dans mon âme pensive.

SUZANNE.

Moi, je vois dans mon cœur, quand tu touches ma main,
Ton portrait.

HYACINTHE, poursuivant.

Au goûter, je donne tout mon pain

A mes pauvres chevaux, car moi je n'y mords guère.
Va, tes beaux yeux m'ont fait une cruelle guerre.

SUZANNE

Tu chantes aujourd'hui de bien vieilles chansons.
C'est trop baguenauder; à l'œuvre, commençons.
Que l'herbe, secouée à plus d'une reprise,
Reçoive tour à tour le soleil et la brise.
Vois : ma fourche, coupée au bois du vieux couvent,
Est légère en mes mains comme une plume au vent.
Commençons par ce coin, à l'ombre de ces saules.

HYACINTHE, glissant la main sur l'épaule de Suzanne.

Oui, le soleil gourmand va mordre tes épaules.

SUZANNE.

Que l'ombre est fraîche encor sous ces branchages verts!
Prends donc garde! voilà mon fichu de travers!

Souriant.

Nous parlerons d'amour quand l'herbe secouée...
Allons, ma chevelure est toute dénouée!
Ami, finissez donc avec tous vos discours...
Si tu ne finis pas, j'appelle à mon secours!

HYACINTHE.

Eh! qui donc appeler? Le ramier qui roucoule?
La fauvette qui chante et le ruisseau qui coule?
Je suis seul avec toi; pas même un moissonneur
Qui puisse nous guetter en passant.

SUZANNE.

Mais l'honneur
En sentinelle est là!

HYACINTHE.

L'honneur bat la campagne.

SUZANNE.

Allons! ne bâtis pas de châteaux en Champagne.
Alerte, vois ce foin comme il est vert encor!

HYACINTHE.

Notre amour est vraiment digne de l'âge d'or;
Et le merle moqueur, que ta beauté régale,
Va nous siffler!

SUZANNE, se détournant pour rire.

       Vois-tu gambader la cigale?
Tiens, la voilà qui danse aux pipeaux du grillon,
En face d'une abeille, avec un papillon!
Sur elle la rosée a secoué sa perle.
Ne vois-tu pas?

HYACINTHE.

       J'entends toujours siffler le merle.
Mais quoi! voici déjà l'heure du déjeuné.

SUZANNE.

La cloche du château n'a pas encor sonné.
Alerte! plus d'ardeur et moins d'agacerie!
Nous ne déjeunerons qu'au bout de la prairie,
Sous cet orme, là-bas, où tremblent les roseaux,
Aux parfums des buissons, à la fraîcheur des eaux.

HYACINTHE.

Un déjeuner frugal.

SUZANNE.

       Et pourtant délectable.

HYACINTHE.

A qui donnerons-nous les miettes de la table?

SUZANNE.

Aux oiseaux familiers.

HYACINTHE.

Ah! quand on a vingt ans,
Le bonheur est de vivre un peu de l'air du temps.

SUZANNE.

A vingt ans, le bonheur est un convive affable;
Mais plus tard, m'a-t-on dit, ce n'est plus qu'une fable,
Un vrai conte de fée, une image qui fuit,
Un rêve vagabond qui se perd dans la nuit.

HYACINTHE.

Tu jases comme un livre.

SUZANNE.

Ah! c'est que ma grand'mère
En sait bien long! Et puis on a lu sa grammaire!

HYACINTHE.

Tu parles aussi bien que le premier venu.
—Si pour moi le bonheur est encore inconnu,
Je sais où le trouver, Suzanne, ô ma maîtresse!
A tes lèvres de feu je boirai son ivresse,
Si tu veux m'écouter. Tu vois bien ce ramier
Qui voltige là-bas du plateau au pommier,
Qui se plaint sourdement comme la tourterelle?
Il attend sa colombe et roucoule pour elle.
Tout à l'heure ils s'en vont becqueter leur amour.

SUZANNE.

N'allons pas fatiguer les échos d'alentour.

HYACINTHE.

Le bonheur, avec toi, c'est un peu d'herbe fraîche,
Loin de la grand'maman qui s'ennuie et qui prêche ;
C'est l'ombre d'une branche où chantent les oiseaux,
Une fleur d'or cueillie au milieu des roseaux,
Une feuille qui vole, un nuage qui passe ;
C'est la vieille chanson qui traverse l'espace,
La chaumière enfouie à l'ombre du noyer,
Le souper de la Bible aux flammes du foyer,
C'est le petit enfant qui gazouille et qui joue.

SUZANNE.

Çà, n'allons pas si vite !

HYACINTHE.

     Un baiser sur ta joue
Sur ta bouche qui rit, sur ton œil langoureux
Qui me fait voir le ciel quand je suis amoureux,
Sur tes cheveux flottants autour de ton visage,
Et sur ce cher bouquet qui sèche à ton corsage,
Ah ! voilà le bonheur, si je savais oser !

Il embrasse Suzanne.

SUZANNE.

Holà ! que fais-tu donc ?

HYACINTHE.

     Ce n'est rien : un baiser,
Un baiser pris au vol — un seul — et je suis ivre !
Tu vois bien que ma bouche en sait plus long qu'un livre.

XLV

LES MOISSONNEURS

PROLOGUE

L'Aurore abandonnait au vent ses blonds cheveux ;
Sa faux sur son épaule, Hyacinthe aux bras nerveux
Comptait sur ses dix doigts les beautés de Suzanne.
Jamais on n'avait vu pareille paysanne,
Sur son chemin l'Amour était toujours tapi,
Elle avait sur la joue une pomme d'api ;
Un grand chapeau de paille ombrageait son visage,
Un rêve d'amoureuse agitait son corsage,
Et, tout en souriant, quand Hyacinthe parlait,
Elle montrait des dents blanches comme du lait.
Le blond faucheur l'aimait jusqu'à perdre la tête :
Il allait au travail comme un autre à la fête.
Le bouvreuil leur disait sa joyeuse chanson,
L'amour leur souriait dans le même horizon.
Ils allaient, secouant du pied thym et rosée ;

Le soleil, s'échappant de la nue irisée,
Répandait ses rayons ; la vache, au bord de l'eau,
S'agenouillait dans l'herbe à l'ombre du bouleau,
Le brouillard s'éveillait des vignes sablonneuses ;
Dans le creux du vallon, les jeunes moissonneuses
S'éparpillaient déjà ; la fourche du fermier
Effeuillait en passant la branche du pommier ;
Les bois chantaient en chœur ; le ciel et la nature
Souriaient ardemment à toute créature,
On sentait passer Dieu, le maître souverain,
Dans ce clair paysage à la Claude Lorrain.

HYACINTHE, SUZANNE.

HYACINTHE.

Entends-tu résonner ma faux à chaque gerbe ?
Le beau blé ! pas d'ivraie et pas un seul brin d'herbe !
Le ciel et la nature ont béni les moissons.

SUZANNE, écoutant battre son cœur.

Qu'entends-je ?

HYACINTHE.

    Le verdier là-bas dans les buissons,
L'alouette qui monte et se perd dans les nues,
Un écho qui nous vient des chansons inconnues,
Le doux roucoulement des bandes de pigeons,
Qui vont battre de l'aile au-dessus des ajoncs.
Ah ! mon Dieu !

SUZANNE.

    Qu'as-tu donc ? que vois-tu sous la haie ?
Peut-être une couleuvre ? Ah ! que cela m'effraie !
Pourquoi te vois-je ainsi, pâle, triste, muet ?

HYACINTHE.

- Un souvenir d'amour, vois plutôt ce bluet,
Le seul qui reste encor! — Quand je t'ai couronnée...

SUZANNE.

Ah! je m'en souviens trop! la couronne est fanée,
Mais je la vois toujours plus fraîche que jamais.
Quand tu m'as couronnée, Hyacinthe, tu m'aimais!
Je me croyais alors la reine du village.

HYACINTHE.

Était-ce de l'amour ou de l'enfantillage?

SUZANNE.

Si c'était de l'amour! — Rentrée à la maison,
J'accrochai ta couronne à la vieille cloison,
Au-dessus de mon lit. Pour moi, c'est un rosaire
Que je baise et consulte en mes jours de misère.
— Sais-tu ce que je fais quand je doute de toi?

HYACINTHE.

Tu pleures!

SUZANNE.

   Tu vas rire et te moquer de moi :
Je reprends ta couronne et la mets sur ma tête,
Et soudain je retourne à ce beau jour de fête!
Tout mon chagrin s'en va, tout mon bonheur revient.
Ce matin encor... vois, mon cœur qui s'en souvient!

Elle prend la main d'Hyacinthe et la porte à son cœur.

Ton nom est gravé là bien mieux que sur l'écorce.

HYACINTHE.

Qu'as-tu fait? Pour faucher, mon bras n'a plus de force.

SUZANNE.

A l'œuvre, à l'œuvre, Hyacinthe ! et qu'au soleil couchant
Ta faux ait moissonné tous les épis du champ.

HYACINTHE.

Je ne faucherai pas ce bluet, qui réveille
Un si doux souvenir ! c'est comme une merveille ;
Je dépose ma faux, je vais te le cueillir.

SUZANNE.

Rien qu'à voir un bluet je me sens tressaillir.
Si ton amour n'était qu'un amour de passage ?

HYACINTHE, regardant.

Où vais-je le planter ? au sillon du corsage ?

SUZANNE, rougissant.

Plutôt dans mes cheveux.

HYACINTHE, plaçant le bluet.

     Quel beau cou nonchalant !
Qui peut le garantir d'un soleil si brûlant ?

SUZANNE.

Finissez donc ? voilà ma faucille par terre.

HYACINTHE.

Suzanne, mon amour est un feu qui m'altère.
Un baiser sur ta joue ou de l'eau dans ta main !

SUZANNE.

La fontaine est là-bas, à deux pas du chemin.

HYACINTHE.

Allons-y ; l'ombre est douce au cœur, dit le proverbe.

SUZANNE.

Le proverbe est bien fou ! moi, je reste à ma gerbe ;
Ne perdons pas de temps, par un si beau soleil !
D'ailleurs, sur notre amour nous donnerions l'éveil.

HYACINTHE, l'entraînant.

Pourquoi me refuser cette main pour y boire?

SUZANNE.

Si l'on nous rencontrait, on ferait une histoire.

HYACINTHE.

J'aime ce clair ruisseau qui murmure tout bas.
Vois-tu les gais bouvreuils y prendre leurs ébats?
L'hirondelle en criant y vient baigner ses ailes,
La mésange y poursuit les vertes demoiselles ;
Quel baume printanier la verveine y répand !

SUZANNE.

Comme il va de travers ! on dirait un serpent.

Elle puise de l'eau, Hyacinthe boit.

On n'a pas vu souvent pareille fantaisie.

HYACINTHE.

L'eau, dans ta douce main, se change en ambroisie.

SUZANNE.

Qu'est-ce que l'ambroisie?

HYACINTHE.

     Une liqueur du ciel,
Meilleure que le vin, que le lait et le miel.

SUZANNE.

Qui t'a donc dit cela?

HYACINTHE.

             Je ne sais. Un vieux livre.
Mais je ne boirai plus; voilà que je m'enivre
Comme si j'avais bu sur ta bouche un baiser.
Que je boirais longtemps sans pouvoir apaiser
Ma soif toujours ardente! Ah! verse-moi l'ivresse!
Cette soif est au cœur, Suzanne, ma maîtresse!

ÉPILOGUE

Dans l'agreste roman je n'irai pas plus loin.
Sur le bord du ruisseau verdoyait le sainfoin,
Le vieux Pan soupirait dans les roseaux fragiles,
Aux portes du hameau, les glaneuses agiles
Criaient; sur le coteau répondait le berger;
L'écolière aux yeux bleus mouillait son pied léger
Dans le sentier du bois, où la fraise était mûre,
Où le merle sifflait, perché sur la ramure,
Sa gamme fraîche; enfin, partout joie et chanson!
— Mais Suzanne? — Suzanne était à la moisson...
Moisson du cœur, moisson d'amour, gerbe ravie
Au rivage divin pour embaumer la vie!

XLVI

COMMENT MEURENT LES FEMMES

Cornille Schut * était peintre et poëte. Le poëte est oublié; mais qui n'a vu un des charmants camaïeux du peintre dans les guirlandes de fleurs de Seghers?

Cornille Schut avait, jusqu'à vingt-sept ans, vécu un peu dans le monde, beaucoup dans les tabagies, avec les folles et charmantes passions de la jeunesse; plus d'une de ses aventureuses équipées avait émerveillé les jolies filles d'Anvers. Il se sauvait de ses folies par le travail, tantôt poëte, tantôt peintre, aussi heureux d'un sonnet que fier d'un coup de pinceau.

Un soir qu'il rêvait, selon sa coutume, une pipe à la bouche, devant quelques pots de bière et quelques amis, dans un cabaret

---

* Né à Anvers en 1590, mort vers le milieu du XVIIe siècle. Van Dyck a peint Cornille Schut. C'est une figure à grandes lignes, d'un caractère rêveur; le sourcil est fin, les moustaches sont fièrement relevées; l'ajustement a tout le style de celui des gentilshommes du XVIe siècle. Cornille Schut a vécu en France durant quelques années. Il a connu les poëtes de la Pléiade. Élève de Rubens, il avait, comme son maître, tout le feu de la création; mais il ne fut presque jamais coloriste.

COMMENT ADVIENT LES FEMMES

du port, il pensa qu'il éparpillait trop son cœur et sa vie; il prit une résolution subite, il se leva de table, mit fièrement son chapeau, et, tendant la main à ses amis, il leur dit adieu.

—Où vas-tu?

—Je ne sais pas, mais adieu.

—Et quand reviendras-tu? lui dit en riant Pierre Snayers.

—Dans deux ans, dit Cornille Schut.

— Deux ans, c'est la fin du monde.

Cornille Schut était sorti du cabaret. Il alla trouver une maîtresse qui l'aimait. Pour lui, il n'avait pas trop pris le temps de l'aimer, mais il voulait réparer le temps perdu. C'était une belle fille, brune comme une Anversoise qui descend en ligne directe des Espagnols.

—Élisabeth, m'aimez-vous pour longtemps?

—Pour toujours.

—Eh bien! préparez-vous à me suivre; nous partons demain.

—Où allons-nous?

—Si vous m'aimez, qu'importe!

Cornille Schut embrassa Élisabeth et sortit.

L'histoire ne dit presque rien d'Élisabeth Van Thurenhoudt. C'était une fille d'Ève, une adorable créature qui ne savait rien, pas même son cœur, qui vivait pour aimer et pour être aimée.

Cornille Schut alla ensuite trouver son oncle Mathieu. « Mon oncle, il paraît que je suis bien placé sur votre testament. De toute votre fortune à venir, je ne réclame aujourd'hui que mon ami Wael, votre chien bien-aimé. Je vais m'exiler pour une œuvre sérieuse. Les Révérends Pères m'ont commandé deux *Assomptions* pour leur église et pour leur maison de campagne : il me faut une pieuse solitude pour faire œuvre qui vive; je vous en supplie, mon oncle Mathieu, donnez-moi votre chien. »

Le lendemain, le peintre Cornille Schut, sa maîtresse Élisabeth Van Thurenhoudt et le joyeux Wael arrivèrent, au soleil couchant, devant une petite maison toute rustique, bâtie au bord d'un bois. Déjà le peintre était venu rêver là. Cette petite maison, qui était un rendez-vous de chasse, dépendait d'une ferme voisine, formant toute sa fortune.

—Élisabeth, m'aimez-vous assez pour demeurer ici deux ans sans voir une autre figure que la mienne, avec mon chien Wael pour tout ami?

—Oui, dit-elle avec un peu d'inquiétude.

En moins de quelques jours, leur vie était poétiquement organisée. De longues promenades dans le bois et dans les prés avec le bondissant Wael, de doux propos d'amour que Dieu seul entendait, le travail béni qui repose le cœur, les chansons, les lectures, les rêveries, le déjeuner près de la fenêtre, le goûter au bord du ruisseau. Vous voyez tout ce charmant tableau d'une fraîcheur agreste.

Élisabeth était belle, mais plus charmante encore que belle par je ne sais quel rayon d'ardente tendresse qui mouillait son regard et passait sur ses lèvres.

Cornille Schut était heureux par le cœur et par l'esprit : l'amour d'Élisabeth l'avait fait grand artiste, l'amour de l'art augmentait sa passion pour Élisabeth. Les nobles passions, que celles qui sont couronnées par les roses de l'idéal!

Au bout de deux ans, Cornille Schut termina ses *Assomptions*. Quand il les vit partir pour Anvers, il lui sembla qu'on emportait quelque chose de sa vie.

—Mon Dieu! mon Dieu! se dit Élisabeth, il m'aime un peu moins depuis que ces tableaux ne sont plus là.

Cependant Cornille Schut commençait à reporter çà et là ses rêves sur la tabagie, où sans doute fumaient encore joyeusement ses camarades. Un jour, il prit la main d'Élisabeth et lui dit :

—Savez-vous qu'il y a deux ans que nous vivons ainsi sans nous soucier du monde?

—Je n'y pensais pas, dit-elle.

—Vous n'y pensiez pas, dit tendrement Cornille Schut en

baisant la main de sa maîtresse : vous n'y pensiez pas, et pourtant c'est aujourd'hui que nous retournons à Anvers.

—Aujourd'hui? dit-elle en pâlissant. Ah! vous ne m'aimez plus.

Le peintre, touché jusqu'aux larmes, dit avec transport :

—Élisabeth, consentiriez-vous donc à passer encore deux ans ici?

—Deux siècles, mon cher Cornille.

Ils continuèrent amoureusement cette vie silencieuse, solitaire et charmante, n'ayant de rapport avec le monde que par le pâtre des prés voisins et par une domestique de la ferme qui venait chaque jour les servir. Un an se passa encore dans l'enchantement; mais, dès les premiers mois de la quatrième année, Cornille Schut commença à compter les jours.

A Anvers, on le croyait en Italie. Nul ne pouvait s'imaginer qu'un beau viveur comme lui s'était retiré du monde avec tant d'obstination. Son chien trahit sa solitude. Daniel Seghers, étudiant un jour en pleine campagne, aperçut le beau Wael, qu'il aimait de vieille date. Il alla à lui et renoua connaissance. Il savait que cet original de Cornille Schut avait emmené le chien de son oncle : puisqu'il avait retrouvé le chien, il allait sans doute retrouver l'ami. En effet, quelques minutes après, il surprenait le peintre et sa maîtresse assis à l'ombre sur la lisière du bois.

Dès qu'Élisabeth aperçut Daniel Seghers, elle se leva vivement et dit à Cornille Schut : « Fuyons! » car, pensait-elle, s'il s'arrête avec nous, notre solitude est profanée.

Mais hélas! Cornille Schut tendit la main à son ancien ami; on parla d'Anvers, Cornille Schut soupira.

— Quoi! dit Daniel Seghers, vous êtes donc bien heureux, puisque vous n'êtes pas venu jouir de votre gloire, car, ne le savez-vous pas? vos deux *Assomptions* sont admirées de tout le monde. On vous croit à Rome. Si on vous savait ici, on y viendrait vous chercher en triomphe.

Quand le peintre et sa maîtresse se retrouvèrent seuls, ils se regardèrent tristement.

—Élisabeth, est-ce que nous serons encore huit mois sans retourner là-bas, où la vie nous attend avec des fêtes sans nombre?

—Partez, dit Élisabeth en voulant cacher ses larmes.

Touché de tant d'amour, Cornille Schut oublia Anvers, et ses amis, et sa renommée.

—Partir! partir sans toi, jamais!

Le temps passa, mais plus lentement; on ne chantait plus, on ne courait plus; voyant cela, le chien lui-même devint triste. De temps en temps il essayait encore ses vives gambades et ses gais jappements, mais il retombait bien vite dans son humeur taciturne.

Enfin, les derniers jours de solitude allaient finir. Dans sa joie de revoir ses amis ou plutôt de se retrouver dans ses amis, le peintre ne s'aperçut pas que sa maîtresse pâlissait et s'étiolait; elle avait d'ailleurs toujours pour lui son tendre et charmant sourire. La veille du départ, il lui demanda à traverser encore les sentiers les plus aimés du grand bois où tant de fois ils s'étaient perdus. Elle se suspendit à son bras et marcha silencieusement. C'était un beau jour d'août : la gaieté des moissons resplendissait sur la terre; les sifflements du merle répondaient dans les bois aux sifflements de la faux dans les blés mûrs.

—Quel beau jour! s'écria l'enthousiaste Cornille Schut; j'ai le pressentiment que nous laisserons encore ici bien des heures charmantes. La nature ne m'a jamais parlé avec plus de poésie. Élisabeth, vous le voyez, notre amour ne vieillit pas.

—Hélas! dit-elle en baissant la tête.

—Nous reviendrons, reprit le peintre; nous reviendrons souvent; car, je le sens comme vous, c'est ici que nous retrouverons toute notre jeunesse. On n'est heureux qu'une fois sous le ciel...

—Alors, pourquoi partir? vous m'avez habituée à vivre seule

avec vous : le monde effarouche le bonheur ; je perdrai tout là-bas.

—Enfant! vous le savez, la vie n'est pas seulement faite d'amour; le monde a prescrit des lois qu'il faut suivre ; il faut vivre pour soi, mais il faut vivre aussi un peu pour les autres.

—Moi, dit Élisabeth, je ne puis vivre que pour vous.

A ce moment, plus pâle encore que de coutume, elle tomba agenouillée sur l'herbe, élevant vers son amant ses beaux yeux mouillés de larmes.

—Ami, lui dit-elle, partirez-vous?

Il la releva, l'appuya sur son cœur, et lui dit en lui baisant les cheveux :

—Il le faut.

—C'est bien! dit-elle d'une voix tremblante, c'est bien! Nous partirons ; mais, songez-y bien, moi, je ne reviendrai plus.

Le peintre ne comprit pas ce qu'elle voulait dire.

—Vous reviendrez comme moi, lui dit-il; laissez-moi vivre six mois à Anvers avec vous, nous reviendrons ici peut-être pour toujours.

Ils arrivaient vers le milieu du bois.

—Voulez-vous, continua Cornille Schut, aller nous reposer dans la prairie de la chênaie, que vous aimez tant?

—Non, dit-elle ; je le voudrais bien, mais je n'ai plus de force, retournons sur nos pas; rentrons, car je ne sais ce que j'ai aujourd'hui; mais ne vous inquiétez pas, demain je serai prête à partir.

Le lendemain, le peintre passa la matinée dans son atelier à mettre en ordre ses tableaux, ses esquisses, ses dessins et ses livres. Il avait un peu de cette joie qui saisit l'exilé aux portes de son pays. Élisabeth, qui était restée dans sa chambre près de la fenêtre, le regard perdu sur la campagne, entendit son amant chanter gaiement cette chanson :

La vie est au cabaret. Belle hôtesse, ma mie, apportez-nous à boire; que vos petites mains blanches nous versent la bière écumante.

On n'a pas l'idée de la douleur profonde qui saisit Élisabeth, car cette chanson était celle que Cornille chantait avec ses amis dans ses jours de fête. Son cœur bondit et se brisa. Elle leva les yeux au ciel et pria Dieu avec ferveur.

Cependant il chantait toujours, de plus en plus emporté par ses gais souvenirs. La pauvre fille ressaisit tout à coup ses forces évanouies; elle se leva vivement et courut à la porte de l'atelier. La porte était entr'ouverte; elle s'arrêta sur le seuil. La voyant apparaître ainsi les cheveux en désordre, la gorge haletante, les yeux égarés, Cornille Schut vint vers elle surpris et effrayé :

— Élisabeth, qu'avez-vous?

Elle sourit amèrement.

— Ce que j'ai? Écoutez-moi.

Et aussitôt elle se mit à chanter cette chanson que Cornille Schut avait rimée pour elle dans les plus beaux jours de leur solitude :

I

Les pâquerettes se flétriront. L'hiver viendra souffler la neige. L'hiver ne passera jamais sur mon cœur, ma belle maîtresse.

II

Mon cœur, qui est un printemps éternel, quand tu me souris, soleil radieux! quand je vois flotter ta noire chevelure, quand j'effleure ta lèvre embaumée.

III

Non, je ne veux pas craindre l'hiver : il passera sans toucher mon cœur. Je brave son givre et sa tempête, quand je baise tes bras nus sur l'herbe.

IV

Pourtant, il y a un hiver qui m'effraye : celui qui, dans ses bras de marbre, nous emportera dans le noir tombeau, et sèmera sur nous des fleurs sans parfum.

V

Ce dernier hiver glacera nos cœurs; mais nous emporterons là-haut le souvenir des marguerites qui ont étoilé le ciel où tu marchais, car c'était le ciel sur la terre.

Au dernier mot de la chanson, Élisabeth tomba épuisée dans les bras de son amant : elle avait jeté toute sa vie dans sa voix.

Il la transporta à la fenêtre pour lui faire respirer l'air pénétrant du matin; elle rouvrit les yeux et lui dit :

—Adieu! cette chanson-là ne te fait plus battre le cœur, c'en est donc fait. L'homme le plus passionné ne trouve pas toute sa vie dans l'amour; la femme seule peut vivre et mourir par le cœur.

Elle murmura encore :

Pourtant, il y a un hiver qui m'effraye : celui qui, dans ses bras de marbre...

—Ma chère Élisabeth, criait Cornille Schut, glacé d'épouvante, ma chère maîtresse, où es-tu?

—Ami, répondit-elle d'une voix mourante, tu m'as dit qu'il fallait partir, je m'en vais avant toi. Tu m'aurais abandonnée là-bas, j'aime mieux mourir ici.

A peine Élisabeth eut-elle dit ces mots, qu'elle ferma les yeux pour jamais. Cornille Schut la ressaisit dans ses bras et l'embrassa comme pour lui donner son âme.

On peindrait mal son désespoir. Il passa toute sa journée à pleurer et à crier comme un fou. Cent fois il prit sa maîtresse sur son cœur. Élisabeth ne se réveilla pas à ses embrassements.

Il se rappela que depuis plus d'un mois la pauvre fille pâlissait tous les jours; il comprit qu'elle mourait pour l'avoir trop aimé. Il jura de ne pas retourner à Anvers, de vivre au milieu des bois avec le souvenir toujours palpitant de la triste Élisabeth.

Après les funérailles seulement, il s'aperçut qu'il n'avait pas son portrait. On ne fait pas le portrait de la maîtresse qu'on aime; car peut-on rendre sur la toile le charme d'une figure adorée? Élisabeth avait posé pour les vierges ds ses tableaux, mais il n'avait saisi dans sa figure que l'angélique pureté des traits : il s'était bien gardé de donner à la Mère des anges l'expression toute profane de sa maîtresse.

Quand elle eut disparu pour toujours, il regretta avec désespoir de n'avoir pas reproduit tout ce qui faisait le caractère et le charme de sa chère Élisabeth. Il la voyait encore passer dans ses rêves, fuir comme une ombre le long des prairies ou au fond des bois. Mais ce n'était plus la fraîche et rieuse fille des premières fêtes; c'était la triste et pâle amante que déjà la mort a glacée. Il tenta de faire son portrait en étudiant ses souvenirs; mais, chaque fois que la figure se ranimait sous son pinceau, il reculait avec effroi, car c'était toujours Élisabeth mourante qu'il retrouvait sur la toile.

Durant près d'un mois, Cornille Schut demeura dans sa solitude, qui était devenue tout à coup une Thébaïde. Son oncle, averti par Daniel Seghers, inquiet d'un exil si obstiné, vint le surprendre un soir qu'il rêvait sur la tombe d'Élisabeth Van Thurenhoudt. Le bonhomme Mathieu fut effrayé de la pâleur et du désespoir de Cornille Schut. Le peintre raconta mot à mot toute l'histoire de son cœur.

—Tu t'en vas me suivre à Anvers, lui dit l'oncle tout ému.

—Non, dit le peintre, tant que les pâquerettes n'auront pas fleuri sur cette fosse, j'y viendrai pleurer.

Il attendit. Tous les matins, il allait rêver sur la fosse de sa maîtresse. Il lui parlait comme au beau temps.

—Va, lui disait-il avec effusion, nous nous retrouverons dans une autre solitude pour nous aimer toujours; — mais retrouverai-je tes beaux yeux, si doux quand tu me parlais? — Pauvre Élisabeth, te voilà seule couchée dans la tombe, mais tu n'es pas seule comme moi!

Un matin, il eut un mouvement de joie en voyant deux pâquerettes écloses dans l'herbe naissante.

Il les cueillit, les baisa et les porta à son cœur.

Il partit pour Anvers avec le pauvre Wael, qui depuis longtemps ne gambadait plus. Il retourna à la taverne. Ses amis le voulurent railler sur sa mystérieuse passion ; mais quand on le vit si pâle et si sombre, quand on l'entendit parler de sa solitude avec une voix brisée par les sanglots, on respecta sa douleur ; tous ses amis lui tendirent silencieusement la main.

—Ah! mes amis, mes vieux amis! je croyais me retrouver parmi vous, mais je n'y suis plus. Celui que vous avez connu est mort. Oui, mon cœur est enterré là-bas dans la fosse d'Élisabeth. Je ne suis que le fantôme de moi-même.

XLVII

L'IDEAL

J'ai pris une cythare à mon maître Apollon,
Et chanté Idéa dans le sacré vallon.

Chastes filles des bois, nymphes inviolées,
Venez danser en chœur sous vos cheveux voilées.

Idéa sur la mer naquit, sœur de Vénus,
Un jour que Cynthia secouait ses seins nus.

La vague la porta jusque sur le rivage,
Mais Idéa s'enfuit dans la forêt sauvage.

Ses pieds ne touchaient pas la terre; elle volait
Dans le ciel azuré, plus blanche que le lait.

Elle alla sur les monts que la neige couronne,
Où Phébus ne voit pas de pamprée en automne.

L'IDÉAL.

Voilant son chaste sein d'un flottant arc-en-ciel,
Des abeilles d'Hymette elle suça le miel.

Imprimant son beau pied sur la neige éclatante,
Dans l'air et les rayons elle vécut contente.

Le monde aime Idéa depuis quatre mille ans ;
Elle rit des amours tendres ou violents.

Nul encor, chevauchant sur l'aigle ou sur la nue,
N'a monté ta montagne, ô déesse inconnue !

Nul, hormis le poëte amoureux ; — celui-là
Seul étreint sur son cœur ton sein qu'Iris voila.

XLVIII

L'IMMORTALITÉ DE L'AME

LE CORPS

Qui frappe si matin? madame,
Entrez donc un instant chez moi.

L'AME

Me connais-tu? Je suis ton âme.
J'ai voyagé la nuit sans toi.

LE CORPS

C'est vrai; tu battais la campagne
Pendant mon sommeil accablant.

L'AME

Je me bâtissais en Espagne
Quelque château de marbre blanc.

LE CORPS

Mon âme, n'es-tu plus heureuse
Sur ce gai balcon où j'aimais?

L'AME

Non, et je vais, aventureuse,
Où tes pieds n'atteindront jamais.

LE CORPS

O mon âme! point de divorce,
Soyez l'abeille, et moi le miel.

L'AME

Je suis la séve, et toi l'écorce;
Je fleuris et je monte au ciel.

LE CORPS

Moi, je suis la maison natale,
Enfant prodigue, où tu reviens!

L'AME

Non, je suis l'aube matinale
Qui t'éclaire, tu t'en souviens.

LE CORPS

Oui, ta lumière me pénètre
Et m'ouvre l'horizon lointain.

L'AME

Comme un soleil à la fenêtre,
Je t'apparais chaque matin.

LE CORPS

Sous l'herbe funèbre et sauvage
O mon âme! tu me suivras.

L'AME

Non, déjà j'aspire au rivage
Où les dieux me tendent leurs bras.

LE CORPS

Quand la maison tombe en ruine
La lampe qui brûlait s'éteint.

L'AME

Non, je suis la clarté divine,
Je touche à tout, rien ne m'atteint.

XLIX

CHANSON ANTIQUE

I

Ce matin, sur un vase antique
Peint par un Grec, j'ai lu des vers :
La chanson douce et prophétique
D'une charmeresse aux yeux verts.

II

Un jour, fuyant la Poésie,
Ses pâles fleurs, son miel amer,
Moschus demandait l'ambroisie
Aux rochers que baigne la mer.

Il descend bientôt sur la rive,
Pour ouïr le vent et les eaux ;
Une blanche Sirène arrive,
Et chante au milieu des roseaux :

III

Jeune amant de la Poésie,
Ne va pas au sacré vallon ;
Amour verse plus d'ambroisie
Que toutes les sœurs d'Apollon.

A la Minerve triomphale
Ne tiens pas ton cœur enchaîné ;
Érato ne vaut pas Omphale ;
Apollon n'aime pas Daphné.

O mortel ! s'il te faut des chaînes
Où doivent s'enlacer tes vœux,
La dryade aux grottes prochaines
Te retiendra dans ses cheveux.

IV

Après ce chant doux et sauvage,
La blanche Sirène aux yeux verts
Quitta les roseaux du rivage
Pour ses antres de flots couverts.

Moschus écrivit sur le sable,
Avec la chanson que voilà,
Cette sentence ineffaçable :
AMOUR ! AMOUR ! LA VIE EST LA.

V

J'ai déposé sur ta fenêtre
Le vase antique où j'ai semé
Des primevères qui vont naître
Aux rayons du soleil de mai.

L

JEANNE ET MADELEINE

I

Voyez-vous là-bas cette jolie fille, si parée avec sa méchante robe? Comme elle allume de ses yeux le regard des passants!

C'est Madeleine.

Voyez-vous, plus loin, cette franche et naïve beauté, haute en couleur comme le vin et les roses?

C'est Jeanne.

II

Où vont-elles, les deux sœurs? Elles vont où les entraîne leur poésie; car la poésie, c'est comme l'air : tout le monde en vit.

Tout le monde est poëte sans le savoir, comme M. Jourdain était prosateur.

III

Jeanne va gaiement à la barrière retrouver son amoureux, un beau de la barrière, qui l'épousera bravement par-devant l'écharpe tricolore.

Elle sera battue et contente, la pauvre Jeanne ! elle souffrira toutes les douleurs de la maternité et de la misère; mais elle aimera son nid. — Elle aimera les enfants qui auront déchiré son sein ; elle aimera celui qui, deux fois par semaine, rentrera ivre, — ivre de vin violet ! — et la battra si elle n'est pas en gaieté.

Elle aimera son homme et ses enfants, parce que Dieu sera avec elle.

IV

Et Madeleine, où va-t-elle?

Elle a reçu le baiser du démon, — et elle a cru au baiser de l'amour, — et elle a écouté les symphonies de l'enfer.

Elle va trouver cet étudiant qui là-bas fume le cigare du désœuvrement en retroussant sa moustache donjuanesque. Il lui achètera une robe à triples volants et un chapeau tout enguirlandé de fleurs et de dentelles. Après quoi, ils iront danser à la Closerie des Lilas ; — après quoi, ils iront souper ensemble ; — après quoi — ils n'iront pas voir lever l'aurore.

Après quoi, elle ira partout, excepté chez elle ; car ce premier lit que protégeait le rameau de buis, sa sœur seule y reviendra.

V

Madeleine, comme l'enfant prodigue, dépensera tous les trésors de son cœur et de sa jeunesse, sans jamais trouver un homme qui l'aimera bravement — aujourd'hui et demain !

Elle courra toujours pour se fuir elle-même, parce que Dieu ne sera pas avec elle.

VI

Et un jour elles se rencontreront, les deux sœurs. Et, en se voyant demi-nues, la mère féconde dira à la femme stérile, comme la voix de l'Écriture :

« Tu n'as embrassé que le vent et tu n'as écrit ton nom que sur les flots. Cache, cache tes seins flétris ; moi, je les montre avec fierté, car j'y vois encore les lèvres de mes onze enfants. »

LI

EUTERPE

J'avais pris le matin fusil et gibecière,
Et, bravant le soleil, les ronces, la poussière,
Je courais le regain, le bois et le sentier,
Ne m'arrêtant qu'à peine aux sources du moustier.
J'allais avec ardeur, cependant que le lièvre
Broutait l'herbe embaumée à l'ombre du genièvre,
Que le ramier dormait au fond du vert berceau,
Et que le daim jouait en buvant au ruisseau ;
Voilà que tout à coup, au détour de la haie,
Je trouve sous un orme, où le bouvreuil s'égaie,
Euterpe au sein bruni, la muse du hautbois,
Qui répand ses chansons par les prés et les bois.

— Par Apollon, salut, Euterpe la rustique !
As-tu donc retrouvé la flûte poétique ?
Vas-tu réveiller Pan qui dort dans les roseaux,
Pour ouïr tes concerts avec les gais oiseaux ?

— Depuis plus de mille ans que je suis exilée,
Poëte, nul encor, nul ne m'a consolée.
Un barbare a brisé la lyre d'Apollon;
J'ai vu se dépeupler tout le sacré vallon;
J'ai vu partir mes sœurs, ces urnes d'ambroisie
D'où coulait tant d'amour et tant de poésie.
Après avoir longtemps pleuré sous les cyprès,
Moi, je me suis enfuie à travers les forêts,
Avec le souvenir de nos divins rivages.
Quels siècles j'ai passés dans les pays sauvages,
Ne trouvant plus d'échos à mes hymnes sacrés
Quand avec les pasteurs je chantais dans les prés !
Enfin, je te surprends, ô chasseur ! ô poëte !
Et ma lèvre frémit sur ma flûte muette.

LA CHANSON D'EUTERPE

Réveillez-vous, nymphes des bois,
J'ai repris ma flûte d'ivoire;
Naïades qui versez à boire
Au chasseur triomphant comme au cerf aux abois;
Venez, ô troupes bocagères !
Sourire à mes chansons légères ;
Sylvains au pied fourchu, préparez vos hautbois
Et répétez mes airs champêtres.
Pour venir danser sous les hêtres,
Réveillez-vous, nymphes des bois !

L'aurore matinale à l'Orient dénoue
Sa chevelure d'or, qui lui voile la joue;
Apollon, notre encens fume sur tes autels,
Viens sur ton char de feu réjouir les mortels.

C'est la saison des fruits : fuyez, blondes abeilles,
Pomone en vous chassant va remplir ses corbeilles ;
Le faucheur sur la gerbe enfin s'est assoupi ;
Cérès a vu tomber jusqu'au dernier épi.

Bacchus s'est couronné d'une feuille d'acanthe ;
Il traverse la vigne où chante la bacchante ;
Il agite son thyrse orné de pampres verts,
Et contemple sa coupe où j'ai gravé des vers.

Et, pendant que Bacchus vient avec Ariane,
Vénus va s'exiler. Tu triomphes, Diane !
Trompé par ta beauté, l'Amour, l'aveugle enfant,
T'a donné son carquois et son arc triomphant.

Tu vas poursuivre encore, en tunique flottante,
Le cerf tout éploré, la biche haletante ;
Mais ne va pas songer à l'amoureux chasseur,
Fière amante des bois, d'Apollon chaste sœur !

  J'ai repris ma flûte d'ivoire :
  Réveillez-vous, nymphes des bois,
  Naïades qui versez à boire
Au chasseur triomphant comme au cerf aux abois ;
  Venez, ô troupes bocagères !
  Sourire à mes chansons légères ;
Sylvains au pied fourchu, préparez vos hautbois,
  Et répétez mes airs champêtres.
  Pour venir danser sous les hêtres,
  Réveillez-vous, nymphes des bois !

Les Heures, secouant les cyprès et les roses,
Passent sans s'arrêter en leurs métamorphoses,

Et déjà la Prêtresse immole de ses mains
Une blonde génisse au maître des humains.

Sur les prés du vallon le troupeau se disperse,
Le bœuf traîne à pas lents la charrue et la herse ;
Dans le sillon fumant le laboureur pieux
Va fécondant Cybèle et rend grâces aux dieux.

O mon maître, Apollon ! Daphné la chasseresse
Brave sous les lauriers ta divine caresse ;
Mais, si tu viens près d'elle en lui disant des vers,
Elle ornera ton front de lauriers toujours verts.

Vénus, où donc es-tu ? les colombes sacrées
Avec le char d'azur s'envolent effarées.
La déesse aux beaux yeux dont l'empire est si doux :
Messagères d'amour, où la conduisez-vous ?

Voilà qu'un cri de joie ouvre les bacchanales,
Et déjà de Bacchus les filles matinales
Se répandent en chœur sur les coteaux voisins,
Ceignant leur front de pampre et cueillant des raisins.

  J'ai repris ma flûte d'ivoire :
  Réveillez-vous, nymphes des bois,
  Naïades qui versez à boire
Au chasseur triomphant comme au cerf aux abois ;
  Venez, ô troupes bocagères !
  Sourire à mes chansons légères ;
Sylvains au pied fourchu, préparez vos hautbois,
  Et répétez mes airs champêtres.
  Pour venir danser sous les hêtres,
  Réveillez-vous, nymphes des bois !

LII

LE REVE DU LENDEMAIN

Je ne sais rien de touchant comme l'amour de Camille Desmoulins pour Lucile, si ce n'est l'amour de Lucile pour Camille Desmoulins. Ce sont ces amoureux-là qui ont pu dire : *A la vie, à la mort !*

Je les vois d'ici, à l'aube de cet amour rapide, se promenant poétiquement en vue du château de Coucy, en attendant leur ami Saint-Just, qui viendra déjeuner avec eux tout à l'heure au cabaret ; car ils sont tous les trois dans leur pays : Lucile, Saint-Just et Camille Desmoulins.

Ils pensaient bien, comme tous ceux qui passent devant ces ruines majestueuses, déjeuner sur la plus haute tour, en évoquant les fantômes du passé ; mais ils ont supprimé le passé. N'est-ce pas Camille Desmoulins lui-même qui a dit : — *Paix aux chaumières, guerre aux châteaux ?*

Donc, ils vont déjeuner dans une chaumière en évoquant les images de l'avenir.

L'avenir ! il est à eux : ils sont jeunes, ils sont les oracles d'aujourd'hui, ils sont déjà la gloire d'hier, ils sont encore l'espérance de demain. Mais c'est Dieu seul qui parlera demain !

Si Camille Desmoulins n'avait voulu être procureur général de la Lanterne, il eût été procureur général des Muses. Mais était-ce le temps de tailler sa plume ? Il a écrit une page immortelle avec un pistolet à la main, sous les arbres du Palais-Royal. En montant à l'échafaud, il est monté à la gloire ; et sa femme, une sainte du calendrier républicain, en montant elle-même sur le même échafaud, a dit le dernier mot de cette éloquence immortelle : « C'est la communion du sang. »

Camille monta deux fois sur le piédestal : après la table du Palais-Royal, ce fut l'échafaud de 1794. Il fut le poëte en action et le prosateur enthousiaste de la République. Prosateur, lisez ses journaux : c'est Lucien qui rit, c'est Voltaire qui s'indigne. Poëte, entrez dans sa maison : voyez comme il aime sa femme, comme il joue avec son enfant, comme il jette à pleines mains les roses au bord de l'abîme ! Mais ces roses sont rouges de sang !

Tous les noms de l'avenir sont inscrits à son contrat de mariage. Ils sont là cinquante : Robespierre, Danton, Saint-Just et les autres ; c'est l'arche nouvelle qui porte les destinées de la France. Qui dirait, à les voir ainsi joyeux, que la tempête monte, monte, monte à l'horizon ? La jeune femme sourit et rêve les beaux jours. Camille resplendit de bonheur et répand son âme tout autour de lui : « Ici, mes amis, il naîtra une famille innombrable qui ne connaîtra ni les tyrans ni les esclaves. »

Mes amis ! disait-il ; combien qui n'étaient plus ses amis le lendemain !

Quatre ans après, ni Camille, ni sa femme, ni les cinquante témoins de son bonheur promis n'étaient de ce monde.

Il restait un enfant, — un enfant voué au noir, — qui ne devint pas un homme.

LIII

LA SYMPHONIE DU PRINTEMPS

I

Le printemps! le printemps! la magique saison!
Le ciel sourit de joie à la jeune nature,
L'aube aux cheveux dorés s'éveille à l'horizon,
Dieu d'un rayon d'amour pare sa créature.

Avril a déchiré le manteau de l'hiver;
Les marronniers touffus dressent leurs grappes blanches :
Partons; le soleil luit et le chemin est vert,
Les feuilles et les fleurs frémissent sur les branches.

Les espaliers neigeux parfument les hameaux;
Le pommier tremble et verse une pluie odorante;
Dans sa séve, le pampre étend ses verts rameaux
Et promet une grappe à la coupe enivrante.

La chaumière qui fume a pris un air vivant,
A l'espoir des moissons elle vient de renaître;
Le pâle liseron grimpe à son contrevent;
Pour voir le blé qui pousse, elle ouvre la fenêtre.

Au bout de ce vieux parc, dans l'étang du château,
Un groupe épanoui se promène en nacelle;
Que de grâce! On dirait la barque de Watteau,
Où l'amour se suspend, où l'esprit étincelle.

Dans le lointain brumeux, un vieux clocher flamand
S'élève avec notre âme aux régions divines,
Tandis qu'un doux signal, un joyeux aboiement,
Nous appelle à la ferme, au-dessus des ravines.

Dans les prés reverdis le troupeau reparaît :
Le jeune pâtre chante et sculpte une quenouille,
La vache qui nous voit jette un regard distrait,
Le grand bœuf nonchalant sommeille et s'agenouille.

Que cachent ces haillons sur le bord du ruisseau?
Un jeune vagabond secouant sa misère,
Émiettant son pain bis pour son ami l'oiseau,
Et de sa vie oisive égrenant le rosaire.

La blonde au teint bruni, qui lave dans le gué,
Chante un vieil air de mai d'une voix printanière;
Au bout de son sillon, le cheval fatigué
L'écoute, et, hennissant, agite sa crinière.

L'hiver avait glacé mon cœur sous son linceul,
Je voyais s'effeuiller l'arbre des espérances;
Je n'attendais plus rien du monde où j'étais seul,
Et je prenais la main de mes sœurs les Souffrances.

Le printemps en mon cœur revient après l'exil,
Ramenant sur ses pas mille blanches colombes,
Et mon cœur refleurit aux doux soleils d'avril :
L'herbe n'est-elle pas plus verte sur les tombes ?

II

Un rayon de soleil se brise
Sur la branche et sur les buissons.
Je m'assieds à l'ombre, où la brise
M'apporte parfums et chansons :

Parfum de la fraise rougie
Qui tremble sur le vert sentier ;
Chanson — palpitante élégie —
De l'oiseau sur le chêne altier ;

Parfum de la rose sauvage,
Doux trésor du pâtre amoureux ;
Chanson égayant le rivage,
Qui parle à tous les cœurs heureux ;

Parfum de la source qui coule
Dans un lit de fleurs ombragé ;
Chanson du ramier qui roucoule,
Et me chante l'amour que j'ai ;

Parfum de l'herbe qui s'emperle
A la brume des soirs d'été ;
Chanson éclatante du merle,
Qui bat de l'aile en sa gaîté ;

Parfum de toute la nature,
Fleur, arome, ambroisie et miel,
Chanson de toute créature,
Qui parle de la terre au ciel.

III

Là-bas, à l'ombre des ramures,
Où le ramier bleu fait son nid,
La voyez-vous cueillant des mûres,
La moissonneuse au cou bruni ?

Se croyant seule, elle dénoue
Et répand ses cheveux dorés,
Qui voilent à demi sa joue
Sans cacher ses yeux azurés.

Qu'elle est belle, quand elle tresse
Sa blonde gerbe de cheveux,
Jetant au vent qui la caresse
Les chansons d'un cœur amoureux !

Mais, sa faucille sur l'épaule,
Elle rejoint, tout en chantant,
Le moissonneur qui sous le saule
Aiguise sa faux et l'attend.

—Bonjour, Jeanne la bien-aimée,
Comme tu sens bon, ce matin !
—Je sens l'odeur de la ramée,
Sous laquelle fleurit le thym.

—Non, je respire sur ta joue
La fraîche odeur de tes vingt ans.
—Non, c'est l'herbe où mon pied se joue
Qui garde un parfum du printemps.

—Que chantais-tu sous la feuillée,
Belle chanteuse des moissons?
—L'amour à mon âme éveillée
Apprenait toutes ses chansons.

IV

Après une course lointaine,
Je vais m'asseoir sur le penchant
Du mont où brille la fontaine
Aux rayons du soleil couchant;
Et mon âme prend sa volée
Dans les splendeurs de la vallée;
Abeille butinant son miel,
Elle voltige avec ivresse
Pour ouïr l'hymne d'allégresse
Que la nature envoie au ciel.

Allez donc, âme vagabonde!
Respirez autour des buissons.
Dans le sentier où l'herbe abonde,
Au bruit des naïves chansons,
Cueillez vos belles rêveries
Sur le bord touffu des prairies;
Tandis que jase le grillon,
Bercez-vous dans la marjolaine

Auprès du cheval hors d'haleine
Qui hennit au bout du sillon.

Jeanne la brune, aux pieds du pâtre,
Au nouveau-né donne son sein,
Gamelle qui n'est pas d'albâtre,
Mais que Dieu fit grande à dessein ;
Bras nus et jambe découverte,
Margot lave sa jupe verte ;
Le meunier l'embrasse en passant.
Là-bas, dans son insouciance,
L'écolier, cherchant la science,
Secoue un arbre jaunissant.

L'écolière, comme une abeille,
A chaque pas prend un détour
Pour recueillir dans sa corbeille
Ces bouquets si doux au retour !
Prends garde, ô ma pauvre écolière !
Que ta corbeille hospitalière
N'accueille ce serpent maudit
Qui surprit Ève ta grand'mère,
Et lui vanta la pomme amère
Si bien, hélas ! qu'elle y mordit.

Voyez dans la ville rustique,
Un joyeux enfant à la main,
Ce vieillard au front prophétique
Qui bénit Dieu sur son chemin ;
Il a, durant des jours prospères,
Labouré le champ de ses pères.
Du travail recueillant le fruit,
Il attend que la mort l'endorme

Près de l'église et du vieux orme,
Un soir, sous un beau ciel, sans bruit.

Plus loin, sous l'arbre de la rive,
Le front penché languissamment,
La pâle délaissée arrive
Pour rêver seule à son amant.
Son regard se perd dans l'espace,
Chaque flot agité qui passe
Conseille à son cœur d'espérer.
Dans le bocage une voix chante
La romance grave et touchante
Qui la fait sourire et pleurer.

Près de l'étang où la colombe
Secoue une plume en passant,
Je vois un vêtement qui tombe
Comme un nuage éblouissant :
La belle duchesse est venue
Pour le bain. Elle serait nue
Sans sa mantille de cheveux ;
Elle descend dans l'herbe épaisse ;
Le rameau sur elle s'abaisse
Pour voiler ses seins amoureux.

Elle a détourné la broussaille
Qui retenait son pied d'argent ;
Elle glisse, l'onde tressaille
Et baise son beau corps nageant.
Si Phidias, le dieu du marbre,
Était là caché sous un arbre !
J'entends du bruit ; c'est un amant !
Descendra-t-il une nuée ?

Car la ceinture est dénouée,
Et l'amour dit un air charmant.

Mais, comme Suzanne la chaste,
Elle trouve un voile dans l'eau,
Dont la face verte contraste
Avec son cou. Divin tableau !
Elle fuit avec l'hirondelle,
Qui va l'effleurant d'un coup d'aile ;
L'onde suit avec un frisson ;
L'amant attend sous la ramée,
Et l'amour dit : « O bien-aimée !
En serai-je pour ma chanson ? »

Là-bas ces belles matineuses,
Fuyant le parc et son grands murs,
Comme de blondes moissonneuses
M'apparaissez dans les blés murs.
O visions de ma jeunesse,
Faites, que mon âme renaisse
A ses rêves de dix-huit ans !
A la fourmi laissez les gerbes,
O cigales, les folles herbes
Sont votre moisson du printemps.

LIV

VIOLANTE

I

Elle était fille de Palma, la belle Violante.

Quand le quinzième printemps eut fleuri sur ses joues, le peintre s'agenouilla devant sa fille, comme devant une image de la sainte Vierge Marie, reine des Anges.

« Violante, Violante, — lis épanoui dans mon amour sur les flots bleus de ma belle Venise, — ta gloire en ce monde sera incomparable : la Vierge que je vais peindre pour l'église de la Rédemption sera ton image fidèle, ô Violante !

« Car tu es l'image des saintes filles qui sont là-haut dans le ciel où est Dieu.

« Car l'or de tes cheveux est tombé du ciel comme un rayon d'amour ; car la flamme qui luit dans tes yeux, c'est la flamme divine que les anges allument sur leurs trépieds d'argent. »

II

Et, disant ces mots, le peintre prit sa palette, et peignit pour la gloire de l'art et pour la gloire de Dieu.

La Vierge qui s'anima sur le panneau de bois de cèdre fut un chef-d'œuvre tout rayonnant d'amour et de vérité.

Quand le tableau fut achevé, Violante s'envola comme un oiseau pour aller chanter sa chanson. Elle était née pour aimer, comme toutes les filles de la terre. Dieu lui-même, qui aime la jeunesse en ses égarements, jette des roses odorantes sur le chemin de Madeleine pécheresse.

III

Comme elle allait chantant sa chanson, elle rencontra Titien et son ami Giorgione.

—Mon ami Titien, quel chef-d'œuvre tomberait de nos palettes si une pareille fille daignait monter à notre atelier! Quelle Diane chasseresse fière et élégante! Quelle Vénus tout éblouissante de vie et de lumière!

—Si elle venait dans mon atelier, dit Titien tout ému, je tomberais agenouillé devant elle, et je briserais mon pinceau.

Violante alla dans l'atelier du Titien : il ne brisa point son pinceau. Après avoir respiré avec elle tous les parfums enivrants d'une aube amoureuse, il la peignit des fleurs à la main, plus belle que la plus belle.

IV

Giorgione vint pour voir ce portrait; mais Titien cacha la femme et le portrait.

Longtemps il vécut dans le mystère savoureux de cette passion si éblouissante et si fraîche : c'était le rayon dans la rosée.

Un jour, plaignez la fille de Palma le Vieux! Titien exposa le portrait de sa maîtresse. Tout le monde allait l'aimer ; mais l'aimait-il encore?

Après avoir souri aux Vénitiens par les yeux et les lèvres de sa maîtresse, Titien, enivré par le bruit... (plaignez Palma le Vieux, qui ne voyait plus sa fille que dans les vierges de la Rédemption!) Titien métamorphosa Violante en Vénus sortant de la mer, vêtue de vagues transparentes.

V

L'Art avait étouffé l'Amour : Violante était si belle, qu'elle se consola dans sa beauté ; son règne était de ce monde, elle régna.

Un soir, à l'heure du salut, elle entra à l'église de la Rédemption. La voyant entrer, on disait autour d'elle : « Voilà Violante qui se trompe de porte. »

En respirant les fumées de l'encensoir, elle tomba agenouillée devant un autel où son père venait prier souvent. L'orgue éclatait dans ses louanges à Dieu ; les jeunes Vénitiennes chantaient avec leurs voix d'argent l'hymne à la reine des Anges.

Violante leva les yeux, ces beaux yeux qu'avaient allumés toutes les passions profanes.

VI

Son regard tomba sur une figure de Vierge, la plus pure, la plus noble, la plus adorable qui fût dans l'église de la Rédemption.

« Sainte Marie, mère de Dieu, murmura-t-elle doucement, priez pour moi. »

Elle était frappée de la beauté toute divine de cette Vierge, qui semblait créée d'un sourire de Dieu.

« Hélas ! on me dit que je suis belle, c'est encore un mensonge de l'amour ; la beauté, la voilà dans tout son éclat avec une pensée du ciel. »

Un souvenir était venu agiter son cœur, un vague souvenir, un éclair dans la nue.

VII

« Quand j'étais jeune, dit-elle en contemplant la Vierge, quand j'avais seize ans... »

Elle tomba évanouie sur le marbre. Cette Vierge si belle, qui se détachait sur un ciel d'or et d'azur, c'était la Vierge de Palma le Vieux.

Violante s'était reconnue.

« O mon Dieu ! s'écria-t-elle en dévorant ses larmes, pourquoi avez-vous permis cette métamorphose ? »

Elle qui la veille encore se trouvait si belle dans son miroir de Murano, elle cacha sa figure comme si elle se voyait dans toute l'horreur de ses égarements.

VIII

Elle se leva et sortit de l'église, respirant avec une sombre volupté l'amère odeur de la tombe.

Où alla-t-elle ? Le soleil, l'amoureux soleil de Venise, vint sécher la dernière perle tombée de ses yeux.

Où alla-t-elle? On était dans la saison où le pampre commence à dévoiler ses altières richesses.

Elle rencontra Paul Véronèse, qui la couronna des premières grappes dorées de la Brenta.

IX

— O ma Vierge! disait Palma le Vieux; — ô mon Idéal! disait Giorgione; — ô ma Maîtresse! disait Titien; — ô ma Bacchante! dit Paul Véronèse.

LV

LE CHEMIN DE LA VIE

La vie est le chemin de la mort; ce chemin
N'est d'abord qu'un sentier fuyant par la prairie,
Où la mère conduit son enfant par la main,
    En priant la Vierge Marie.

Aux abords du vallon, le sentier des enfants
Passe dans un jardin. Rêveur et solitaire,
L'adolescent effeuille et jette à tous les vents
    Les roses blanches du parterre.

Quand l'amoureux s'égare en ce bosquet charmant,
Il voit s'évanouir ses chimères lointaines,
Et le démon du mal l'entraîne indolemment
    Au bord des impures fontaines.

Plus loin, c'est l'arbre noir — détourne-toi toujours,
L'arbre de la science où flottent les mensonges :
Garde que ses rameaux ne voilent tes beaux jours,
    Et n'effarouchent tes beaux songes.

En quittant le jardin, la fleur et la chanson,
La Jeunesse et l'Amour qui s'endorment sur l'herbe,
Le voyageur aborde au champ de la moisson,
    Où son bras étreint une gerbe.

De sa moisson il va bientôt se reposer
Sur la blonde colline où les raisins mûrissent ;
Pour la coupe enivrante il retrouve un baiser
    A ses lèvres qui se flétrissent.

Plus loin, c'est le désert, le désert nébuleux,
Parsemé de cyprès et de bouquets funèbres ;
Enfin, c'est la montagne aux rochers anguleux,
    D'où vont descendre les ténèbres.

Pour la gravir, passant, Dieu te laissera seul.
Un ami te restait, mais le voilà qui tombe ;
Adieu ; l'oubli de tous t'a couvert du linceul,
    Et tes enfants creusent ta tombe !

O pauvre pèlerin ! il s'arrête en montant ;
Et, se voyant si loin du sentier où sa mere
L'endormait tous les soirs sur son sein palpitant,
    Il essuie une larme amère.

Se voyant loin de vous, paradis regrettés,
Dans un doux souvenir son cœur se réfugie ;
Se voyant loin de vous, ô jeunes voluptés !
    Il chante une vieille élégie.

En vain il tend les bras vers la belle saison,
Il jette des sanglots au vent d'hiver qui brame ;
Il a vu près de lui le dernier horizon,
    Déjà Dieu rappelle son âme.

Quand il s'est épuisé dans le mauvais chemin,
Quand ses pieds ont laissé du sang à chaque pierre,
La mort passe à propos pour lui tendre la main
    Et pour lui clore la paupière.

LVI

LA CHANSON DE GALATÉE

I

« Je suis Galatée, la nymphe de la mer, la plus belle des cinquante filles de Nérée. Ma mère, à ma naissance, me souleva sur les flots et me montra au soleil. Et le soleil a répandu son or sur mes cheveux. »

Et Galatée jeta une fleur dans le fleuve Acis.

II

« Je suis Galatée, la belle Néréide. Un jour que j'étais dans les prairies voisines, le berger Acis m'a surprise regardant mon image dans l'eau de la fontaine ; j'ai voulu fuir, mais j'étais enchaînée dans ses bras. J'ai regardé Acis, et j'ai pensé à l'enchaîner dans les miens. »

Galatée jeta une autre fleur dans le fleuve.

III

« Je suis Galatée, l'amante du berger Acis. Il m'a entraînée sous les arbres, il m'a couronnée de feuilles vertes et de baisers. Soleil qui m'avez vue penchée sur lui, mon bras amoureux ceignant sa tête si douce, mon regard perdu dans ses yeux, Soleil, avez-vous oublié quelle fut ma joie à cette heure d'enchantements ? »

Galatée jeta encore une fleur dans le fleuve.

IV

« Je suis la nymphe de la mer que poursuivit l'horrible Cyclope. Me voyant si tendre aux caresses du beau berger, Polyphème jura de se venger ; dès que je me fus jetée à la mer pour cacher ma rougeur, il détacha un rocher et le lança sur Acis. J'ai soulevé la tête au-dessus des flots, et j'ai vu le sang ruisseler sur le rivage. »

Galatée répandit dans le fleuve deux larmes de ses beaux yeux.

V

« Je suis la belle Néréide ; les dieux, à ma prière, ont changé le sang d'Acis en ce fleuve qui coule si doucement sous le soleil et dans les roseaux chanteurs. »

Elle dit et se précipita dans le fleuve, tout échevelée ; elle étreignit les flots avec passion, elle trempa ses lèvres inapaisées dans ces belles eaux où depuis si longtemps elle cherche le berger Acis.

LVII

LE SANG DE VÉNUS

Idéal adoré de Zeuxis et d'Homère,
Nonchalante Vénus, fille de l'onde amère,
Votre reine, ô rêveurs! qui vivez de loisir,
Vénus au sein de neige où fleurit le désir;

Celle qui fuyait Cypre et ses ardents rivages,
Pour s'envoler au bord des fontaines sauvages
Où reposait le pâtre aussi beau que les dieux,
La Vénus d'Ionie au regard radieux;

Quand elle fut atteinte en protégeant Énée,
Celle que les printemps ont toujours couronnée,
Les Heures l'entouraient, les mains pleines de fleurs :
Soudain le sang jaillit, tous les yeux sont en pleurs.

L'une cueille une rose avec sa tige verte,
— Rose blanche — et la porte à la blessure ouverte.

Le sang teignit la rose à ce moment fatal,
Comme un vin généreux empourpre le cristal.

Et sur la rose rouge, on vit la Poésie
Y répandre aussitôt un parfum d'ambroisie.
Ce parfum n'est-il pas, ô Vénus Astarté,
L'âme de la jeunesse et de la volupté?

LVIII

LES LARMES DE JACQUELINE

AUX CHEVEUX D'OR

I

En ce temps-là, près de l'abbaye était une fontaine ;

Une petite fontaine qui coulait, coulait dans l'oseraie, l'ajonc et les nénufars.

Dans la fontaine, un grand saule baignait ses cheveux verts ; sous le grand saule, Jacqueline venait tous les soirs à l'heure où les fleurs de nuit ouvrent leur calice.

II

Jacqueline ne venait pas sous le grand saule pour boire à la fontaine ;

Car, à l'heure où les fleurs de nuit ouvrent leur calice, son ami Pierre, le forgeron, était sous le grand saule ; le beau forgeron au regard fier et doux.

Tous les soirs, selon la saison, ils cueillaient de la même main des violettes, des myosotis et des pervenches.

Et, quand les fleurs étaient cueillies, Pierre les baisait et les cachait dans le sein de la belle Jacqueline.

Ah! jamais sous le ciel où est Dieu, jamais on ne s'était aimé avec une pareille joie.

III

Quand Jacqueline arrivait sous le grand saule, il devenait pâle comme la mort. « Ami, disait-elle, jure-moi d'aimer ta Jacqueline aussi longtemps que coulera la fontaine. »

A quoi l'ami Pierre répondait : « Aussi longtemps que coulera la fontaine, aussi longtemps j'aimerai la belle Jacqueline aux cheveux d'or. »

Il jura, mais un jour elle se trouva seule sous le grand saule.

IV

Elle cueillit les fleurs bleues en l'attendant; mais il ne vint pas cacher le bouquet dans la brassière rouge.

Elle jeta les fleurs dans la fontaine et elle s'imagina que la fontaine pleurait avec elle.

Le lendemain, elle vint un peu plus tôt et s'en alla un peu plus tard.

Elle attendit; les rossignols chantaient dans les bois, les bœufs mugissaient dans la vallée.

Elle attendit; la cloche de l'abbaye sonnait l'Angélus, la meunière du moulin à eau chantait sa joyeuse chanson.

Huit jours encore Jacqueline vint. « C'est fini! dit-elle, c'est fini! »

Les soldats du roi passaient par la rivière. « Ah! oui, dit-elle, il est parti pour aller à la guerre. »

Elle alla frapper à la porte de l'abbaye. « C'est une pauvre fille qui veut n'aimer que Dieu, » dit-elle en se jetant au pied de la croix.

V

On coupa ses beaux cheveux d'or, on renvoya à sa mère sa brassière rouge et son anneau d'argent.

Cependant il revint, lui, le forgeron. « Où es-tu, Jacqueline? Jacqueline, où es-tu? La fontaine coule toujours, voilà l'heure où les pigeons blancs s'en vont au colombier, l'heure où les fleurs de nuit ouvrent leur calice. Où es-tu, Jacqueline? où es-tu? »

L'ami Pierre vit passer Jacqueline sous la robe noire des religieuses.

VI

« Pauvre Jacqueline, elle a perdu ses cheveux d'or! »

Il s'approcha d'elle. « Jacqueline, Jacqueline, qu'as-tu fait de notre bonheur? Pendant que j'étais prisonnier de guerre, te voilà descendue au tombeau. Jacqueline, Jacqueline, que ferai-je à ma forge sans toi?

« Toi qui m'aurais donné ton cou pour reposer mes bras, ta bouche pour embaumer mes lèvres;

« Toi qui m'aurais donné des enfants pour égayer le coin de mon feu.

« Je les voyais déjà en songe nichant dans tes mains leurs petits pieds roses et secouant d'une lèvre distraite la dernière goutte de lait puisée à ton sein.

« Adieu, Jacqueline, j'irai ce soir dire adieu à la fontaine, au grand saule, aux fleurs bleues.

« Et, quand j'aurai dit adieu à tout ce que j'ai aimé, je couperai un bâton dans la forêt pour m'en aller en d'autres pays. »

VII

Le soir, quand l'ami Pierre vint à la fontaine, le soleil argentait d'un pâle rayon les branches agitées du saule.

C'était un jour de chasse ; l'aboiement des chiens et le hallali des chasseurs retentissaient gaiement sur la Marne.

Quand Pierre arriva sous le grand saule, il tressaillit et porta la main à son cœur.

Il avait vu une religieuse couchée dans l'herbe, la tête appuyée sur la pierre de la fontaine.

« Jacqueline ! Jacqueline ! » dit-il en tombant agenouillé.

L'écho des bois répondit tristement : Jacqueline, Jacqueline !

Il la souleva dans ses bras avec effroi et avec amour.

VIII

« Adieu, mon ami Pierre, lui dit-elle doucement ; depuis que je suis à prier Dieu dans le couvent, je me sens mourir d'heure en heure.

« Je suis morte, ami ; si mon cœur bat encore, c'est qu'il est près du tien.

« J'ai une grâce à te demander : tout à l'heure, enterre-moi ici ; je ne veux pas retourner au couvent, où j'avais le cœur glacé.

« Enterre-moi ici, mon ami Pierre ; j'entendrai encore couler la fontaine et gémir les branches du saule.

« Dans les beaux soirs du mois de mai, quand le rossignol chantera ses sérénades sous les ramées, je me souviendrai que tu m'as bien aimée. »

IX

Quand Jacqueline eut dit ces paroles, Pierre s'écria : « Ma belle Jacqueline est morte! »

La lune, qui s'était levée au-dessus de la montagne, vint éclairer la fontaine d'une blanche et funèbre clarté.

Pierre reprit son amie dans ses bras, lui disant mille paroles douces, croyant toujours qu'elle allait lui répondre.

Elle ne l'écoutait plus. Qu'elle était belle encore en penchant sa pâle figure sur l'épaule de son ami Pierre!

X

Durant toute la nuit, Pierre pria Dieu pour l'âme de sa chère Jacqueline, tantôt à genoux devant la trépassée, tantôt la pressant sur son cœur.

Au point du jour, il creusa une fosse tout en sanglotant. Quand la fosse fut profonde, il y sema de l'herbe tout étoilée de violettes.

Sur le lit funèbre, il coucha Jacqueline pour l'éternité; une dernière fois il lui prit la main et la baisa.

Sur Jacqueline, il jeta toutes les fleurs sauvages qu'il put cueillir au bois et dans la prairie.

Sur les fleurs sauvages, il jeta de la terre, terre bénite par ses larmes.

Il s'éloigna lentement. Les religieuses, à leur réveil, entendirent ses sanglots.

XI

Depuis ce triste jour, jamais le forgeron n'a battu le fer à la forge.

Depuis ce triste jour, Jacqueline a dormi au bruit de la fontaine, bruit doux à son cœur.

Dans les soirs du mois de mai, quand le rossignol chante dans les bois, elle se souvient que son ami Pierre l'a bien aimée.

Et l'on voit tressaillir les fleurs bleues qui parsèment sa tombe toujours verte.

Ici finit l'histoire du forgeron et de sa belle Jacqueline, qu'un sculpteur, poëte de son temps, écrivit dans les bas-reliefs de l'abbaye.

LIX

LE TOMBEAU DE L'AMOUR

Monsieur de Cupidon, grand coureur d'aventure,
Qui veniez si souvent rêver sous mon balcon,
Ne vous verrai-je plus, si ce n'est en peinture?
Me condamnerez-vous aux vierges d'Hélicon?

As-tu donc oublié nos belles équipées?
Nous n'allions pas nous perdre au ciel comme Ixion.
Aujourd'hui, qu'as-tu fait de tes flèches trempées
Dans la coupe où Vénus buvait la passion?

Pour avoir de l'argent les aurais-tu fondues?
Ton carquois n'est-il plus qu'un sac d'écus comptés?
Qu'as-tu fait de ton chœur de Nymphes éperdues
Conviant l'univers aux folles voluptés?

Aurais-tu trépassé, dans les bras de ma belle,
Sur la double colline où la neige rougit?

Si tu ne réponds pas à mon cœur qui t'appelle,
Sur le sein de Léa j'écrirai donc : *Ci-gît*.

Ci-gît mon jeune amour : ne pleurez pas! Sa tombe,
Où déjà plus d'un cœur est venu se briser,
Est un doux lit jonché de plumes de colombe.
— Il naquit d'un sourire et mourut d'un baiser. —

LE BAISER DU DEMON

LX

LE ROSIER DE LA MORTE

I

Les merles sifflaient dans les sycomores ; Franz passa sous le rosier de la morte et murmura tristement :

« Si j'ai dit le roman de mon cœur, je n'en ai pas écrit l'histoire.

II

« Que me chantent aujourd'hui ces chansons amoureuses où il n'y a plus d'amour, ces strophes à rimes sonores où il n'y a plus de poésie ? Tout cela ne devait chanter que l'espace d'un matin.

« Petites étoiles perdues dans mon ciel nocturne, le soleil s'est levé et vous a éteintes dans sa lumière.

« Cécile, Arabelle, Ninon, — pervenche, aubépine, camellia, — fleurs cueillies et fanées, — et vous, dont je ne sais plus les noms, — et vous dont je ne vois plus les masques, — vos ombres, mélancoliques et rieuses, peuplent le péristyle de mon monument tout bâti de roseaux, que soutiennent en vain deux cariatides : — l'Art et la Poésie.

III

« Dans ce monument, comme dans mon cœur, il y a un sanctuaire où vous n'avez pas pénétré, belles pécheresses impénitentes.

« Dans ce sanctuaire, il y a un tombeau. Dans ce tombeau, il y a une femme, une femme qui est morte, mais dont l'âme immortelle est toute ma vie.

« Dieu lui avait donné la beauté et l'amour ; Dieu l'a prise pour le ciel, dans sa beauté et dans son amour, au matin de sa vie, sur le lit de violettes de sa jeunesse.

IV

« O mon Dieu, qui m'avez frappé mortellement dans sa mort, quoi qu'il m'advienne de vos colères, je vous bénirai dans votre sagesse.

« En me donnant cette femme, vous m'aviez donné votre grâce. Elle a été la beauté pour mes yeux, la lumière pour mon âme, la poésie pour mon cœur.

V

« Avec elle, j'ai bâti mon château en Espagne, — là-bas, à l'ombre des grands sycomores revêtus de lierre, — ce petit donjon persan, d'une architecture impossible, où le bonheur humain n'oserait poser son pied.

« Solitude amoureuse, perdue dans Paris, — où le merle aux pattes d'or venait, en sifflant son cri de réveil-printemps, becqueter à nos pieds ; — où le rossignol chantait à nos fenêtres, dans les branches touffues, sa chanson nocturne et lumineuse.

VI

« Dans cette fraîche oasis du désert parisien, il y a un rosier gigantesque qui s'enroule à un arbre de Judée, à un kiosque et à un cerisier sauvage; un rosier tout épanoui de roses-thé, qui rit aux giboulées d'avril, et qui garde encore des fleurs pour les mains glaciales de décembre.

« C'était là que nous vivions nos heures couronnées de roses.

VII

« Son amour m'avait emparadisé : j'ai été chassé du paradis comme tous les fils d'Adam. Quand je me suis réveillé de ce rêve adoré, on frappait à la porte. — Qui vient si matin? — C'est la Mort. — Ne prends ni l'enfant ni la femme, prends-moi. — Non, tu vas payer ton bonheur.

« Et la Mort a pris la femme.

« Avant de partir, la morte me parla ainsi :

VIII

« Prends garde, si tu ne m'as pas aimée comme je t'ai aimé
« moi-même; car, à l'heure de la résurrection, tu auras soif, et
« je ne te verserai pas l'eau vive du divin amour. »

« Et elle tendit les bras — comme une âme qui prend sa volée. — Je tombai éperdu sur son cœur, elle soupira trois fois, — et ce fut fini.

« Oh! le silence de la mort, quand c'est l'amour qui vient de mourir !

IX

« La mort l'avait frappée sans la toucher, — tant c'était une beauté divine et inaltérable. — Vous l'avez vue, ô mes amis, peintres et sculpteurs qui lui avez donné la vie de la palette et du marbre.

« Deux jours et deux nuits, elle garda sa figure de vingt ans, sereine et souriante : elle n'était pas morte, elle dormait.

X

« Je la couchai dans le cercueil, toute parée comme en un jour de fête; je lui cueillis toutes les roses de son rosier et je lui dis adieu par ces trois mots du poëte allemand : « *Je t'ai aimée, je t'aime et je t'aimerai.* »

« L'église attendait.

« On couvrit le cercueil, on fit la nuit éternelle sur cette figure chastement radieuse qui était l'orgueil de la lumière.

XI

« Je suis allé sous le rosier, là où elle rêvait aux joies de la vie, celle qui fut toute beauté, tout amour et toute vertu.

« Celle qui fut l'âme de la maison, celle qui fut mon cœur, celle qui fut ma conscience, celle qui fut ma poésie.

« O marâtre nature! toi qui as enfanté la mort, pourquoi laisses-tu fleurir le rosier, quand tu as fermé les yeux de celle qui cueillait les roses ?

« Ces beaux yeux couleur du temps quand le ciel sourit à la terre.

« Pourquoi ne me fermes-tu pas les yeux, à moi, qui ai pleuré toutes mes larmes ?

XII

« Je suis allé sous le rosier où elle a voulu venir à ses derniers jours, comme si le parfum des roses dût raviver son âme.

« Sous le rosier où elle berçait son enfant par les vieilles chansons et par les contes de fées.

« Sous le rosier où je lui parlais toujours du lendemain, sans pressentir que le lendemain, c'était le jour sans soleil.

« Et je me suis souvenu que, le jour de sa mort, elle m'a regardé de son divin regard, en murmurant ces mots d'une voix déjà voilée : « *Ami, tu me disais si souvent* : DEMAIN ! »

XIII

« Demain, n'est-ce pas le jour des éternelles hyménées? Quand je tombe à genoux devant ton cercueil, je ne trouve qu'un mot : DEMAIN !

« Chère âme perdue ! mon âme te cherche partout — au delà des nues, au delà de l'espace, au delà du temps !

« Je cherche mon chemin dans la vie. C'est le sombre chemin des funérailles ; mais, pour tous ceux qui ont aimé, le soleil se lèvera après la nuit sans étoiles. »

XIV

« Ce jour-là, le rosier tant aimé était couvert de roses et ne la pleurait pas.

« Le soleil versait sur les branches étoilées ses plus gais rayons ; le petit oiseau familier y égrenait sa gamme.

« A l'ombre du rosier, dans l'herbe haute qui n'avait pas été fauchée depuis le jour funèbre, les cigales dansaient sans peur, comme dans un pré solitaire.

« J'ai cueilli un bouquet de roses, et je me suis en allé, cachant mes larmes.

« Et on se disait, en me voyant passer : « Où va-t-il, avec son bouquet de roses à la main ? c'est un amoureux qui est attendu. »

« Où je vais ? je vais à la Madeleine. Sous la chapelle de Saint-Vincent-de-Paul, il y a un cercueil de velours noir, — sa dernière robe !

« Dans ce cercueil, il y a une jeune femme couchée, qui m'attend avec sa robe de mariée et son anneau nuptial. »

XV

Ainsi parla Franz.

Hier il retourna sous le rosier et s'écria tout en respirant des roses.

— Cher rosier ! je veux que tu ne fleurisses que pour elle. N'est-ce pas son âme qui parfume tes roses ?

Une jeune fille, tout enivrée de ses vingt ans, passa gaiement sous le rosier et voulut casser une branche courbée sous les roses.

Mais Franz lui saisit la main, mais Franz la rejeta loin de là en lui disant :

— Chut ! mademoiselle Vingt ans : ce rosier, c'est un cyprès !

LXI

CHANSONS POUR NINON

I

L'ÉCHELLE DE SOIE

On entend au loin la chanson des merles ;
O ménétrier ! prends ton violon.
Les gais rossignols égrènent des perles ;
Quel beau soir ! Dansez, filles du vallon !

Vers ce vieux château dont la tour hautaine
Profile son ombre au fond du ravin,
Voyez-vous courir ce beau capitaine ?
Celle qui l'attend attend-elle en vain ?

L'étoile scintille à travers la nue ;
L'amant vient d'entrer, tirons les verrous :
Chut ! car le mari, seul dans l'avenue,
Tient bien son épée et parle aux hiboux.

On entend au loin la chanson des merles ;
O ménétrier ! prends ton violon.
Les gais rossignols égrènent des perles ;
Quel beau soir ! Dansez, filles du vallon !

Les cheveux épars, la blanche amoureuse,
Comme Juliette à son Roméo,
Dit à son amant : Que je suis heureuse !
Ah ! chantons toujours le divin duo !

Jamais deux amants, sous le ciel avare,
N'ont ainsi nagé dans l'enivrement ;
Mais l'heure a sonné, l'heure qui sépare :
Adieu, ma maîtresse ! adieu, mon amant !

On entend au loin la chanson des merles ;
O ménétrier ! prends ton violon.
Les gais rossignols égrènent des perles ;
Quel beau soir ! Dansez, filles du vallon !

Mais sous le balcon d'où la noble dame
Dit encore adieu les yeux tout en pleurs,
On a vu soudain briller une lame,
Et le sang jaillir sur les blanches fleurs.

La dame, éperdue, à l'horreur en proie,
Se jette à genoux pour prier l'amour ;
Elle avait laissé l'échelle de soie :
Voilà le mari qui monte à son tour.

On entend au loin la chanson des merles ;
O ménétrier ! prends ton violon.
Les gais rossignols égrènent des perles ;
Quel beau soir ! Dansez, filles du vallon !

—Madame, c'est moi; voyez mon épée;
Ne devais-je pas laver mon affront?
Voyez : dans son sang je l'ai bien trempée. —
Il dit, et lui jette une goutte au front.

—Madame, vivez; mais que votre bouche
Baise cette épée : elle me vengea.
—Vivre ainsi? jamais! Ah! votre œil farouche
Ne me fait pas peur, car je meurs déjà.

On entend au loin la chanson des merles;
O ménétrier! prends ton violon.
Les gais rossignols égrènent des perles;
Quel beau soir! Dansez, filles du vallon!

De la main sanglante elle prend la lame,
La porte à sa bouche et baise le sang.
Horrible spectacle à nous glacer l'âme,
Sombre tragédie, acte saisissant!

Soudain la voilà qui, dans la croisée,
Se frappe trois coups : c'est le dénoûment.
Et son sang jaillit, brûlante rosée,
Sur le front glacé de son pâle amant.

On entend au loin la chanson des merles ;
O ménétrier! prends ton violon.
Les gais rossignols égrènent des perles;
Quel beau soir! Dansez, filles du vallon!

II

LA CHANSON DE CEUX QUI AIMENT TOUJOURS

Aimons-nous follement !
C'est la chanson, ma mie,
Que dit le cœur de ton amant
A chaque battement.
La plus belle folie
Sous le ciel d'Italie,
C'est d'aimer follement !

Aimons-nous follement !
La science de vivre
Est de mourir tout doucement
Sur ton sein chaste et blanc,
Où l'Amour, étant ivre,
Écrivit ce beau livre :
Aimons-nous follement !

Aimons-nous follement
Jusqu'à la frénésie !
Que dit l'étoile au firmament,
La rose à son amant,
La lèvre à l'ambroisie,
L'Art à la Poésie ?
Aimons-nous follement !

III

LA CHANSON DE CEUX QUI N'AIMENT PLUS

Qui l'a donc sitôt fauchée,
  La fleur des moissons ?
Qui l'a donc effarouchée,
  La Muse aux chansons ?

Je n'aime plus ! qu'on m'enterre,
  Le ciel s'est fermé.
Je retombe sur la terre,
  Le cœur abîmé.

Te souviens-tu, ma maîtresse :
  Mon cœur s'en souvient !
Des aubes de notre ivresse ?
  Déjà la nuit vient.

Faut-il que je te rappelle
  Les doux alhambras
Que nous bâtissions, ma belle,
  En ouvrant nos bras ?

Ta bouche fraîche, ô ma mie !
  Ne m'enivre plus.
Déjà la vague endormie
  Est à son reflux.

Quoi! plus d'Ève qui m'enchante!
    Plus de paradis!
Faut-il donc que mon cœur chante
    Son *De Profundis?*

Elle est ouverte ma tombe,
    Et va se fermer.
Oui, j'en mourrai, ma colombe,
    Du doux mal d'aimer.

Ou plutôt, pour cénotaphe,
    Je prendrai Martha,
Qui mettra pour épitaphe :
    — Il ressuscita ! —

IV

LA FONTAINE

Il est une claire fontaine,
Qui murmure nonchalamment
Non loin d'un cabaret flamand.

Le soir, dès que l'ombre incertaine
A jeté ses voiles flottants
Sur la vieille épaule du Temps;

Quand l'abeille rentre à la ruche,
La Flamande portant sa cruche
Y va rêver à son amant.

Son amant, dans l'ombre incertaine,
Vient s'enivrer à la fontaine
Bien mieux qu'au cabaret flamand.

V

LA ROSE QUI PARLE

Hélène errait un jour, avec ses rêveries,
Sur un sable jonché d'étoiles de jasmin ;
Un rosier, tout couvert de fleurs sans lendemain,
L'accrocha par la robe à ses branches fleuries.

Elle essaya de fuir, mais en vain ; le rosier
Retint avec amour cette robe rebelle,
Et pencha vers Hélène une rose si belle,
Qu'elle s'agenouilla pour mieux s'extasier.

Comme Hélène admirait cette fleur enchantée,
Sa lèvre respira le parfum ravissant
Que répand une rose en s'épanouissant,
Et qui conduit l'amour dans une âme exaltée.

« Réponds-moi, réponds-moi, calice épanoui,
« D'où te vient ce pouvoir qui m'attire et me charme,
« Es-tu mon premier rêve et ma première larme ? »
La rose s'inclina pour lui répondre : « Oui. »

VI

SAULES PLEUREURS

Elle passe comme le vent,
Ma jeunesse douce et sauvage !
Ma joie est d'y penser souvent :
Elle passe comme le vent,
Mon cœur la poursuit en rêvant,
Quand je suis seul sur le rivage.
Elle passe comme le vent
Avec l'amour qui la ravage.

Elle fuit, la belle saison,
Avec la coupe de l'ivresse.
Adieu, printemps ! adieu, chanson :
Elle fuit, la belle saison.
Je n'irai plus vers l'horizon
Chercher la muse ou la maîtresse !
Elle fuit, la belle saison :
Adieu donc, adieu, charmeresse.

Que de larmes ! que de regrets !
Toi dont mon âme fut ravie
Déjà si loin, — encor si près !
Que de larmes ! que de regrets !
Mes mains ont planté le cyprès
Sur les chimères de ma vie :
Que de larmes ! que de regrets !
Adieu, mon cœur, adieu, ma mie !

VII

VERS ÉCRITS SUR LE SABLE

Jamais Titien, roi de la couleur,
N'a vu rayonner un plus doux mirage
Que votre beauté si fraîche en sa fleur
Se peignant au vif dans ce paysage.

N'êtes-vous pas l'art en pleine nature,
L'esprit qui sourit dans le sentiment?
Dieu, qui se complaît dans sa créature,
Se regarde en vous et se voit charmant !

J'écris à vos pieds ces vers sur le sable :
Ce fut là le livre aimé des anciens,
Car rien ici-bas n'est ineffaçable :
Arthur brouillera mes vers sous les siens.

Ou plutôt, ainsi que la vendangeuse
Qui foule au pressoir le grain jaillissant,
Gaîment vous viendrez, belle voyageuse,
Effacer ce soir mes vers en dansant !

VIII

LA VALSE

Tu valses comme une Allemande,
O ma maîtresse au front joyeux!
Qu'ils sont bien fendus en amande,
    Tes yeux!

J'aime tes lèvres insensées,
Ton esprit doux comme un beau jour,
Qui berce de folles pensées
    D'amour.

J'aime la rose que soulève
Ton corsage séditieux,
Ton doux regard qui suit ton rêve
    Aux cieux.

Enfin tu m'as pris dans ton charme ;
Mais ce que j'aime mieux de toi,
Rieuse enfant, c'est une larme
    Pour moi.

IX

LES CLEFS DU PARADIS

Mon cœur, pourquoi vous lamenter sans cesse,
Et ne chanter qu'une triste chanson ?
Pourquoi porter le deuil de la jeunesse !
Le cœur humain n'a-t-il qu'une saison ?

Après la nuit, l'aurore insouciante
Au feu du ciel rallume ses flambeaux.
Après l'hiver, la nature est riante :
Ne voit-on pas des fleurs sur les tombeaux ?

Allons, mon cœur, laissez-vous un peu vivre :
Le ciel est bleu, la moisson est en fleur ;
De ce vieux monde ouvrons encor le livre,
Et qu'un baiser boive ton dernier pleur.

Elle était blonde, il en est qui sont brunes,
Je ressaisis l'espérance, et je dis :
Il faut aimer. J'en connais quelques-unes
Ayant encor les clefs du paradis.

X

LE RENOUVEAU

Le souvenir, un mauvais livre,
Jetons-en les pages au vent.
Ah! du passé qu'on me délivre,
C'est la tombe — je suis vivant!

Le renouveau frappe à ma porte,
Armé de vos yeux d'outremer,
Et sur votre bouche il m'apporte
Les fleurs de l'idéal amer.

Hélas! il faut qu'avril m'oublie :
Quand les lilas vont refleurir,
J'irai tout seul dans ma folie,
Ne pouvant vivre ni mourir?

Fais-moi mourir, ô ténébreuse!
Si tu veux la mort du pécheur.
Deviens la tombe que je creuse,
Beau marbre éclatant de blancheur!

XI

CELLE QUI A TROP AIMÉ

Au bord de l'étang d'Aigues-Belle,
Au mois de mai, dans sa fraîcheur,
J'ai vu revenir Isabelle
Appuyée au bras du pêcheur.
En montant dans la passerelle,
Le pêcheur lui prit à la main
Une fleur cueillie en chemin.
Ce jour-là comme elle était belle !
Au bord de l'étang d'Aigues-Belle.

Au bord de l'étang d'Aigues-Belle,
Se cachant le front dans la main,
Un beau jour d'octobre, Isabelle
Pleurait seule sur le chemin :
Sans doute pour une plus belle
L'amoureux s'en était allé.
Ce jour-là quel cœur désolé
Battait dans le sein d'Isabelle,
Au bord de l'étang d'Aigues-Belle !

Au bord de l'étang d'Aigues-Belle,
Quand la neige eut tout recouvert,
J'ai cherché partout Isabelle,
Mais je n'ai trouvé que l'hiver.
Sur la fragile passerelle

J'ai traversé l'étang deux fois
Écoutant le vent dans les bois.
Où donc étiez-vous, Isabelle ?
— Au fond de l'étang d'Aigues-Belle

XII

L'OISEAU BLEU

Dans mon âme il est un bocage,
Un bocage aux abords touffus :
D'un bel oiseau bleu c'est la cage,
Et j'écoute ses chants confus.

Dans mon âme il est une source
Qui ravage fleurs et gazons ;
Au bruit funèbre de sa course
L'oiseau s'endort ; adieu, chansons !

A travers la feuille ondoyante
Il vient souvent un soleil d'or
Pour tarir la source bruyante
Et réveiller l'oiseau qui dort.

L'oiseau bleu, c'est l'amour, ma belle ;
La source est celle de mes pleurs ;
Le soleil que mon âme appelle,
Ce sont tes yeux semant des fleurs.

XIII

LA FILLE D'ÈVE

Dites-moi donc pourquoi, maman,
Mon regard se perd dans les nues;
Pourquoi mon âme, un beau roman,
M'ouvre des pages inconnues.

Comme la biche au son du cor,
Je vais sans savoir où, ma mère !
Je ne lisais hier encor
Que les pages de la grammaire;

Aujourd'hui, j'entrouve en tremblant
Le livre doré de la vie,
Et sur le premier feuillet blanc
Hésite mon âme ravie.

Mes yeux ont un prisme : je vois
Le ciel plus bleu; dans la prairie
L'herbe plus verte; dans le bois
Ma chimère et ma rêverie !

Comprenez-vous ce que je dis?
Curieuse, loin de la terre,
Je vais cueillir au paradis
La pomme d'Ève qui m'altère.

J'ai beau redire mes *Ave,*
Je ne sais quel démon m'emporte.
Le Paradis est retrouvé :
Ève avait mal fermé la porte.

XIV

LA MORT DU CŒUR

O beau pays couvert de roses
Dont je suis à jamais banni !
O beau pays couvert de roses,
Qui chantait de si douces choses !
Pourquoi tant de métamorphoses ?
    Tout est fini !

J'avais une blanche maîtresse,
L'amour n'est donc pas l'infini ?
J'avais une blanche maîtresse,
Mais à la première caresse
J'ai vu mourir la charmeresse.
    Tout est fini !

La moisson n'était pas fauchée,
Le pampre n'avait pas jauni ;
La moisson n'était pas fauchée,
La mort sur elle s'est penchée
Et dans le linceul l'a couchée.
    Tout est fini !

J'entends le vent d'hiver qui brame,
Chassant l'automne au sein bruni ;
J'entends le vent d'hiver qui brame,
La neige tombe sur mon âme,
La mort me dit : Je suis ta femme.
    Tout est fini !

XV

ALINE

J'ai vu sur la colline,
Pieds nus, cheveux au vent,
    Aline
Qui s'en allait rêvant.

Les roses éphémères
Couronnaient son beau front,
    Chimères
Qui s'évanouiront.

J'ai vu sur la colline,
Le sein tout palpitant,
    Aline
Qui s'en allait chantant.

Riant de la rebelle,
Un soldat avait pris
    La belle :
L'innocence a son prix.

J'ai vu sur la colline,
Son chagrin était grand !
    Aline
Qui s'en allait pleurant.

Le soldat infidèle
Buvait, en vert galant,
    Loin d'elle,
L'amour et le vin blanc.

J'ai vu sur la colline
Une fosse au printemps.
Aline
Y dormait pour longtemps.

XVI

AINSI VA L'AMOUR

Pervenches étoilant les marges du chemin
Où flottait le berceau de mes fraîches années,
Je ne vous trouve plus? — Dans une blanche main,
Sur un sein virginal l'amour nous a fanées.

Rivière qui baignais son petit pied charmant,
Rossignol, son écho sous la verte ramure,
Vous ne dites plus rien? — C'est pour un autre amant
Que l'oiseau se lamente et que le flot murmure.

Aubépine fleurie où je cueillais souvent
Un bouquet pour Cécile en l'avril de ma vie,
Qu'as-tu fait de ta fleur? — Souviens-toi que le vent,
Le vent d'orage, un soir de mai me l'a ravie.

Mais toi, ma belle amie, âme de mes vingt ans,
Blonde moisson d'amour que je n'ai pas fauchée,
Ma belle, où donc es-tu? — Mon amour, je t'attends
Sous l'herbe envahissante où la mort m'a couchée.

XVII

BÉRANGER A L'ACADÉMIE

Non, mes amis, non, je ne veux rien être;
C'est là ma gloire! adressez-vous ailleurs.
Pour l'Institut, Dieu ne m'a pas fait naître,
Vous avez tant de poëtes meilleurs!
Je ne sais rien qu'aimer, chanter et vivre,
Et je veux vivre encore une saison?
Je n'y vois plus; Lisette est mon seul livre :
Mon Institut, à moi, c'est ma maison.

Qu'irais-je faire en votre compagnie?
Il me faudrait écrire un long discours!
A mes chansons j'ai borné mon génie,
Et, si mes vers sont bons, c'est qu'ils sont courts.
Ici, messieurs, la Muse est familière,
Pourvu qu'on ait la rime et la raison.
Ici Lisette a commenté Molière...
L'Académie était dans ma maison.

Vous le voyez, c'est la maison du sage,
Et l'hirondelle y revient au printemps;
Je suis comme elle un oiseau de passage,
Depuis Noé j'ai parcouru les temps.
Je fus un Grec au siècle d'Aspasie,
J'ai consolé Socrate en sa prison;
Homère est là : chantez, ma poésie!
J'ai réveillé les dieux de ma maison.

Hier, j'étais sur le pas de ma porte,
Quand l'Orient soudain s'illumina...
Qu'entends-je au loin ? Le vent du soir m'apporte
Les airs connus d'Arcole et d'Iéna !
Ils sont partis, les vainqueurs magnanimes,
Quatre-vingt-neuf, ils gardent ton blason !
Dieu soit en aide aux héros anonymes,
Je les bénis du seuil de ma maison.

Vos verts rameaux ceignent des fronts moroses ;
Il ne faut pas les toucher de trop près,
Je veux mourir en respirant des roses,
Et vos lauriers ressemblent aux cyprès.
Roseau chantant, déjà ma tête plie,
Laissez-moi l'air, laissez-moi l'horizon !
Immortel, moi ! Mais chut ! la Mort m'oublie...
Si vous alliez lui montrer ma maison !

XVIII

DESAUGIERS A L'ACADÉMIE

Un fauteuil les bras ouverts !
    Mais j'en suis indigne,
Car les meilleurs de mes vers
    Chantent tous la vigne.

Loin de vous j'ai navigué,
Toujours libre et toujours gai ;
    J'aime mieux ma mie,
        O gué !
    Que l'Académie.

Le vin coule sur mes jours
   Comme une fontaine.
Je suis Jean qui rit toujours,
   Vrai Jean La Fontaine.

Loin de vous j'ai navigué,
Toujours libre et toujours gai ;
   J'aime mieux ma mie,
      O gué !
   Que l'Académie.

On ne chante pas chez vous,
   Et l'on n'y boit guère.
Mes discours sont des glouglous :
   Que dirait mon verre ?

Loin de vous j'ai navigué,
Toujours libre et toujours gai ;
   J'aime mieux ma mie,
      O gué ?
   Que l'Académie.

Je désapprends mon latin
   Sur deux lèvres roses,
Et n'aime soir et matin
   Que l'esprit des roses.

Loin de vous j'ai navigué,
Toujours libre et toujours gai ;
   J'aime mieux ma mie,
      O gué !
   Que l'Académie.

La fille du cabaret,
  Brune, rousse ou blonde,
Me verse avec son clairet
  Tout l'espoir du monde.

Loin de vous j'ai navigué,
Toujours libre et toujours gai ;
  J'aime mieux ma mie,
      O gué !
  Que l'Académie.

L'Institut a l'air en deuil,
  Ne vous en déplaise :
Offrez donc votre fauteuil
  Au père Lachaise.

Loin de vous j'ai navigué,
Toujours libre et toujours gai ;
  J'aime mieux ma mie,
      O gué !
  Que l'Académie.

XIX

MIGNON REVENANT AU PAYS

Dans le bleu pays des verts orangers,
Pays où j'ai bu le lait de ma mère,
Je vivais gaîment ; mais des étrangers
M'ont prise un matin pour la vie amère.

Ils m'ont entraînée aux pays brumeux,
Moi, le doux grillon qui chantais dans l'âtre ;
Et, morte de froid, je chantais comme eux,
De folles chansons sur un noir théâtre.

Ah ! que j'ai pleuré mon pays perdu,
Le doux coin du monde où Dieu m'avait mise !
Mais mon cri de mort ne fut entendu
Par aucun des tiens, ô terre promise !

La mort sur ma joue a mis sa pâleur,
Que de fois j'ai dit à ma pauvre harpe
Tout mon désespoir, toute ma douleur :
Mes pleurs ont souvent lavé mon écharpe !

Enfin j'ai quitté le chemin fatal,
Croyant retrouver ma candeur flétrie :
Je reviens ; hélas ! le pays natal,
C'est le ciel ; le ciel, la seule patrie !

LA BOUQUETIÈRE DE FLORENCE.

LXII

LA BOUQUETIÈRE DE FLORENCE

I

Vous l'avez tous connue, la bouquetière de Florence, la brune Flora, qui vous offrait ses roses et ses sourires; — comme la Flora du Titien.

Léopold Robert avoit pris sa figure dans sa Florentine au tambour de basque.

Elle était belle comme une poétique apparition, sous son grand chapeau de paille de Florence, dont une duchesse de Paris se fût coiffée avec orgueil, — un chapeau qui lui avait bien coûté trois mille bouquets de roses, encadrés de jasmins!

II

Elle était belle par la somptuosité de sa gorge et de ses épaules brunies, où le soleil s'était tant de fois arrêté comme sur une treille toute d'or et de pourpre.

Pas une femme, pas une seule, qui, en passant devant elle, n'enviât — et sa figure, — et son sourire idéal, — et son printemps éternel, — j'ai voulu dire ses bouquets, ses lèvres et ses joues.

III

Elle avait aimé, comme toutes les filles de Dieu. Elle avait aimé. On voyait à ses beaux yeux ombragés le souvenir radieux des joies amoureuses.

Elle passait sa vie à cueillir des fleurs et à répandre des bouquets autour d'elle. La déesse Flore n'était pas digne de lui nouer des roses à ses souliers.

IV

Quand on arrivait à Florence dans quelque vieux carrosse traîné par quelque fantôme à quatre sabots, il vous tombait tout à coup une pluie de roses des mains de la bouquetière.

Quand on disait adieu à la mère patrie des artistes dieux, la bouquetière vous fleurissait la route par ses roses, ses sourires et ses adieux.

V

Et pour tant de bouquets semés sur votre chemin, — au café, — au théâtre, — au bal, — au casino, — à tous les coins de rue, que lui donniez-vous?

Les Anglais lui promettaient — de revenir, — les Espagnols lui baisaient la main, les Allemands lui donnaient un florin, et les Français cent sous. Cent sous! Moi, je lui donnais tous les matins mon cœur — et cent sous.

VI

Elle était gaie et folle comme un rayon de soleil à Palerme ! Ah ! qu'elle portait bien son joli panier léger et délicat comme l'aile du passereau !

Mais, hier, je l'ai vue à Santa-Croce, se réfugiant au pied de la Madone ; l'église était assiégée et envahie par le peuple. Tout le monde demandait la tête de la bouquetière.

VII

Elle voulait mourir, car elle comprenait que sa couronne de beauté et de poésie était tombée dans la boue. « Signor, m'a-t-elle dit en pleurant, sauvez-moi de leur colère, — ou plutôt, sauvez-moi de moi-même. Ils veulent me tuer ; mais ne suis-je pas déjà morte ? »

La belle Flora, qui rappelait celle de Titien ! — ô honte ! — L'enfer du Dante s'était ouvert pour elle !

Avait-elle pris un amant indigne ? Avait-elle souillé dans le sang ses mains toutes pleines de roses ? — Horreur ! horreur ! elle était devenue espionne.

VIII

Espionne ! Elle qui venait comme une sœur et comme une amante s'asseoir à côté de vous au café, qui vous donnait un bouquet, et qui prenait galamment votre granit ou votre café !

Elle qui vous parlait tout émue de sa jeune sœur, qui s'était réfugiée au couvent pour fuir les dangers des passions profanes, — espionne !

IX

Aussi le peuple irrité ne criait pas : « Livrez-nous la Flora ! » il criait : « Livrez-nous l'espionne ; nous la couronnerons de roses flétries !

« Nous l'attacherons au pilori, nous lui jetterons des fleurs à pleines mains, nous lui chanterons sa honte si haut, que les filles perdues passeront devant elle en rougissant. »

X

Les jeunes gentilshommes de Florence ont voulu la sauver de cette couronne d'infamie ; ils ont revêtu le capuchon funèbre des frères de la Miséricorde, ils sont allés à elle en disant leurs chants lugubres comme pour une morte. Combien parmi eux qui t'avaient aimée, ô Flora épanouie !

Elle était morte, en effet, morte pour le soleil et pour l'amour, depuis qu'elle avait pris son cœur à deux mains pour le jeter aux pieds du ministre de la police, dans l'immondice ouvert aux cœurs de tous les espions.

XI

Les frères de la Miséricorde, pour apaiser le peuple dans son flux océanesque, l'ont couchée sur une civière, et l'ont emportée au couvent des filles repenties.

Le peuple a suivi le convoi.

« Elle est morte au monde, disait-on dans la foule; elle va cacher sa honte sous le voile noir, elle ne cueillera plus de fleurs et n'aura plus d'amants. » Et le peuple attendri a pieusement entonné le *Miserere*.

XII

Que tous ceux qui l'ont aimée prient Dieu pour elle et effeuillent pieusement pour sa cellule solitaire les pâles fleurs du souvenir.

Le soleil, qui lui préparait des moissons, ne s'est pas voilé en ce jour de deuil; il a continué avec sa royale indifférence à féconder les lis et les roses. Le soleil! celui qui l'a le plus aimée!

LXIII

LA MUSE DU SOUVENIR

I

VINGT ANS

Théo, te souviens-tu de ces vertes saisons
Qui s'effeuillaient si vite en ces vieilles maisons
Dont le front s'abritait sous une aile du Louvre?
Ah! soulevons encor le voile qui les couvre,
Reprenons dans nos cœurs les trésors enfouis,
Plongeons dans le passé nos regards éblouis.
Chimères aux cils noirs, espérances fanées,
Amis toujours chantants, amantes profanées,
Songes venus du ciel, flottantes visions,
Sortez de vos tombeaux, vieilles illusions!

Rebâtissons, ami, ce château périssable
Que les destins changeants ont jeté sur le sable :

Replaçons le sofa sous les tableaux flamands ;
Dispersons à nos pieds gazettes et romans ;
Ornons le vieux bahut de vieilles porcelaines,
Et faisons refleurir roses et marjolaines.
Qu'un rideau de lampas ombrage encor ces lits,
Où nos jeunes amours se sont ensevelis.
Appendons au beau jour le miroir de Venise :
Ne te semble-t-il point y voir la Cydalise
Respirant un lilas qu'elle avait à la main,
Et pressentant déjà le triste lendemain ?

Entr'ouvrons la fenêtre où fleurit la jacinthe...
Il m'en reste une encor ! relique trois fois sainte :
J'y trouve je ne sais quels célestes parfums,
Quels doux ressouvenirs de nos amours défunts.
Passons encore ensemble une heure fortunée ;
Traînons les vieux fauteuils devant la cheminée :
Demandons un fagot pour rallumer le feu ;
Appelons nos deux chats et devisons un peu :
Que dit-on par le monde ? Eh ! qu'importe ? nous sommes
Dans la verte oasis, loin du désert des hommes !
Laissons-les s'épuiser avec les vanités,
Et parcourons toujours nos palais enchantés ;
Couvrons de notre oubli le monde et ses tourmentes :
Parlons de nos amours, parlons de nos amantes :
L'amour ! pays perdu que nous cherchons toujours,
Écho des paradis, soleil d'or des beaux jours,
Qui luit sur le chaos de notre âme ravie,
L'amante ! coupe pleine où nous buvons la vie !

Et Gérard survenant s'asseyait près de nous,
Et les chats en gaîté sautaient sur ses genoux.

« D'où vient donc, ô Gérard! cet air académique?
« Est-ce que les beaux yeux de l'Opéra-Comique
« S'allumeraient ailleurs? La reine de Saba
« Qui, le fard sur la joue, entre vos bras tomba,
« Vous échapperait-elle, inconstante chimère? »
Et Gérard s'écriait : « Que la femme est amère! »

Quelquefois, le matin, il venait en chantant
Ces chansons de Bagdad que Beauvoir aimait tant.
Tu l'écoutais, l'esprit perdu dans les ténèbres,
Cherchant à ressaisir les images funèbres
De celle que la mort sur son pâle cheval
Emporta dans la tombe un soir de carnaval.

Tu n'as point oublié la jeune tavernière
Qui venait, à midi, nous verser de la bière?
Quelle gorge orgueilleuse et quel air attrayant!
Jordaens eût tressailli d'amour en la voyant.
Cette fille aux yeux bleus, follement réjouie,
Les blonds cheveux épars, la bouche épanouie,
Jetant à tout venant son cœur et sa vertu,
Et faisant de l'amour un naïf impromptu,
Fut de notre jeunesse une image fidèle ;
Ami, longtemps encor nous reparlerons d'elle.

Ah! si ces heureux jours devaient nous revenir!
Nous passons, nous passons, et, sans le souvenir,
Nous aurions tout perdu. Comme les hirondelles,
Déjà l'amour frileux s'envole à tire-d'ailes.
Le temps a sous ses pieds meurtri le vert sentier
Et flétri de ses mains les fleurs de l'églantier;
La bise fait ouïr ses colères lointaines,
Le torrent vagabond va troubler nos fontaines,

Le ciel, si doux hier, se couvre à l'horizon :
Voilà pour nous déjà la mauvaise saison.

Ne saurons-nous donc pas où vous êtes allées,
Sur quel songe fatal vous êtes envolées,
Prêtresses qui gardiez le feu de nos désirs,
Reines de nos amours, reines de nos plaisirs?

Judith oublie Arthur, Franz, Rogier, et le reste,
En donnant à son cœur la solitude agreste ;
Fanny, sur la Brenta, caresse un jeune enfant
Plus joli qu'un Amour et plus joli qu'un faon.
Doux portrait qui lui parle et qui dort auprès d'elle,
Dernier sourire enfin d'un amant infidèle.
Ninon au Jockey-Club prodigue ses beaux jours ;
Charlotte danse encore — et dansera toujours.
Alice — il la faut plaindre et prier Dieu pour elle :
Elle est dans le torrent, la pauvre tourterelle ;
Un orage a brisé son rameau bien-aimé,
Et pour elle à jamais le beau ciel s'est fermé.
Olympe — un mauvais livre ouvert à chaque page —
Ce matin je l'ai vue en galant équipage :
Le toit qui l'abritait en sa chaste saison,
Le clocher éloquent qui marque l'horizon,
Le verger où la nuit égarait sa chimère,
Le tombeau de sa sœur où va prier sa mère,
Elle a tout oublié! tout, jusqu'au vert bosquet
Où son premier amant lui cueillit un bouquet.

Gardons, ô mon ami! pour nos vieilles années,
Le regain pénétrant de tant de fleurs fanées ;
Gardons un épi d'or de toutes nos moissons,
Gardons le vif refrain de toutes nos chansons !

Oh! le beau temps passé! Nous avions la science,
La science de vivre avec insouciance;
La gaîté rayonnait en nos esprits moqueurs,
Et l'amour écrivait des livres dans nos cœurs!

II

LE PAYS DU POETE

Ami, garde toujours ton petit horizon,
Ne fuis jamais le ciel de ta belle saison,
Bois l'eau de ta fontaine et le vin de ta vigne :
N'irrite point ta soif vers une source indigne.
Ne dépasse jamais ce sauvage rocher
Où tu vois tous les soirs le soleil se coucher :
Promène ta jeunesse avec ta rêverie
Vers le bois ignoré d'une blanche Égérie;
Cueille la violette aux lisières du pré
Pour parer au retour quelque sein effaré.
Es-tu las de rêver le long de la charmille?
Appelle les enfants, ces fleurs de la famille,
Et repose ton cœur dans leurs ébats joyeux.
Au moins, quand pour jamais tu fermeras les yeux,
Tu pourras t'endormir, auprès de ta chimère,
Dans un linceul de lin qu'aura filé ta mère.

Moi, j'ai fui le pays, moi, rêveur inconstant!
Un beau matin d'avril je partis en chantant,
N'ayant que mon esprit et mon cœur pour ressource :
J'ai déchiré mon cœur au début de la course,

Et mes illusions, qui me donnaient la main,
Ont laissé mon esprit errer sur le chemin.
Après m'avoir bercé dans toutes leurs magies,
Craignant comme la mort les bruyantes orgies,
Elles ont pris leur vol vers le pays natal,
Et j'ai poursuivi seul mon voyage fatal.

Et puis qu'ai-je trouvé quand j'ai perdu mes rêves?
Un désert qui n'était que roches et que grèves,
De volages amis ne donnant que la main,
Des maîtresses d'un jour — plaisirs sans lendemain!
Hélas! j'ai tout perdu, tout, hormis le rosaire
Où j'égrène mes jours de splendide misère.
Là-bas sur ma montagne, au pays sans souci,
Je chantais pour mon cœur — pour qui chanté-je ici?
Comme la vierge folle aux robes diaphanes,
Je vais me dévoilant à l'œil des plus profanes;
Mon cœur est un pays ouvert à tout venant :
Hélas! qu'y trouve-t-on? Des tombeaux maintenant!
Pour consolation, j'ai l'âme parfumée
D'ardente poésie. Ah! mauvaise fumée,
Tu finiras bientôt par ronger l'encensoir!
Mille fois j'aimais mieux celle que, sur le soir,
Je voyais lentement couronner la vallée
Où retourne souvent ma muse inconsolée!

III

LA FENÊTRE

Que j'aimais à te voir penchée à la fenêtre,
Me regardant venir, sachant me reconnaître

Entre mille passants! De nos chiens aux aguets
J'entendais de bien loin les jappements plus gais;
Mais j'entendais surtout en mon âme charmée
Se soulever ton sein, ô pâle bien-aimée!
Et, malgré tout l'attrait, j'allais plus lentement,
Caressant à loisir les songes du moment.
Cependant les beaux chiens, que la gaîté transporte,
Par leurs cris suppliants se font ouvrir la porte,
Ils me viennent surprendre, ils me lèchent la main,
Et, retournant vers toi, m'indiquent le chemin.

J'arrivais tout ému; toi, toute chancelante,
Tu venais sur le seuil, ô ma belle indolente!
Ton cœur tout palpitant répondait à mon cœur,
Tes yeux levés sur moi se baignaient de langueur;
Et moi, croyant cueillir et baiser une rose,
Je buvais ton amour à ta lèvre mi-close.

Ces temps-là passent vite et c'est déjà fini!
Les ramiers pour jamais s'envolent de leur nid:
Ainsi font mes amours. Ils ont pris leur volée;
Ils ne reviendront pas. Mon âme désolée
N'est plus qu'un noir cyprès où gémira le vent,
Où les oiseaux de nuit iront pleurer souvent.

Oui, ce matin j'ai vu la fenêtre fermée :
Plus de chiens sur le seuil. — Et vous, ô bien-aimée?

IV

CELUI QUI REVIENT

Je suis allé revoir l'aurore de mes jours,
L'église abandonnée où Dieu veille toujours,
Le toit aimé du ciel, abri de ma famille,
Le jardin enchanté que défend la charmille,
Ma mère qui pâlit et pleure en me voyant,
Le coin du feu si gai, si doux et si bruyant;
Mon frère l'écolier, qui récite des fables,
Les grands chiens caressants, les serviteurs affables,
Les bocages aimés où chantent les chansons,
La pervenche qui tremble au pied des verts buissons,
Les jeux sous les tilleuls, les chaumières qui fument
Aux bords silencieux des bois qui les parfument,
La laveuse qui jase au détour du lavoir,
Le mouton qui rumine auprès de l'abreuvoir,
La blonde paysanne allant à la fontaine,
Qui s'arrête à l'écho de la ronde lointaine;
Le joyeux cabaret aux dehors agaçants
Dont les chants avinés allèchent les passants,
Et ce champ de luzerne où, tout effarouchée,
O ma brume aux yeux bleus, vous vous êtes cachée !

Et je ne voyais rien. « Ah ! me suis-je écrié,
« Tu n'as plus ton autel, église où j'ai prié !
« Qu'es-tu donc devenue, ô joyeuse alouette?
« Je n'entends plus ici chanter que la chouette.

« Ma main en les cueillant se déchire aux bouquets,
« La brume de novembre effeuille les bosquets ;
« Tout est morne et désert, mon âme désolée
« Comme une ombre éperdue erre dans la vallée,
« Et pas un gai refrain qui vienne la ravir !
« O vieux rochers moussus que j'aimais à gravir,
« Etang silencieux que l'hirondelle effleure,
« Arbres aimés, témoins des printemps que je pleure,
« Qu'êtes-vous devenus? la mort vous a couverts,
« Vous vous êtes flétris sous le ciel des hivers. »

Mais un divin rayon a chassé les ténèbres,
Et la muse m'a dit : « Point de clameurs funèbres,
« Poëte ! Le bocage est vert comme autrefois,
« Et les petits oiseaux n'ont point perdu leur voix ;
« Comme autrefois encor la paysanne est gaie,
« Sur le seuil de la porte où son enfant bégaie ;
« Dans la petite église on va toujours prier ;
« Sur le gazon touffu le vieux ménétrier
« Mène encor vaillamment sa danse fantastique,
« Et fait chanter les chœurs sous son archet rustique.
« De ton pays l'amour ne s'est pas envolé :
« Toi seul tu n'aimes plus, poëte désolé ! »

LXIV

LA REINE DE GOLCONDE

I

Au beau milieu du XVIIIe siècle, par une fraîche et rayonnante matinée, un gentilhomme de vingt ans s'abandonnait, aux alentours de Lunéville, au galop aventureux d'un cheval anglais enivré par la course et par le parfum des bois. Une vingtaine de chiens de chasse de toutes formes et de toutes couleurs, éparpillés dans la vallée, se répondaient par de joyeux aboiements. Il les suivait du regard, sans s'inquiéter du dégât de leurs courses vagabondes. Qu'importe la moisson future, quand la fleur nous éblouit et nous enivre, quand on est heureux de toutes ses forces et de tout son cœur? Tout homme, une fois en sa jeunesse, une seule fois peut-être, a saisi au passage, dans une étreinte rapide, ce bonheur qui a sur le front un rayon printanier et sur les lèvres la rosée des primevères.

Ce gentilhomme était le chevalier Stanislas de Boufflers, qui avait vécu jusque-là à la cour de Lunéville, sous les yeux de sa mère, la célèbre marquise de Boufflers. Il avait vécu sans souci, étudiant en plein vent, assez mal gouverné par l'abbé Porquet, « qui ne savait pas son *Benedicite*, quoiqu'il fût aumônier du roi de Pologne. » Comme on voit, Boufflers avait eu, dans sa mère et dans son gouverneur, deux maîtres faciles à contenter.

Son temps se passait en promenades à cheval, en belles chasses, en fêtes dansantes. « En pensant à cette cour de Lunéville, dit Boufflers devenu vieux, je crois plutôt me souvenir de quelques pages d'un roman que de quelques années de ma vie. » C'était un beau garçon ayant toujours la saillie ou le madrigal sur les lèvres. Il dansait à merveille, peignait joliment, ne jouait pas trop mal du violon, abattait noblement un chevreuil. J'allais oublier de dire qu'il ramassait çà et là, au pied de la table de la cour, dont les convives étaient Voltaire, madame du Châtelet, Montesquieu, Saint-Lambert, le président Hénault, M. de Tressan, madame de Grammont, quelques miettes de science et de littérature. L'abbé Porquet lui-même, quoique son gouverneur, parvint de temps en temps à surprendre la paresse du chevalier. L'abbé Porquet était quasi homme de lettres ; il ne lui manquait guère que de l'esprit, de la science et de l'imagination. Il apprit tout ce qu'il savait à son élève ; il lui arrivait même quelquefois de le conduire dans un monde inconnu à tous les deux : dans la métaphysique transcendante, dans la philosophie surhumaine. Ainsi, le matin où nous voyons Boufflers emporté par son beau cheval, l'abbé Porquet lui avait posé cette question mille fois résolue par les plus grands esprits, et partant toujours à résoudre : *Quel est ici-bas le souverain bien?*
« Je suis bien aise d'étudier cette grave question, avait dit Boufflers. Pour cela, je vais monter à cheval et aller rêver au grand air. » Et il était parti avec ses chiens, laissant l'abbé sur ses jambes. Le brave aumônier, le voyant disparaître dans la poussière du galop, s'était dit en hochant la tête : « Voilà un

garçon qui passera sa vie à cheval, mais qui ne fera jamais son chemin. »

Reprenons notre course avec le chevalier. Qui sait d'ailleurs si nous n'allons pas trouver avec lui à résoudre la question de l'abbé? Après mille bonds sur les verts chemins, à travers les bois et les blés, le cheval s'arrêta tout d'un coup, au coin d'un petit bosquet d'ormoie et de chênaie. Il avait si bien couru depuis trois heures, que son cavalier ne songea point à l'éperonner. Il sauta gaiement sur l'herbe, le débrida et lui conseilla de brouter au bord du bois. Pour lui, après avoir appelé quelques chiens, il se mit à déjeuner avec une perdrix et du pain, le tout arrosé de quelques gorgées d'eau à la fontaine voisine. « Un cheval, un chien, un peu d'herbe à l'ombre, voilà le souverain bien, » murmura-t-il après sa première libation.

Il faut peindre d'un seul trait le paysage où se trouvait si heureux notre chevalier : un petit vallon fuyant entre deux collines couronnées de grands arbres touffus; un petit hameau gaiement éparpillé à l'horizon, où l'œil s'arrêtait sur une aiguille de clocher; dans le vallon, un peu de bois encadrant les blés verts et les sainfoins rouges; çà et là un verger tout blanchi par la floraison, une grande prairie où serpentait nonchalamment un ruisseau, quelques ponts rustiques, un troupeau paisible de vaches rousses et brunes; en regard du petit hameau, un château lointain dont on ne voyait, au-dessous du bois, que les tourelles grisâtres; enfin, par-dessus tout cela, le sourire du ciel, le baiser du soleil, le chant de l'alouette, la joie épanouie de la nature. « Oui, reprit Boufflers en jetant toute son âme à la la vie, un cheval, un chien... »

La parole s'arrêta sur ses lèvres malgré lui. Une fraîche paysanne, rayonnant de la beauté du diable, venait de lui apparaître, comme par magie, à la lisière du bois, en petit bonnet mutin et léger, en blanc corset et en cotillon rouge, avec un pot au lait à la main. « A merveille! dit-il en se soulevant pour la mieux voir; on dirait que je suis dans une fable de La Fontaine. J'oubliais qu'après le cheval et le chien il faut compter la femme pour le souverain bien. Celle-ci vient tout à propos. »

Il vit avec une joie du cœur qu'elle venait de son côté pour passer le ruisseau sur un petit pont de planches, ou plutôt sur deux planches servant de pont aux pieds alertes. Il se leva pour aller à sa rencontre. Que lui dit-il? que lui répondit-elle? Je n'étais pas là. S'il faut l'en croire, il lui trouva une très-jolie bouche, partant beaucoup d'esprit. Elle s'appelait Élisabeth, il l'appela Aline; elle avait seize ans; c'était la fille d'un fermier du vallon. Le chevalier lui voulut baiser le cou, ce beau cou de seize ans; pêche encore verte, mais déjà douce aux lèvres! Le cheval hennit, les chiens aboyèrent. Elle se défendit comme un oiseau qui échappe à l'oiseleur; le pot au lait tomba; elle poussa un joli cri aigu, mais le baiser était pris. « Ah! mon Dieu! dit-elle avec un effroi enfantin en relevant son pot, voilà plus de la moitié du lait par terre! — Attendez, dit Boufflers, ce n'est qu'un demi-malheur. »

Il alla remplir le pot à la fontaine. Il revint si gai, si tendre et si fou, il parla si bien sans raison, qu'Aline se laissa attarder durant une heure; elle l'écoutait avec une ravissante surprise, comme un doux murmure de fontaine, comme un gazouillement de bouvreuil. C'était mieux que tout cela : c'était l'amour qui parlait. Jamais l'amour n'avait pris la parole sur un plus beau théâtre. La brise, encore fraîche, répandait un parfum de bonheur idéal; les abeilles bourdonnaient gaiement sur les sainfoins; les demoiselles frappaient de leurs ailes d'or les verts nénufars du ruisseau; de beaux pigeons blancs venaient familièrement mouiller dans la rosée leurs jolies pattes roses. « Ma chère Aline, je voudrais bien être votre frère (ce n'est pas cela que je voulais dire). — Et moi, je voudrais bien être votre sœur. — Ah! je vous aime pour le moins autant que si vous l'étiez. » En écoutant cela, elle se laissa embrasser une seconde fois sans trop de mauvaise volonté. Tout en parlant, Boufflers se pencha au bord du ruisseau, cueillit une marguerite blanche et rose, une tige de primevère à trois fleurs, une verte feuille de roseau, un brin de thym et de marjolaine, un *souvenez-vous de moi*, quelques autres fleurettes ; et, nouant le bouquet avec un brin de jonc : « Je voudrais vous offrir cela avec un trône... Mais, poursuivit-il en attachant le bouquet au corsage d'Aline, ce bouquet n'en serait pas mieux placé. »

Aline disait à chaque instant qu'elle allait partir : « Il faut pourtant que je m'en aille ! » mais elle demeurait toujours, les pieds enracinés dans l'herbe, le regard flottant dans le ruisseau. Des bûcherons vinrent à passer. « Adieu, dit-elle tristement. — Adieu, ma chère Aline. — Adieu ! — Adieu. »

Elle prit l'anse de son pot ; elle soupira et s'éloigna lentement. « Ah ! dit Boufflers, que ne puis-je aller partout avec elle, toujours avec elle ! » Il la suivit du regard ; elle se retournait à la dérobée, mais bientôt elle se perdit sous un bouquet de hêtres. Il entrevit encore son petit bonnet mutin, son léger cotillon, une main qui faisait un dernier signe d'adieu ; enfin elle disparut tout à fait.

Le chevalier sans peur et sans reproches s'élança sur son cheval, siffla ses chiens et reprit, tout en soupirant, le chemin de Lunéville. Un peu avant d'arriver, il rencontra au pied d'un vieil orme le grave abbé Porquet, qui lisait saint Augustin avec ardeur. « Je veille sur vous d'assez loin. D'où venez-vous, mon cher vagabond ? lui cria l'abbé en se levant. — J'ai pris sans vous, ne vous déplaise, une leçon de philosophie ; vous m'avez beaucoup parlé du souverain bien ; j'ai trouvé trois choses aujourd'hui : le cheval, le chien et la femme. — Saint Augustin, mon cher chevalier, a compté deux cent quatre-vingt-huit opinions sur ceci : nul philosophe ne pourra s'accorder sur ce chapitre. Selon Cratès, le souverain bien, c'est une heureuse navigation ; selon Archytas, c'est le gain d'une bataille ; selon

Chrysippe, c'est bâtir un superbe édifice; selon Épicure, c'est la volupté; selon Palémon, c'est l'éloquence; selon Héraclite, c'est la fortune; selon Simonide, c'est l'amitié d'un chacun; selon Euripide, c'est l'amour d'une belle femme. Les anciens philosophes n'étaient pas plus sages que vous, monsieur le chevalier. Nous allons, s'il vous plaît, en retournant au logis, poursuivre notre leçon. Le souverain bien, c'est Dieu, monsieur, Dieu seul, qui peut à toute heure et en tout temps répondre aux aspirations de notre âme; tout le reste n'est que fragilité. Qu'est-ce que l'amitié humaine? qu'est-ce que la gloire d'une bataille? qu'est-ce que l'amour d'une belle femme? un peu de fumée qui passe et nous aveugle. Tout est vain, tout est trompeur. Là où l'un cherche la liberté, il ne trouve que l'esclavage qu'entraînent les grandeurs; là où l'autre cherche la paix dans la solitude, il ne trouve qu'inquiétude et agitations; là où celui-ci cherche la volupté, il ne recueille qu'amertume. Faux biens, ombres, illusions! L'âme est faite pour le ciel; tout ce qui lui vient d'ici-bas est indigne d'elle. L'âme est faite pour aimer Dieu, pour retourner au ciel, sa vraie patrie. Dieu s'est révélé partout, aux nations les plus barbares; écoutez Sénèque : *Nulla quippe gens unquam...* — Ah! pardieu! mon cher abbé, si vous parlez latin, c'est que vous ne savez plus ce que vous dites; pour moi, je n'écoute plus. — Allons, pour une phrase latine que je sais! je vous en passe bien d'autres. — Au bout du compte, je suis de votre avis : le souverain bien, c'est Dieu; mais Dieu est bien haut placé pour moi, et, en attendant que je monte au ciel, vous ne trouverez pas mauvais, monsieur l'abbé, que je cherche le souverain bien dans une belle femme, un beau cheval et un beau chien. Ah! si vous saviez le gai soleil qu'il faisait là-bas, surtout quand nous étions à l'ombre! Aline! Aline! que ne puis-je vous aimer ainsi tous les jours de ma jeunesse! — Allez, profane; allez, pécheur, lâchez la bride à vos mauvaises passions. » Là-dessus, Boufflers éperonna son cheval.

C'en était fait de lui; il avait trouvé le souverain bien des profanes : l'amour! la poésie! Ce jour-là, le seul de toute sa vie, il fut amoureux, il fut poëte! Pourtant une autre fois encore, dans sa vieillesse, nous le retrouvons poëte, grâce à ce magicien sublime qui s'appelle le souvenir.

II

Le reste du temps, Boufflers, abbé, chevalier ou marquis, n'a été qu'un homme d'esprit plus ou moins rimeur; il s'est contenté de l'héritage des Grammont, des Belle-Garde, des Saint-Simon, des Richelieu. Il y a beaucoup d'abbés, de chevaliers et de marquis, j'imagine, qui vivraient avec quelque faste en plus petit héritage.

Boufflers n'eut pas le temps de retourner dans la vallée au pot au lait. Au bout de quelques jours, il lui fallut partir pour Paris, selon les ordres du roi Stanislas. Qu'allait-il faire de lui à Paris? « Un évêque, » disait sa mère. Il entra bravement au séminaire de Saint-Sulpice, une chanson gaillarde sur les lèvres. Le séminaire n'était plus tout à fait la vallée de Lunéville; on n'y rencontrait pas au matin, dans le sourire du soleil, une jolie laitière en cotillon rouge. L'abbé se mit bientôt à regretter sa liberté, son cheval et ses chiens. Comme il ne pouvait pas prier Dieu de bonne foi, il ne le priait pas du tout : c'était plus simple et plus catholique. Il voulut sortir de là : comment faire? comment sortir sans scandale? Encore si c'était un joli scandale! Boufflers tint conseil avec lui-même : il imagina d'écrire son histoire avec Aline; il tailla sa plume et s'abandonna à elle. « Je m'abandonne à vous, ma plume; jusqu'ici mon esprit vous a conduite, conduisez aujourd'hui mon esprit et commandez à votre maître. Contez-moi quelque histoire que je ne sache pas. Il m'est égal que vous commenciez par le milieu ou par la fin. »

Voilà le plus joli début de conte français. Ce qu'il y a d'étrange, c'est que la plume, ainsi maîtresse d'un esprit indocile, commence tout simplement par le commencement. Mais poursuivons : « Pour vous, mes lecteurs, je vous avertis d'avance que c'est pour mon plaisir et non pour le vôtre que j'écris. Vous êtes entourés d'amis, de maîtresses et d'amants : vous n'avez que faire de moi pour vous amuser ; mais moi, je suis seul, et je voudrais bien me tenir bonne compagnie à moi-même. » Tout le conte est sur ce ton charmant. Il aurait douze volumes qu'on les lirait avec délices; mais il contient à peine douze pages. Vous comprenez bien que la plume n'a rien de mieux à raconter que l'histoire du pot au lait; peu à peu, enhardie par la vérité de la première page, elle se lance dans toutes les fantaisies du mensonge; elle cherche à abuser Boufflers en lui présentant sous de douces métamorphoses l'image toujours souriante d'Aline : d'abord c'est une marquise adorable, ensuite une reine de Golconde, enfin une petite vieille encore aimable, vêtue de feuilles de palmier. Le temps se chargea de faire presque une histoire de ce conte. C'est tout l'œuvre de Boufflers ; ce qu'il a écrit à la suite n'est qu'une légère arabesque faite pour encadrer ce joli tableau au pastel.

Boufflers ne restait guère à Saint-Sulpice : il allait dans le monde, dans le beau monde ; il allait même à Versailles. Selon Bachaumont, il lut son conte à madame de Pompadour. Elle fut si ravie de la laitière, qu'elle eut, dès ce jour, l'idée d'avoir des vaches à Trianon, de les traire avec ses jolies mains presque royales, de revêtir en certains jours d'ennui le blanc corset et le cotillon rouge, afin de séduire encore une fois Louis XV sous cette fraîche métamorphose.

En moins de quelques semaines, le conte se répandit de bouche en bouche, de grand seigneur à marquise. Plus de mille manuscrits s'éparpillèrent à Versailles et à Paris. Le séminaire de Saint-Sulpice lui-même n'en fut pas exempt. Tout le monde s'indignait et battait des mains, Boufflers tout le premier. Le conte fut imprimé et signé des initiales du nom de l'auteur; alors, le scandale dépassant les bornes du séminaire, l'abbé de Boufflers devint le chevalier de Boufflers. Un beau matin, il mit de côté le petit collet, monta à cheval et partit bravement, l'épée au côté, pour la campagne de Hanovre. Le roi Stanislas lui avait, dès l'enfance, donné quarante mille livres de revenu en bénéfices. Comment un abbé peut-il abandonner de pareils bénéfices? Rassurez-vous. Tout en prenant l'épée, il prit aussi la croix de Malte, le droit étrange d'assister à l'office en surplis et en uniforme, offrant par là le spectacle bizarre d'un prieur capitaine de hussards.

Boufflers fut brave à la guerre, plein de folie et de gaieté, mais trop philosophe. Après un coup d'épée, il réfléchissait : un soldat ne doit pas réfléchir sur le champ de bataille. Boufflers, d'ailleurs, fut toujours à côté de chacun de ses états : abbé libertin, soldat philosophe, courtisan satirique, diplomate chansonnier, républicain courtisan. En 1792, il émigre, et, du fond d'une solitude sauvage, il entreprend de défendre la liberté, il écrit un livre sur le libre arbitre; à la fin de sa carrière, après avoir bien parcouru le cercle des folies, il écrit sur *la raison humaine* en vrai style d'académicien. O Boufflers! que vous étiez loin d'Aline!

Le maréchal de Castries le fit nommer gouverneur du Sénégal et de l'île de Gorée. Là-bas, tout le monde fut content sous ses ordres, excepté lui-même, qui revint bientôt se livrer corps et âme, comme naguère, aux enivrements d'une folle jeunesse toute fleurie d'amourettes, de saillies et de petits vers. Sa jeunesse dura jusqu'à près de cinquante ans; il semblait que le temps passât sans l'atteindre. Il fut du petit nombre de ceux qui ont trente ans durant un quart de siècle. Il suivait avec religion toutes les frivolités de la mode : étoffes à trois couleurs, broderies d'or et d'argent, paillons et paillettes, perruques à queue et à frimas; enfin, comme il le disait lui-même, on avait trouvé alors le secret important de mettre sur le dos d'un homme une palette garnie de toutes les teintes et de toutes les nuances. « Ces habits, disait Grimm, donnent à nos jeunes gens de la cour un avantage décidé sur les plus belles poupées de Nuremberg. »

En 1788, un peu fatigué du bruit, de la toilette, des fêtes et des femmes, Boufflers, prenant enfin son parti sur l'âge, se décida à avoir cinquante ans : il fit ses visites pour l'Académie. Déjà il était des académies de Nancy et de Lyon. L'Académie française l'accueillit en vieil enfant gâté. Son discours fut péniblement gravé : il remonta au déluge, à la création du monde, au chaos; c'était faire bien du chemin pour ne pas arriver. Ici finit Boufflers, le vrai Boufflers, dont l'histoire gardera un souvenir riant. L'Académie fut le tombeau de cet esprit, qui pouvait lutter par la grâce avec Hamilton, par le trait avec Voltaire. Donc, *ci-gît le chevalier de Boufflers :* l'Académie en a tué plus d'un.

III

Il y a bien encore un autre Boufflers, connu sous le nom de marquis de Boufflers, qui se maria, qui fut député de Nancy aux états généraux, qui fonda un club avec Malouet et La Rochefoucauld, qui fit un traité du *Libre Arbitre*, qui devint agriculteur, qui mourut gravement en 1815 ; mais celui-là n'a rien de commun avec le nôtre. C'est le même, dites-vous: c'est toujours le Boufflers qui aima si poétiquement la belle Aline dans la vallée au pot au lait. N'y a-t-il pas trois ou quatre hommes dans un homme?

A travers les folies touffues de sa longue jeunesse, Boufflers avait çà et là pris le temps de demander des nouvelles d'Aline, qui n'était pas tout à fait devenue reine de Golconde. Il a raconté de diverses façons, en prose et en vers, sa véritable histoire. En revenant de Berlin à Paris, en 1800, il voulut à toute force revoir Aline au passage; il voulut retremper son cœur, battu par mille tempêtes à l'eau de rose, aux sources fraîches de cet amour si printanier qui l'avait surpris au matin de sa vie.

Il s'arrêta à Lunéville. Mais qu'était devenu le palais enchanté de Stanislas, la cour de madame de Boufflers? Le poëte prit un cheval à l'hôtel de la poste et se mit en route pour le vallon. On était au printemps; il retrouva la nature toute fraîche et tout embaumée comme autrefois; toujours les mêmes couronnes verdoyantes et touffues sur les deux collines, toujours les bosquets gazouilleurs, les moissons déjà flottantes, les vergers épanouis; toujours le hameau qui fume et le clocher qui se perd dans le ciel avec le son des cloches. « Il ne manque qu'une chose ici, murmura Boufflers; c'est Aline, c'est mon amour, c'est ma jeunesse. La nature a beau faire, elle a beau répandre tous ses trésors, elle a beau chanter sur tous les tons, elle ne sera jamais qu'un cadre dont les passions de l'homme seront le tableau. Mais, que dis-je si gravement? j'ai l'air d'un philosophe. Hélas! est-ce un philosophe qui devait revenir ici? Voyons, soyons jeune encore, s'il est possible. »

Boufflers redemanda un instant de jeunesse à la magie des souvenirs; il descendit de son cheval, s'étendit sur l'herbe à l'ombre du vieil orme, au bord du ruisseau; il regarda vers la lisière du bois, comme si Aline allait revenir avec son pot à la main et son rouge cotillon. C'est en vain qu'il chercha à s'abuser; il n'était pas assez poëte pour évoquer les illusions couchées dans le tombeau des vingt ans. « Ah! oui, dit-il tout à coup, l'abbé Porquet a raison : Dieu seul dure longtemps; Dieu n'a pas fait notre âme pour la terre, excepté quand on a vingt ans et qu'on rencontre Aline sur son chemin. »

Il voulut aller jusqu'au bout dans son désenchantement; il remonta à cheval dans le dessein de déjeuner au petit hameau, où sans doute il aurait des nouvelles de l'héroïne du seul roman de sa vie. Il s'arrêta au perron d'un mauvais cabaret dont l'enseigne ne promettait rien de bon. Il entra et demanda à manger, tout en s'asseyant à une table rustique encore humide de la dernière rasade. La cabaretière se mit sans retard à casser les œufs et à tordre la chicorée. Boufflers allait lui parler d'Aline sans savoir comment débuter, quand il vit entrer une bonne vieille fermière en jupe rayée, qui venait au feu avec un pot de terre. « Mais, je ne me trompe pas, s'écria-t-il, c'est bien cela, c'est Aline, c'est Élisabeth, c'est ma vieille vêtue de feuilles de palmier ! »

De surprise, la vieille fermière laissa tomber son pot ; mais, cette fois, Boufflers ne s'élança pas pour le ramasser. « Quoi ! c'est vous, monsieur le chevalier ! Mon Dieu ! quelle rencontre ! J'en ai le cœur tout brisé. — Cette rencontre-là ne vaut pas la première, dit Boufflers en considérant sa pauvre Aline des pieds à la tête ; ce n'est plus un pot au lait aujourd'hui. — C'est bien vrai : nous n'avions pas de cheveux blancs là-bas près du ruisseau. — Embrassons-nous un peu, dit Boufflers ; cette fois, nous pouvons le faire devant témoins. »

Ils s'embrassèrent avec une effusion qui toucha la cabaretière. « Vous allez déjeuner avec moi ? — Oui, si vous voulez venir déjeuner à ma maison, à deux pas d'ici. J'ai tant de choses à vous dire ! »

Boufflers paya vingt omelettes et trente salades à la cabaretière ; il suivit Aline, qui avait détaché son cheval pour l'emmener. La pauvre femme avait le cœur si content qu'elle babillait à perdre haleine. « Figurez vous que, chaque fois que je vois un beau cheval, je pense tout de suite à l'aventure du lait répandu ; tout à l'heure même, en voyant celui-ci, j'ai pensé à vous. Ah ! si vous saviez que de fois j'ai passé là-bas pour le seul plaisir d'y passer ! Je savais bien d'avance que je ne vous rencontrerais plus, mais je n'y passais pas moins avec bonheur. Nous avons fait là une belle folie ; mais, comme dit le proverbe, une folie à deux est toujours bonne à faire. Je n'ai pas de regrets : on n'est jeune qu'une fois ; vous ne sauriez croire comme toute ma vie a été pleine de tout cela. Chaque année, aux premiers jours de la belle saison (vous allez rire et vous moquer de moi ; c'est égal, sachez-le), je vais, malgré moi, entraînée par une puissance surnaturelle, je vais cueillir un bouquet sur les bords du ruisseau. Ah! le vôtre a duré bien longtemps! Venez voir le bouquet de l'an passé. »

Elle prit la main de Boufflers, le conduisit à son alcôve et lui montra un bouquet fané retenu sur la serge des rideaux par un rameau de buis bénit. « Vous ne sauriez croire, dit Boufflers à son tour, comme ce souvenir de jeunesse a toujours parfumé mon cœur; il a été plus de la moitié de ma vie : c'est au point qu'étant jeune encore, n'espérant guère vous revoir et cherchant à m'abuser, j'ai fait un roman qui s'appelle *Aline*; les premières pages sont vraies, mais le reste n'est qu'un conte.—Dites-moi donc ce conte-là ; je suis curieuse de savoir ce que vous avez imaginé de beau sur moi. — Tout le monde l'a lu, excepté vous. C'est toujours ainsi ! Je ne fais pas de vous une sainte du calendrier, mais je vous ai peinte sous des couleurs si fraîches et si attrayantes, que tout le monde vous a adorée à Paris, en province, ailleurs encore. — Je ne m'en doutais guère. Pendant qu'on m'aimait de si bon cœur, moi je plantais mes choux, je berçais mes enfants, je songeais à vous. Cela ne m'a pas empêchée d'être assez heureuse ; cependant, depuis quelques années, tout s'en va autour de moi : me voilà veuve, j'ai perdu deux enfants, le champ qui m'a nourrie a été partagé ; mais j'ai encore beaucoup d'enfants et de petits-enfants ; et puis, comme j'ai un naturel heureux, quand j'ai pleuré et prié le bon Dieu, le temps passe encore doucement. »

Tout en parlant ainsi, la fermière allumait du feu ; Boufflers promenait son regard à tort et à travers dans la maison. C'était un intérieur tout primitif : des dalles disjointes, des solives vermoulues, où çà et là l'araignée filait dans l'ombre; un vieux bahut de chêne, sculpté à grands coups, orné de faïences grossières et de plats d'étain; de petites fenêtres défendues au dehors par un rideau d'osier; une saine odeur d'eau pure et de pain bis; un âtre digne des géants; deux gravures enluminées sur la cheminée, sous un fusil plein de rouille et de poussière; enfin un parfum de bonne pauvreté, agréable au cœur : voilà ce que découvrit Boufflers dans cette maison de sa vieille Aline.

Ils déjeunèrent gaiement, mais ayant chacun un grain caché de tristesse. Après déjeuner, Boufflers demanda à visiter le petit héritage de la fermière : il comprit pour la première fois de sa vie le charme calme et sérieux que répand la terre pour ceux qui la cultivent; il fit vœu de consacrer ses derniers jours à l'agriculture.

Les deux vieux amants s'embrassèrent pour la dernière fois; l'adieu fut touchant : on essuya une larme à la dérobée, on se recommanda à Dieu avec une vraie religion; enfin Boufflers monta à cheval et se mit en route. Le cheval, qui avait déjeuné pour le moins aussi bien que son maître; le cheval, qui avait eu du meilleur trèfle et de la meilleure avoine, voulut traverser d'un seul bond la petite vallée ; mais Boufflers le retint en bride, voulant respirer encore à loisir toute l'ivresse du souvenir.

Il rentra à Lunéville pâle et abattu : il avait été poëte ce jour-là pour la seconde fois de sa vie. Que de rimeurs plus connus qui n'ont pas été poëtes une seule fois !

LA MUSE RUSTIQUE

LXV

LA MUSE RUSTIQUE

I

ADIEU A PARIS

Adieu, Paris, adieu ; ville où le cœur oublie !
    Je reconnais le chemin vert
Où j'ai quitté trop tôt ma plus douce folie,
    Salut, vieux mont de bois couvert !

J'ai perdu dans ces bois les ennuis de la veille ;
    J'ai vu refleurir mon printemps ;
Après un mauvais rêve enfin je me réveille
    Sous ma couronne de vingt ans !

C'est au milieu des bois, c'est au fond des vallées,
    Qu'autrefois mon âme a fleuri,

C'est à travers les champs que se sont envolées
    Les heures qui m'ont trop souri !

Les heures d'espérance ! adorables guirlandes
    Qui se déchirent dans nos mains
Quand nous touchons du pied le noir pays des landes
    Familier à tous les humains.

Ne trouverai-je pas le secret de la vie,
    Seul, libre, errant au fond des bois,
A la fête suprême où le ciel me convie,
    A la source vive où je bois ?

Ignorant ! je lisais gravement dans leur livre ;
    Maintenant que je vais rêvant,
Dans la verte forêt mon cœur rapprend à vivre
    Et mon cœur redevient savant.

Approchez, approchez, visions tant aimées ;
    Comme la biche au son du cor,
Vous fuyez à ma voix sous les fraîches ramées,
    Et pourtant je suis jeune encor.

Vous fuyez ; et pourtant vous n'êtes pas flétries,
    Sous ce beau ciel rien n'est changé :
J'entends chanter encor le pâtre en ses prairies,
    Et dans les bois siffler le geai.

Ah ! ne vous cachez pas, ô nymphes virginales !
    Sous les fleurs et sous les roseaux.
Suspendez, suspendez vos courses matinales,
    Sirènes, montez sur les eaux !

Amour, Illusion, Chimère, Rêverie,
    Sans moi vous allez voyager.
Arrêtez! Vous fuyez? Adieu! Dans ma patrie
    Je ne suis plus qu'un étranger.

Il ne s'arrête pas, blondes enchanteresses,
    Votre cortége éblouissant.
Heureux sont les amants, heureuses les maîtresses,
    Que vous caressez en passant.

II

PAGE DE LA BIBLE

I

J'écoutais doucement tous les bruits d'alentour :
    Les murmures de la fontaine,
Le clair mugissement des vaches au retour,
    Les voix de la cloche lointaine ;

Le cri du laboureur qui finit un sillon,
    Le vol amoureux des verdières,
Le chant du rossignol, le conte du grillon
    Et le battoir des lavandières.

A peine si la brise agitait les roseaux,
    Les hirondelles revenues
Se miraient en passant dans le miroir des eaux
    Et s'envolaient avec les nues.

Les jeunes écoliers, redevenus enfants,
Loin du maître au regard sévère,
S'en allaient dans les prés bondir comme des faons
Pour moissonner la primevère.

II

Tout à coup j'entrevis aux marges du chemin,
Comme un roseau fragile,
Une fille aux yeux bleus balançant à la main
Une cruche d'argile.

Son front presque voilé s'inclinait mollement
Aux flots des rêveries,
Son petit pied distrait glissait languissamment
Dans les herbes fleuries.

Le vent sur son épaule avait éparpillé
Sa fauve chevelure ;
Une pervenche ornait son blanc déshabillé :
Une agreste parure !

Au bord de la fontaine elle s'agenouilla
Sur une pierre antique :
Et plus allègrement le bouvreuil gazouilla
Son amoureux cantique.

III

Survint un mendiant qui n'avait pour ami
Qu'un bâton de branche de chêne ;

Son vieux corps chancelant s'inclinait à demi
　　Vers sa fosse, toute prochaine.

Ayant avec tristesse aux branches d'un bouleau
　　Suspendu sa besace vide,
Le vieillard épuisé sur la face de l'eau
　　Promena son regard avide.

Dans sa main il voulut boire, ce fut en vain;
　　Et, voyant sa peine, la belle
Offrit sa cruche avec un sourire divin :
　　« Buvez, mon père, » lui dit-elle.

Spectacle des vieux jours dont mon cœur fut charmé!
　　Pur souvenir des paraboles!
Avant de se coucher, le doux soleil de mai
　　Lui ceignit le front d'auréoles.

III

LE PREMIER GIVRE

L'hiver est sorti de sa tombe,
Son linceul blanchit le vallon;
Le dernier feuillage qui tombe
Est balayé par l'aquilon.

Nichés dans le tronc d'un vieux saule,
Les hiboux aiguisent leur bec;
Le bûcheron sur son épaule
Emporte un fagot de bois sec.

La linotte a fui l'aubépine,
Le pinson n'a plus un rameau ;
Le moineau va crier famine
Devant les vitres du hameau.

Le givre que sème la bise
Argente les bords du chemin ;
A l'horizon la nue est grise :
C'est de la neige pour demain.

Une femme de triste mine
S'agenouille seule au lavoir ;
Un troupeau frileux s'achemine
En ruminant vers l'abreuvoir.

Dans cette agreste solitude,
La mère, agitant son fuseau,
Regarde avec inquiétude
L'enfant qui dort dans le berceau.

Par ses croassements funèbres
Le corbeau vient semer l'effroi,
Le temps passe dans les ténèbres ;
Le pauvre a faim, le pauvre a froid.

Et la bise, encor plus amère,
Souffle la mort. — Faut-il mourir ?
La nature, en son sein de mère,
N'a plus de lait pour le nourrir.

IV

ADIEU AUX BOIS

Bruyères, 15 novembre 1845.

Bois où je voudrais vivre, il faut vous dire adieu!

Depuis l'aube égayant les moissons ondoyantes,
Jusqu'au soleil pâli des vendanges bruyantes,
J'ai voulu contempler le grand œuvre de Dieu.

Au bois j'ai vu passer, avec ma rêverie,
L'altière chasseresse et la chaste Égérie;
J'ai vu faucher le trèfle à l'ombre du moulin;

J'ai vu dans les froments la moissonneuse agile,
Telle que la chantaient Théocrite et Virgile,
Presser la gerbe d'or sur son corset de lin;

J'ai vu, quand les enfants se barbouillaient de mûres,
La vendangeuse aller aux grappes les plus mûres,
Et répondre aux amants par un rire empourpré;

Le vin coule au pressoir, le vigneron est ivre,
Le regain est fauché; j'ai vu le premier givre
Frapper le bois; la neige ensevelit le pré;

Je pars, je vais revoir l'amitié qui m'oublie,
Ton peintre et ton poëte, ô charmante Ophélie!
Beau rêve de Shakspeare en ces deux cœurs tombé;

Sainte-Beuve, qui pleure un autre Sainte-Beuve,
Hugo, Vigny, Musset, Banville, urnes du fleuve
Qui verse l'ambroisie aux rêveurs, comme Hébé.

Gérard le voyageur m'écrira du Méandre,
Valbreuse me dira : Trente ans! adieu, Léandre;
Ariel à Paris me parlera du Rhin.

Gautier, d'un fourreau d'or tirant un paradoxe,
Viendra te battre en brèche, ô sottise orthodoxe!
De Philine et Mignon je rouvrirai l'écrin.

Esquiros, Thoré, Süe, armés de l'Évangile,
Bâtiront sous mes yeux leur Église fragile
Avec Saint-Just pour saint et pour Dieu Jésus-Christ.

La Fayette, amoureux de poésie ardente,
M'allumera l'enfer de son aïeul le Dante;
Janin, Karr et Gozlan diront : Voilà l'esprit!

Lamartine au banquet de Platon me convie;
Sand, Balzac et Sandeau me conteront la vie;
Grisi va me verser les perles de sa voix.

Point d'hiver à Paris! car s'il pleut ou s'il neige,
J'irai voir le soleil au Louvre dans Corrége,
Ou dans votre atelier, Diaz, Decamps, Delacroix!

Oui, je retourne à toi, poétique bohème,
Où dans le nonchaloir on fait un beau poëme
Avec un peu d'amour tombé du sein de Dieu.

Bois où je voudrais vivre, il faut vous dire adieu!

LXVI

MARTIA ET MARGUERITE

Martia la Romaine à la palette ardente,
Qui peignit des tableaux qu'aurait signés le Dante,
Voulut vivre pour l'art. Plus d'un jeune Romain
Lui parla maintes fois d'amour sur son chemin ;
Elle te fut rebelle, ô Vénus d'Ionie !
Et son cœur ne brûla que des feux du génie.

L'Art fut le divin culte où son esprit rêveur
S'enfermait avec joie en ses jours de ferveur ;
Son atelier était le temple où la vestale
Veille avec piété sur la flamme fatale.

Ses compagnes en vain lui chantaient doucement
La chanson qui jaillit des lèvres d'un amant
Et court comme le feu sur les rives du Tibre ;
Martia leur disait : « Esclaves, je suis libre ;
« Je n'appartiens qu'à l'Art, l'Art, cet enfant des dieux,
« Qui ceint mon chaste front d'un éclat radieux ;

« Ma couronne invisible, ô mes chères compagnes !
« Est plus douce à porter que la fleur des campagnes
« Dont le pâtre amoureux s'enivre le matin,
« Alors que la rosée emperle encor le thym.
« Vous hantez ici-bas la passion profane
« Qui n'a rien d'immortel, qui fleurit et se fane ;
« Ma sainte passion est vivante à jamais,
« Et j'aimerai demain ainsi qu'hier j'aimais.
« Moi, je n'habite point la terre ; un Élysée
« Que les dieux m'ont bâti sur la nue irisée
« M'enlève à vos plaisirs, jeunes filles, mes sœurs,
« Biches aux doux regards qui cherchez les chasseurs. »

Fuyant les voluptés de cette vie humaine,
Elle parlait ainsi, Martia la Romaine.

Marguerite Van Eyck, quinze siècles après,
Pareille à Martia, découvrit les secrets
D'en haut, et ne voulut pas vivre pour la terre ;
Elle enferma son cœur dans l'Art, un cloître austère
Où l'ange du Seigneur, touché de sa beauté,
Garda le beau lis blanc de sa virginité.
Pourtant elle vivait à Bruges l'espagnole,
Ville aux yeux éclatants, alors bruyante et folle,
Et puis elle habitait un riche intérieur
Avec son frère Jean, esprit doux et rieur ;
Elle aimait la musique et ses pures délices,
Elle buvait la vie aux plus rares calices,
Et, quand elle peignait, fidèle à ses instincts,
En ouvrant les fonds d'or des maîtres byzantins,
Elle ornait ses tableaux de fraîches perspectives,
Forêt, prairie en fleurs, montagne aux sources vives,
Pour faire au Créateur un trône éblouissant.

Pareille à Martia, dans son amour puissant,
Marguerite était moins chrétienne encor qu'artiste;
Témoins les horizons de son *Saint Jean-Baptiste*.

Ainsi le culte ardent qui leur ouvrait les cieux,
Ce fut l'amour de l'Art, comme l'amour des dieux.

Saluons, saluons ces deux filles sublimes
Qui voulaient n'habiter que les altières cimes,
Qui n'avaient pas besoin de passer le tombeau
Pour vivre loin du monde et voir le ciel plus beau.
La mort, en les frappant, n'a rien changé pour elles,
Car elles connaissaient les sphères éternelles.

LXVII

MOLIERE

Racine est presque un Grec, Corneille est un Romain ;
Molière, tout Français, a marqué son chemin
Sur le vieux sol gaulois avec sa muse franche,
Qui marchait nez au vent et le poing sur la hanche,
Œil vif, gorge orgueilleuse et bonnet de travers,
Raillant les faux atours autant que les beaux airs ;
Belle fille, portant sa dent inassouvie
Sur les travers du monde et les fruits de la vie,
En faisant éclater, du soir jusqu'au matin,
Sa gaîté petillante et son rire argentin,
Comme on voit la grenade, aux fonds d'or des campagnes,
Ouvrir sa lèvre rouge au soleil des Espagnes.

Le roi Louis Quatorze a traversé le Rhin,
Mais que nous reste-t-il de ce bruit souverain ?
Il nous reste Molière et sa verte ironie :
La conquête, c'est l'art ; le roi, c'est le génie ?

Si Louis revenait du royaume des morts
Sourire à son passé, sans peur, non sans remords,
Évoquant sa première ou dernière victoire,
Recherchant son Paris, recherchant son histoire,
Il ne retrouverait, en sortant du tombeau,
Que ta maison, Molière, un Versailles plus beau !
Arche sainte, qui vogue et porte d'âge en âge
Le rire des aïeux, le meilleur héritage ;
Panthéon tout vivant, glorieuse maison,
Où le pampre fleurit aux mains de la raison ;
Où, comme un beau fruit mûr sur l'espalier qui ploie,
On voit s'épanouir et rayonner la joie ;
Où la gaîté gauloise, âme de la chanson,
Court comme un soleil d'or sur la blonde moisson ;
Où l'on entend sonner tes grelots, ô Folie !
Toi qu'adorait Érasme en sa mélancolie.

Molière ! qui dira les larmes de son cœur,
Quand son esprit jetait un cri grave ou moqueur ;
Quand le rire charmant, familier à Montaigne,
A tous ceux dont l'esprit est gai, dont le cœur saigne,
Passait sur sa figure inquiète, où Mignard
Trouvait la passion, la poésie et l'art ?

Pour lui la Vérité, dans sa verve brûlante,
Sortait du fond du puits encore ruisselante,
Et dans sa coupe d'or ou dans son broc divin,
Miracle de son art, l'eau se changeait en vin !
Dans son puissant amour, quand il l'avait saisie
A plein corps, il disait : Je tiens la poésie !
Muse au masque rieur, vivante Vérité,
De sa belle action couvrant sa nudité.

Saluons, saluons cette muse hardie,
Montrant sa jambe fière en plein marbre arrondie,
Et son rire gaulois armé de blanches dents,
Et ses beaux yeux taillés dans les prismes ardents.

Comme on voit en avril les vives giroflées
Égayant votre front, ruines désolées,
Molière, c'est le rire éclatant et profond
Qui survivra toujours aux choses qui s'en vont.

LXVIII

LA LEGENDE DE LA PETITE CHAMPENOISE

AUX PIEDS NUS

Il y a là-bas, en Champagne, une petite fille qui s'en va les pieds nus, les cheveux au vent, à tous les théâtres de campagne. Elle s'oublie si bien à ces spectacles, qu'elle rentre tard toujours et qu'elle est battue par sa mère. Cette petite fille fera bientôt baiser ses pieds à tout une génération de grands seigneurs. Voltaire lui fera des madrigaux pour empapilloter ses cheveux, et, au lieu d'être battue par sa mère, elle battra un maréchal de France qui a l'habitude de battre tout le monde.

Mais par quel chemin arivera-t-elle à dominer ainsi les plus fortes têtes de son temps? Son père est un pauvre chapelier qui ne travaille guère dans la semaine, qui se repose le dimanche et qui fait le lundi. Il n'a pas de quoi payer la maîtresse d'école. Aussi quelle charmante écolière! comme elle sait tout sans avoir rien appris! Mais un jour voilà que les huissiers viennent vendre le dernier chapeau du chapelier; il ne sait plus où poser sa tête; il lui reste sa femme et sa fille, il va fuir avec elles, il va se réfugier à

Paris, Paris où l'on peut tout espérer quand on a désespéré de tout.

Il se vint loger dans un galetas, au voisinage de la Comédie-Française, il fallait bien que cela fût : Adrienne avait son étoile. La petite fille, qui était jolie et dont tout le monde caressait les cheveux au passage, entra bientôt à la Comédie-Française sans plus de façon qu'au théâtre des comédiens de campagne. Elle vit jouer *Polyeucte*, elle voulut jouer Pauline ; une petite troupe de jeunes gens se forma autour d'elle comme par magie. La présidente Le Jay, qui avait une hôtel rue Garancière, donna un théâtre à ces comédiens de hasard : ils débutèrent avec assez d'éclat, par *Polyeucte* et *le Deuil*, pour inspirer des inquiétudes sérieuses aux Comédiens Français, qui firent cerner l'hôtel et qui firent arrêter leur rivaux encore tout barbouillés de rouge et de blanc. Mais nul ne peut avoir raison des comédiens qui veulent jouer la comédie, pas même les Comédiens Français. Adrienne et ses amis sont à peine enfermés au Temple, qu'elle conquiert la protection du grand-prieur de Vendôme, et que bientôt la prison se transforme en une salle de théâtre. On criait au prodige en voyant cette fille de quinze ans, habillée à la française, car elle n'avait pas de quoi louer des costumes à la romaine, dire avec un naturel charmant les vers de Corneille, qui jusque-là avaient été chantés.

On peut dire de Mlle Lecouvreur qu'elle fut la vraie élève de Molière par la tradition. L'illustre disciple de Gassendi a écrit en deux mots toute la poétique du comédien. Il voulait que ce fût la nature qui parlât; il ne voulait pas que l'étude, quelque intelligente qu'elle fût, apprît à déclamer ou à chanter. S'il avait été professeur au Conservatoire, il eût enseigné la diction et non la déclamation. Baron fut son élève ; et Mlle Lecouvreur s'était passionnée pour ce jeu savant qui cachait sa science, pour ce naturel étudié qui est l'idéal du naturel, parce que l'étude lui donne la lumière, la force et la grâce. Mlle Lecouvreur, née comédienne, ne voulut pas se soumettre au style déclamatoire qui avait fini par perdre la Champmeslé et Mlle Duclos. Elle arrivait sur la scène tout à sa passion, elle répandait son âme dans l'âme des spectateurs; mille battements de cœur répondaient à son battement de cœur; et deux heures durant on subissait avec bonheur son amour, sa terreur, sa pitié, sa joie et sa tristesse. Coypel l'a peinte tenant son urne de Cornélie; on a trop appris à juger cette figure d'après le portrait de Coypel: le peintre a eu tort de la représenter avec cette expression, qui s'est perpétuée et qui n'a été que le masque de sa vraie expression. Adrienne Lecouvreur avait une tête charmante, très-variable, où le sourire n'était pas tout à fait dégagé de la mélancolie. L'air de tête avait un vif agrément; les yeux s'ouvraient dans l'azur et dans la flamme: beaux yeux qui chantaient toutes les symphonies de l'amour. Qui avait plus qu'Adrienne Lecouvreur la science des passions? Quand elle parlait en scène des tempêtes de son cœur, on la croyait au premier mot, car on savait que celle-là avait étudié l'amour — en aimant. — Aussi, quand elle pleurait, c'était des larmes et non des perles.

Baron et Mlle Lecouvreur furent les premiers comédiens admis dans le monde. Je ne parle pas de Molière, grande figure à part: celui-à allait à la cour, et, quand les grands seigneurs refusèrent de dîner avec lui, le roi Louis XIV, qui était une autre grande figure, on pourrait dire un autre grand comédien, disait à Molière: « Eh bien, mon philosophe, j'aurai, moi, le roi, l'honneur de déjeuner avec vous. »

On allait chez Adrienne Lecouvreur à peu près comme chez une autre Ninon de l'Enclos, parce qu'elle allait au péché discrètement sans mettre des panaches à ses passions, parce que la comédienne couvrait la courtisane, parce qu'elle choisissait bien ses amants et qu'elle était *honnête homme*, jusque dans les faiblesses du cœur.

Celles qui jouent les princesses ne débutent pas ordinairement comme les princesses. Sans cela, pourquoi descendraient-elles sur le théâtre? Elles joueraient la comédie sur les planches dorées du monde sans apprendre leurs rôles. Ce sont les déshérités qui, se sentant, comme André Chénier, *quelque chose là*, et dédaignant leur entourage, comme indigne de les comprendre, se jettent éperdument sur la scène pour se retrouver dans leur centre.

Adrienne Lecouvreur n'eut pas seulement Legrand pour maître, elle eut Dumarsais et Voltaire, Dumarsais comme ami, Voltaire comme amant. Je crois que Voltaire lui donna encore de meilleures leçons que Dumarsais. Si l'amour est un grand maître, c'est surtout au théâtre. Pauvre Voltaire! Elle mourut tout prosaïquement dans ses bras, mais bien loin de lui, car elle avait les yeux fixés sur un buste de Maurice de Saxe, et lui débitait à tort et à travers des tirades tragiques.

Adrienne Lecouvreur a passé sa vie à aimer : du comédien Legrand au poëte Voltaire, du poëte Voltaire à lord Peterborough, de lord Peterborough au maréchal de Saxe, sans compter celui-ci qui fut père de sa première fille, sans parler de celui-là qui fut père de la seconde ; car, si on cherchait bien, on trouverait, à ce qu'il paraît, beaucoup de descendants de l'illustre comédienne, par exemple, le mathématicien Francœur.

Ce n'était pas précisément le théâtre qui l'avait enrichie. Il y a une fable antique qui raconte que Jupiter, conseillant l'Amour, lui disait : « Quand tu auras usé tes flèches dans ton voyage, il te restera encore une ressource pour aveugler les femmes : tu leur jetteras à pleines mains de la poussière d'or qui est dans ton carquois. »

Mademoiselle Lecouvreur ne s'était pas montrée dédaigneuse pour la poudre d'or. Elle pouvait dire, comme Marion Delorme : « Je prends quand je n'ai rien à donner, » c'est-à-dire quand elle ne pouvait donner que le masque de l'amour ; mais au moins c'était un masque charmant. Milord Peterborough lui disait : « Allons, madame, ayons beaucoup d'amour et beaucoup d'esprit. » Et elle montrait beaucoup d'esprit et beaucoup d'amour ; mais son cœur ne battait que lorsque milord était parti.

Adrienne Lecouvreur fut avant mademoiselle Rachel la plus

grande tragédienne de la scène française. Elle avait la bonté, les larmes, la *furia* tragique. Plus que mademoiselle Rachel, elle laissait sa personnalité dans la coulisse et prenait en entrant sur la scène la figure, l'accent, la passion de Bérénice, d'Élisabeth, de Jocaste, d'Émilie, d'Hermione, de Cornélie. Ce sont de vraies larmes qu'elle répand dans cette urne classique, et ce sont les larmes de Cornélie.

Adrienne n'oublia jamais son point de départ dans la vie.

Elle contait ce conte :

Un jour qu'elle courait les champs, effeuillant les marguerites et tressant les bluets, une belle dame passa qui lui dit :

—Où vas-tu, mon enfant?

— Je ne sais pas.

—Tu vas te gâter les pieds sur les cailloux. Les jolis pieds ! Viens, que je te donne des pantoufles.

Et elle suivit la belle dame au château voisin.

—Tiens, mon enfant, voici les pantoufles de Cendrillon.

Et la châtelaine mit elle-même des pantoufles dorées aux pieds de la jolie coureuse des champs.

« Le croiriez-vous ? dit un jour Adrienne au maréchal de Saxe, si je suis arrivée au théâtre, c'est par les pantoufles dorées. Une fois chaussée comme une princesse, j'ai voulu jouer les princesses. »

LXIX

LES FÉES DE LA JEUNESSE

Vous restez au pays de l'éternel printemps,
Et je fuis le rivage, — adieu, mes belles fées! —
En chantant avec vous la chanson des Orphées,
J'ai cueilli par vos mains des bleuets au beau temps.

Vous êtes l'idéal et versez l'ambroisie,
Avec l'urne des dieux aux âmes de vingt ans ;
Vous êtes la Jeunesse en ses rayons flottants,
La Jeunesse ! je pars, et ne l'ai pas saisie.

Cependant le vaisseau m'entraîne en pleine mer,
Et, comme Desgrieux, dans sa douleur sauvage,
Je dis aux matelots : — Retournons au rivage !

Car j'ai mis au tombeau, sur le rivage amer,
Mon amour le plus cher, ma maîtresse adorée :
La Jeunesse divine, — Adieu, Muse éplorée ! —

FIN

LES FEES DE LA JEUNESSE

TABLE DES MATIÈRES

I.	SOUVENEZ-VOUS DE MOI...............................	1
II.	LE VOILE SACRÉ......................................	3
III.	LE SCEPTRE DU MONDE................................	5
IV.	LA CHANSON DU VITRIER..............................	6
V.	LE DOMINO ROSE ET LE DOMINO NOIR...................	10
VI.	JÉSUS MENDIANT......................................	17
VII.	LE ROYAUME DES ROSES...............................	20
VIII.	VISIONS DANS LA FORÊT..............................	47
IX.	L'AMOUREUSE QUI SE NOURRIT DE ROSES................	49
X.	L'ARBRE DE LA SCIENCE..............................	5
XI.	LA JEUNESSE QUI FUIT...............................	70
XII.	AUX POÈTES...	77
XIII.	LA JUIVE ERRANTE...................................	81
XIV.	LE DERNIER MOT DE L'AMOUR..........................	89
XV.	LA BEAUTÉ..	90
XVI.	MADEMOISELLE SAULE-PLEUREUR........................	91
XVII.	LES QUATRE SAISONS.................................	92
XVIII.	TABLEAUX HOLLANDAIS................................	93
XIX.	TABLEAUX HOLLANDAIS................................	94
XX.	TABLEAUX HOLLANDAIS................................	95

XXI.	LES VENDANGES........................	96
XXII.	ÉPITAPHE DU POETE	97
XXIII.	LA COURONNE D'ÉPINES.................	98
XXIV.	LES VINGT ANS RETROUVÉS.............	99
XXV.	CE QUE DISENT LES ÉTOILES............	100
XXVI.	VOYAGE AU PARADIS...................	101
XXVII.	LA SCIENCE...........................	102
XXVIII.	LES SIRÈNES..........................	103
XXIX.	L'HÉLÈNE DE ZEUXIS...................	106
XXX.	LE ROMAN DE DAVID TÉNIERS...........	109
XXXI.	TABLEAU DU CORRÉGE..................	125
XXXII.	LES CENT VERS DORÉS DE LA SCIENCE....	126
XXXIII.	LA CHANSON DU FAUNE.................	130
XXXIV.	LA MAITRESSE DU TITIEN...............	133
XXXV.	FRESQUE DE POMPÉIA..................	135
XXXVI.	LA SOURCE...........................	137
XXXVII.	DIANE CHASSERESSE...................	140
XXXVIII.	LES DEUX FILLES DE DIEU..............	142
XXXXIX.	LE ROMAN DE RAOUL ET GABRIELLE......	146
XL.	LES CONFESSIONS DE FRANZ............	163
XLI.	MADEMOISELLE DE MARIVAUX...........	202
XLII.	LA MORT DE SAPHO....................	212
XLIII.	LA FILLE DE SEDAINE...................	218
XLIV.	LES FANEURS DE FOIN..................	226
XLV.	LES MOISSONNEURS....................	232
XLVI.	COMMENT MEURENT LES FEMMES.......	238
XLVII.	L'IDÉAL..............................	248
XLVIII.	L'IMMORTALITÉ DE L'AME..............	250
XLIX.	CHANSON ANTIQUE.....................	253
L.	JEANNE ET MADELEINE.................	256
LI.	EUTERPE.............................	259
LII.	LE RÊVE DU LENDEMAIN................	263
LIII.	LA SYMPHONIE DU PRINTEMPS...........	265
LIV.	VIOLANTE............................	273
LV.	LE CHEMIN DE LA VIE..................	278
LVI.	LA CHANSON DE GALATÉE...............	281
LVII.	LE SANG DE VÉNUS....................	283

LVIII.	LES LARMES DE JACQUELINE AUX CHEVEUX D'OR.	285
LIX.	LE TOMBEAU DE L'AMOUR	291
LX.	LE ROSIER DE LA MORTE	293
LXI.	CHANSONS POUR NINON	299
LXII.	LA BOUQUETIÈRE DE FLORENCE	321
LXIII.	LA MUSE DU SOUVENIR	326
LXIV.	LA REINE DE GOLCONDE	335
LXV.	LA MUSE RUSTIQUE	349
LXVI.	MARTIA ET MARGUERITE	357
LXVII.	MOLIÈRE	360
LXVIII.	LA LÉGENDE DE LA PETITE CHAMPENOISE	363
LXIX.	LES FÉES DE LA JEUNESSE	368

www.ingramcontent.com/pod-product-compliance
Lightning Source LLC
Chambersburg PA
CBHW060555170426
43201CB00009B/780